劉鳳苞
與
王先謙
治《莊》研究

楊
菁
著

目次

第一章　緒論

劉鳳苞與王先謙為清代中晚期的人物，二人為同科進士、至交好友，皆受清代桐城派影響，且同時注解《莊子》，二人注解《莊子》之方式又不同，劉鳳苞《南華雪心編》（以下簡稱《雪心編》）以文學的方式注解《莊子》，為清代以文解《莊》的集大成之作；王先謙《莊子集解》為繼《荀子集解》之力作，以集釋、考據的方法注解。本書以此二人注《莊》為研究對象，除了探析二人的治《莊》成果外，並欲以探知在同時代、同受桐城派影響之下，二人治《莊》之異同，同時了解二書在清代《莊》學中的地位。

本章先就清代《莊》學作簡要概述，以了解清代《莊子》注釋之情況，再介紹明清以來以文解《莊》的風尚及成果。因考據學為清代學術主流，歷來多有關注與探討之作，故本章不再對考據風氣多作介紹。

第一節　清代《莊》學概述

歷代讀《莊》者，由其所處不同時代、不同環境、不同際遇，亦因其個人學術根柢、生活經驗之異，在解讀或注解《莊子》時，都有不同的評價和定位，因此發展出《莊》學的各種風貌。

《莊子》自成書以來，歷代多有註解、詮釋、評註、引用者，使《莊》學呈現出多樣面貌。兩漢以來儒學為顯學，《莊子》較不受重視，聞一多曾感慨：「兩漢竟沒有注《莊子》的。」[1]然此情況並不表示《莊子》不被重視，如漢初淮南王劉安及其門客等就曾對《莊子》進行編纂和整理。[2]西漢末劉向也對《莊子》作了整理。

魏晉以降，《莊》學始興，每一時代皆有注《莊》及解《莊》者。[3]其中如晉代郭象《莊子注》和

1 聞一多，《周易與莊子研究》（成都：巴蜀書社，二〇〇三年一月，《聞一多學術文抄》），頁七七。

2 參見張恒壽，《莊子新探》（武漢：湖北人民出版社，一九八三年九月），頁二四。

3 關鋒《莊子內篇譯解和批判》（中華書局，一九六一年版）附錄歷代「莊子注解書目」凡二〇八種。其中，魏晉南北朝二三種、隋唐二三種、宋元金明六八種、清代五八種、近代四四種；胡道靜主編《十家論莊》（上海人民出版社，二〇〇四年版），附錄「莊子研究專著書目」凡二二五種。這兩本書「附錄」所輯書目還遠非盡其所有，只是反映了大致情況。

唐代成玄英《南華真經注疏》、陸德明《莊子音義》，保存了魏晉到隋唐的各種注疏[4]，為此時期注《莊》的重要成果。

宋明兩代有以儒者身分解《莊》者，如呂惠卿《莊子義》及《莊子解》、王元澤《南華真經新傳》及《南華真經拾遺》、林希逸《南華真經口義》、劉辰翁《莊子評點》；明代有焦竑《莊子翼》、方以智《藥地炮莊》等。有以道士身分解《莊》者，如陳景元《南華真經章句音義》、褚伯秀《南華真經義海纂微》等。有以釋家身分解《莊》者，如宋釋性通《南華發覆》、明釋德清《莊子內篇注》等。[5]

及至清代，注《莊》者亦多，有明遺民的《莊子》學，如覺浪道盛《莊子提正》、俍亭淨挺《漆園指通》、方以智《藥地炮莊》、錢澄之《莊子詁》、傅山《莊子解》、王夫之《莊子解》等。此外，尚有陳子龍、屈大均等亦撰寫和《莊子》相關文章，以表達遺民情懷。

乾嘉以前的《莊子》注解多集中在康熙朝[6]，主要有胡文豹《南華經合注吹影》、張坦《南華評

---

4 據《舊唐書・經籍志》與《新唐書・藝文志》記載之莊子注疏，較之《隋書・經籍志》多出二十餘種，至今所存全本僅成玄英《南華真經注疏》、陸德明《經典釋文・莊子音義》。

5 參見簡光明，《宋代莊學研究》（臺北：國立臺灣師範大學國文研究所碩士論文，一九九七年四月），頁一六八－一七三。

6 清代注莊著作，以清順治（一六四四－一六六一）、康熙（一六六二－一七二二）、雍正（一七二三－一七三五）三朝，前後共九十一年，注莊之著作共四十五部，尚存者有十九部，根據陳琪薇《以儒解莊》研究統計之清代莊學注疏數量，把方以智《藥地炮莊》中所提出之莊學論述加入，共計二百一十九部來看，清初莊子注疏量，佔全部比例約五

注》、方人杰《莊子讀本》、林雲銘《莊子因》、吳世尚《莊子解》、宣穎《南華經解》等。

雍正、乾隆時期之《莊子》注解有：孫嘉淦《南華通》、胡文英《莊子獨見》、林仲懿《南華本義》、徐廷槐《南華簡鈔》、浦起龍《莊子鈔》、藏雲山房主人《南華經大意解懸參註》等著作。

乾嘉以後，考據學盛行，對《莊子》文本的訓詁考證亦發達。這一類著作，多以札記性質的考證為表現形式，如：王念孫《莊子雜志》、陳澧《東塾讀書記》、俞樾《莊子平議》、《莊子人名考》、孫詒讓《莊子札迻》、盧文弨《莊子音義考證》、洪頤煊《莊子叢錄》、于鬯《莊子校書》、陶鴻慶《讀莊子札記》、武廷緒《莊子札記》，羅振玉《南華真經殘卷校記》等。此時期另有集釋類的作品，以郭慶藩《莊子集釋》和王先謙《莊子集解》為代表。

嘉慶至同治時期，較著名的《莊子》注有：陸樹芝《莊子雪》、姚鼐《莊子章義》、梅沖《莊子本義》、方潛《南華經解》、劉鴻典《莊子約解》等。[7]

清代的《莊子》研究，有幾個特點：其一集注、集釋類著作的興盛，以匯總前人研究成果的方式，

分之一，但清初自順治元年（一六四四）至清宣統三年（一九一一），共二百六十八年，清初三朝九十一年，佔清朝約三分之一的比例下，乾嘉之前的清初注莊之作，多集中在康熙朝。（錢奕華，《林雲銘《莊子因》「以文解莊」研究》，頁八六）。

7 清代《莊》學概況可參見方勇著，《莊子學史》（北京：人民出版社，二〇〇八年十月），第六編第一章〈清代莊學概說〉，頁三—一三；郎擎霄，《莊子學案》（臺北：河洛圖書出版社，一九七四年十二月），第七節〈清代之莊學述評〉，頁三四九—三六四。

為清人治學的一大特點，代表作為郭慶藩《莊子集釋》和王先謙《莊子集解》。其二是《莊子》文本訓詁考證的發達，此為清代乾嘉考據學在《莊子》研究中的具體體現，代表作為上段所述。其三是以文學的方式注解《莊子》，以此說明《莊子》的文章與思想間的關係，代表作為林雲銘《莊子因》、吳世尚《莊子解》、宣穎《南華經解》、孫嘉淦《南華通》、劉鳳苞《南華雪心編》等。[8]

王先謙的《莊子集解》為集注、集釋類及考據學注《莊》的代表；劉鳳苞的《南華雪心編》則為以文學解《莊》的代表，二書在清代《莊》學的發展史上，皆具代表性。

第二節　以文解《莊》之風尚與成果

如上節所述，以文學解《莊》的方式，可謂清代《莊》學的重要特點之一，故本節介紹以文解《莊》之風尚與成果，以見此注釋風氣的形成、發展及在清代盛行的概況。

8 《中國莊學史》在〈清代《莊子》研究的特點〉歸納清代的《莊子》研究，有如下幾個特點值得注意：首先是在義理闡發方面提出了不少新的見解。第二是集注、集釋類著作的興盛，稱此為清人治學的一大特點，即匯總前人研究成果的最好方式。第三是對於《莊子》文本訓詁考證的發達，以此為清代乾嘉考據學在《莊子》研究中的具體體現。第四是《莊子》在文學作品中的多方面影響，說明了《莊子》的文章與思想對文人的影響之深廣，是任何一種其他古典所不能比擬的。（劉韶軍、錢奕華、湯君著，《中國莊學史》（福州：福建人民出版社，二〇〇九年十二月），下冊，〈清代《莊子》研究的特點〉，頁一六一）。

《莊子》是一部哲理散文，具豐富的想像力，善用寓言、重言等，以生動之筆描摹人物、曲盡物情，具濃厚文學色彩，為歷代散文研究者所稱道。西漢司馬遷（西元前一四五－九〇）《史記‧老莊申韓列傳》稱莊文：「善屬書離辭，指事類情。」宋黃震（一二一三－一二八一）云：「莊子以不羈之才，肆跌宕之說，創為不必有之人，設為不必有之物，造為天下所必無之事，用以眇末宇宙，戲薄聖賢，走弄百出，茫無定踪，固千萬世詼諧小說之祖也。」[9]此稱《莊子》文章為跌宕之說，且變化無端，難以捉摸，為後世詼諧小說之祖。清金聖嘆（一六〇八－一六六一）把《莊子》列為天下「第一才子書」，位於《離騷》、《史記》、杜詩、《水滸》、《西廂記》之前，且在他的許多小說評語中都大量引用《莊子》以成其說，並且把小說評論與《莊子》的理解貫通起來。清宣穎《南華經解》稱《莊文：「飄飄鼓舞，文有仙氣」、「除是天仙，斷不能奇想到此。」[10]近人魯迅（一八八一－一九三六）亦說：「莊子著書十餘萬言，大抵寓言，皆空言無事實，而其文則洸洋闢闔，儀態萬千，晚周諸子之作，莫能先也。」[11]凡此皆可見《莊子》的文學之美及藝術表現一直備受重視。

先秦至宋代之《莊》學，大都注重文字詮解與義理闡釋，一直到明清，《莊子》的文學藝術才被重

9 【宋】黃震，《黃氏日抄》，影印《文淵閣四庫全書》本，卷五五〈諸子〉，頁三。

10 【清】宣穎，《南華經解》，見嚴靈峰：《無求備齋莊子叢書集成續編》（臺北：藝文印書館，一九七四年十二月），第三二冊，〈秋水〉，頁三一五、〈齊物〉，頁八一。

11 魯迅，《漢文學史綱》，見《魯迅全集》（北京：人民文學出版社，一九八九年），第九冊，頁三六四。

視，並且出現較多以文解《莊》的風氣。以文學的角度解釋《莊子》的風氣，開始於宋代，龔鵬程說：

以文士看莊周，以文章求莊子書，如宋・林希逸《莊子口義》、劉辰翁《莊子評點》、明・孫應鰲《莊義要刪》、歸有光《道德南華評註》（即《南華真經評註》）、孫鑛《莊子南華真經評》、譚元春《莊子南華真經評》、林雲銘《莊子因》、吳世尚《莊子解》、高秋月《莊子釋義》、宣穎《南華真經解》、胡文英《莊子獨見》等，……都屬這一系統。[12]

宋代以後，許多註《莊》者開始重視《莊子》的文章之妙，如宋劉辰翁（一二三二－一二九七）《莊子南華真經點校》提出《莊子》文學定位，云：「此與《戰國策》同。《戰國策》不及者，又彈黃雀故也。作文如畫，畫者當留不盡之意，如執彈而留是也，此間妙意在捐彈而走。」[13]「偶然一語，亦自可誦，秦漢文字安得此。」[14]認為《莊子》在文字運用上，即使先秦諸書、秦漢文字皆不及。明孫鑛（一五四三－一六一三）《莊子南華真經評》評〈逍遙遊〉曰：「千錘百鍊，篇章字句無不妙；力勁而色

12 龔鵬程，《文學批評的視野》（臺北：大安出版社，一九九八年二刷），頁三九六。
13 【宋】劉辰翁批點本，《莊子南華真經》，見嚴靈峰，《無求備齋莊子叢書集成續編》，第一冊，〈山木〉點校，頁三八〇－三八一。
14 劉辰翁批點本，《莊子南華真經》，見嚴靈峰，《無求備齋莊子叢書集成續編》（臺北：藝文印書館，一九七四年十二月），第一冊，〈天地〉篇點校，頁二四七。

濃，調諧而味末。」[15]肯定《莊子》篇章字句的錘鍊之功。明陸西星（一五二〇－一六〇六）《南華真經副墨》對《莊子》亦有藝術分析，如論〈逍遙遊〉云：「此篇首以鯤鵬寓言，……看它文字變化之妙。」[16]論〈養生主〉云：「此篇凡四段，謂養生主者，守中順理，利害不涉於身，死生無變於己，其意皆在言外，深思而自得之，所以為妙。不似今之作文，一開口便說主意，又或立做柱子，皆下乘也。」[17]肯定《莊子》的文字之妙。

因此，自宋以後開始有以文學的角度解釋《莊子》的，如宋代林希逸（一一九三－一二七一）說：「蓋莊子之書，非特言理微妙，而其文獨精絕，所以度越諸子。」[18]認為由文章章法、結構、層層變化作血脈的聯繫與貫通，才是真正理解《莊子》。明譚元春（一五八六－一六三七）《莊子南華真經評》則承繼林希逸血脈說，增加以文脈評莊，重視《莊子》的文章脈絡，對章法、段落、評論、讀法皆作客觀說明。此類作品尚有朱得之《莊子通義》、方虛名《南華真經旁注》[19]、陳榮選《南華全經分章句

15 【明】孫鑛，《莊子南華真經評》，《中國子學名著集成》（六七），（中國子學名著集成編印基金會，一九七七年四月），頁六三。

16 【明】陸西星，《南華真經副墨》，見嚴靈峰，《無求備齋莊子叢書集成續編》，第七冊，頁三五。

17 【明】陸西星，《南華真經副墨》，見嚴靈峰，《無求備齋莊子叢書集成續編》，第七冊，頁一四四－一四五。

18 【宋】林希逸著、陳紅映點校，《南華真經口義》（雲南：人民出版社，二〇〇二年十月），頁八二。

19 【明】方虛名，《南華真經旁注・凡例》云：「章有法，句有法，字有法，常然者余衷而出之，雖然，此法也非法者也，法法者在乎手之法也，存可也，亡可也。」（《南華真經旁注》，《續修四庫全書》（上海：古籍出版社，二

解》、潘基慶《南華經集解》、憨山（一五四六－一六二三）《莊子內篇註》等。清宣穎對郭象注未能涉及《莊子》文章之妙有意見，說郭注：「於莊子行文之妙，則猶未涉藩籬，便為空負盛名也。」又說：「古今同郭注者，謂其能透宗趣；愚謂聖賢經篇，雖以意義為重，然未有文理不能曉暢，而意義得明者，此愚所以不敢阿郭注也。」[20]批對於郭象注不能曉暢文理，而欲得其意義抱有質疑。

故自宋代以後，注《莊》者開始重視《莊子》文理特色的解析，並以此作為解義的重要方法，這種以文學的角度解釋《莊子》的方式，被稱為「以文評莊」，亦即以文學角度為出發點，注解形式有圈點、批評、前後總評、夾註或旁註等，對《莊子》篇旨、章義、段意、文章脈絡、文意主旨、文句呼應、修辭風格有所說明，更進一步綜合評點與文理之說明，加上文句注疏，以疏通《莊子》全文。註家或為一人評點，或為多人集評。目的在於通解《莊子》，但有時偏限一偏之見，或雜錄多家看法，而流於駁雜。[21]

錢奕華將以文學方式評《莊》的方法又分為「以文評莊」、「以文解莊」二階段。他將「以文評莊」分為三期：一、啟蒙期：以宋代文士援用與解其章句為主；二、建立期，正式在註解中，以文字血

〇〇三年五月），九五六・子部・道家類）。

[20]【清】宣穎，《南華經解》，見嚴靈峰，《無求備齋莊子叢書集成續編》，〈莊解小言〉，頁一五。

[21] 參見張晏菁，《劉辰翁《莊子南華真經點校》研究》（臺北：東吳大學中國文學研究所碩士論文，二〇〇八年六月），頁二。

脈來看《莊子》[22]，以宋林希逸《南華真經口義》（《莊子口義》）、劉辰翁《莊子南華真經點校》為主；三、發展期，從明朝到清初為說明，如歸有光《南華真經評註》、孫鑛《莊子南華真經評》、譚元春《莊子南華真經評》；四、承繼期，繼承者亦多，如清周辰拱《南華真經影史》、清高秋月《莊子釋意》等。[23]但其後評點出現弊端，遂漸沒落、式微。[24]

「以文解莊」，亦重視《莊》書的散文功能，結合宋、元評點學、文章章法學、敘事技巧、風格論，以評點《莊子》文句，解構《莊子》脈絡，由文學理論之方法入手，析論《莊子》書中之文學特色，建立《莊子》義理系統，以文理解義理。此方法亦源自宋林希逸《南華真經口義》，以文理脈絡說明《莊子》文義；明陸西星《南華真經副墨》、清林雲銘《莊子因》、吳世尚《莊子解》、胡文英《莊子獨見》、宣穎《南華經解》、孫嘉淦《南華通》，皆受其影響，而劉鳳苞《南華雪心編》則為此時期以文解《莊》的集大成之作。

22 林希逸說在〈莊子口義發題〉說：「文字血脈，稍知梗概，又頗獵佛書而悟其縱橫變化之機。」，《莊子口義》（藝文印書館據明刊正統道藏本影印，見嚴靈峰：《無求備齋莊子叢書集成初編》，第七冊，頁四）。其對文字血脈的理解，又可分為破題起語、文勢收攝、文字轉換、脈絡相承。（參錢奕華，《林雲銘《莊子因》「以文解莊」研究》（臺北：花木蘭文化出版社，二〇〇九年三月），頁四〇—四一。

23 錢奕華，《林雲銘《莊子因》「以文解莊」研究》，頁三〇—三一。

24 「以文評莊」主要建立於以評點的方式解評《莊》，然後來因評點者動輒在書上大加批評，或圈點狼籍，受到學者駁斥，因而逐漸沒落，出版者也將圈點抹去，不再使用朱青墨色等套印書籍，故此風漸消歇。

故知「以文解莊」亦是在評點的基礎上，以文學角度評《莊》，解《莊》者具備一定的文學理論，且具自己的見地與理論系統，不但在文句評點、文章脈絡、文意主旨上有所說明，更進一步要求綜合評點與文理的說明，加上文句注疏，以通解《莊子》全文，以一家之言為宗，其他各家為輔助說明，目的在求《莊子》文本、字句、章法、結構全盤的說明，以求通解全書。[25]此種方式已結合釋義、析文、鑑賞等多項功能，闡發《莊子》文學理論之底蘊，相較於訓詁注釋的方式，堪為詮釋《莊子》的新方法。

「以文評莊」、「以文解莊」盛行於明清，因於詩話評點、八股文盛行及文章章法學趨於成熟，故產生學者以文章制義方式評點《莊子》之風氣。

評點又稱為「批點」，評點者在詩文關鍵處或警策句加以圈點抹畫，使讀者對詩文重要處一目瞭然。又在圈點抹畫旁或頁眉寫下對詩文的分析看法，有時在詩文之末作總評。評論寫在作品天頭（闌上）的，稱為「眉批」；寫在句旁，是為「旁批」；註明於篇末，則為「尾批」。有時不予評述，僅於字旁加圈點表示。

八股文，又稱「時文」、「制藝」等，考試時以經書為出題範圍，由考生對經書義理加以解釋、闡述而成一篇論說文字。自明初，科舉定八股文取士後，士子備考，經常得背誦許多八股文，致使時文選本的盛行。考生藉著閱讀這些選本，一方面習得八股文技巧，一方面掌握時下文風趨向。又時在行間

[25] 「以文評莊」、「以文解莊」之比較，參見錢奕華，《林雲銘《莊子因》「以文解莊」研究》，頁三〇－三一。

點、圈、抹、旁批，或於段落處畫截，時文選本遂與評點手法結合。明清時對時文之批評，討論最多的又為文章結構之技法，即重視文章之抑揚、開闔、奇正和起伏等。又八股文本身即為一嚴謹結構，從破題到收結，環環相扣，層層推演。故文章結構、首尾呼應等討論，在評論中即時時被提出，也因此有血脈、肌理、文理等說法，且重視脈絡之聯絡照應。又評點時，對於文章的文氣、段落、句式、論點、語文修辭等，常能有次第、有方法地論述，以表現論者的論文宗旨及精神筋骨所在，故提出「義法」，以便在內容形式上，有方法地陳述其精神筋骨。由於對時文「法」的訓練，士人也養成辨識行文形式技巧的習慣。

又文章章法學在明清時亦趨於成熟。唐、宋時期，古文章法已有發展，如篇章結構、起承轉合、句法字法、修辭技巧、文脈節奏等，皆有法度可求。明艾南英引王安石語，說：「漢以前之文，未嘗無法，而未嘗有法，法寓於無法之中，故其為法也，密而不可窺；唐與近代之文，不能無法，而能毫厘而不失乎法，以有法為法。故其為法也，嚴而不可犯。」[26]法度齊備與規範化，是唐宋古文的主要面，而此古文文體特色，在明代被肯定與發揚，從明代前七子派和唐宋派的詩文理論都可看出。唐宋派主張向古人學習，強調「文不能無法」[27]，而學古的目的是領會和掌握古人作文之法。故明人特別加入文評兼

26 【明】艾南英，〈答陳人中論文書〉，收於《文章辨體彙選》，影印《文淵閣四庫全書》本，卷二四八，頁八。

27 【明】唐順之，《文編・序》，影印《文淵閣四庫全書》本，頁一。

美之特點，著重解析文章之法。茅坤《唐宋八大家文鈔》評點八大家古文，目的也是揭示文章的法度規矩。這個法，主要指文章的「開闔、首尾、經緯、錯綜之法」。[28]清代桐城派由方苞主張文有義法，到姚鼐義理、考據、辭章三者兼具及重神氣等說，都標示著文章章法學理論的成熟[29]，這些對於明清以文解《莊》的方法，亦具指示作用。

由上所述，皆可見明清時期，評點學、八股文、古文章法學盛行，並趨於成熟，因此總結前人文學的基礎與素養，在《莊子》之詮釋上，表現重視其藝術性、文學性、文章技巧等，藉由文法、脈絡的理解，分析《莊子》的文章風格與人格，再結合自己的體會與文學素養，以理解《莊子》內容、建立《莊子》思想。傳統上《莊子》的注釋，包括校勘、辨偽、輯佚、版本搜集、訓詁、解釋文義等，大約可歸為考據、義理兩途，而「以文解莊」的方式，使《莊子》詮釋，轉向文學與理論之建構，此亦可視為清代《莊》學詮釋的重要建樹。

28 【明】艾南英，〈答陳人中論文書〉，收於《文章辨體彙選》，影印《文淵閣四庫全書》本，卷二四八，頁九。

29 桐城派文論介紹，參考本書第二章第三節〈劉鳳苞、王先謙與桐城派〉。

第二章　劉鳳苞、王先謙生平及其注《莊》

本章介紹劉鳳苞、王先謙的生平及二人交誼、二人與桐城派的關係及二人注《莊子》的歷程。

第一節　劉鳳苞、王先謙之生平與交誼

一、生平

劉鳳苞（一八二六－一九〇五），字毓秀，號采九，湖南常德武陵縣人，生於道光六年，光緒三十一年病逝，年八〇歲。劉鳳苞年輕時追隨常德名士學習詩文，同治四年（一八六五）考中進士，授翰林院庶吉士，與王先謙為同科進士。同治七年（一八六八），翰林院庶常館散館，授雲南府祿豐縣知縣，之後任元江直隸州知府、元江直隸州、大理（榆城）知府、永昌府知府、順寧府（蒲門）知府等職。著作有《南華雪心編》八卷、《晚香堂詩鈔》五卷、《晚香堂賦鈔》初編、二編各一卷、《晚香堂雜文》

一卷、《晚香堂駢文》一卷及《試帖》一卷等流傳於世。[1]

王先謙（一八四二－一九一七），字益吾，號葵園，湖南長沙人，生於道光二十二年，卒於民國六年，年七十六歲。王先謙生長於書香世家，四歲時即進入家塾讀書，六歲學詩文，十八歲補稟膳生，二十歲入曾國藩長江水師。同治三年（一八六四）考中舉人，次年中進士，選翰林院庶吉士。同治七年（一八六八）散館後授編修。先後典雲南、江西、浙江鄉試，歷任翰林院侍講、國子監祭酒、江蘇學政等職。光緒十五年（一八八九），辭歸故里，主講思賢精舍。後任城南書院山長、嶽麓書院山長及湖南師範館館長。辛亥革命爆發後，避禍隱居平江蘇興家，閉門著書，署名遯。民國三年返長沙，民國六年卒。王先謙是著名的經學大師，以學術名於世，著有《尚書孔傳參正》、《莊子集解》、《荀子集解》等。文集有《虛受堂文集》、《虛受堂詩集》等。[2]

1　劉鳳苞生平詳細可參見李波，〈清代莊子散文研究家劉鳳苞行年考〉，《安慶師範學院學報》（社會科學版），二〇一一年七月第三〇卷第七期，頁四〇－四四。方勇點校，《南華雪心編》（北京：中華書局，二〇一三年一月），〈前言〉，頁一－八。

2　王先謙生平及生平年表，可參見賴仁宇，《王先謙莊子集解義例》，第一章〈先謙生平事略〉，《國文研究所集刊》，第二一號，頁三（總四六一）－一〇（總四六八）。

二、交誼

劉鳳苞與王先謙相差十六歲，於同治四年（一八六五）同科考中進士，並選為翰林院吉士，王先謙在〈晚香堂賦鈔序〉說：

> 同治乙丑，先謙成進士時，湖南同入詞館者，衡山茹芝翰香、永順黃晉洺瑟菴、益陽周開銘桂午、長沙籥晉蕃敔庭，與劉君采九及余。六人者獨采九年最長，才名早盛，與余論文尤相契也。[3]

劉鳳苞與王先謙二人既是同鄉關係，文學理念又相近，故交往時情誼益深厚。同治七年（一八六八），劉鳳苞散館，改官滇南，王先謙則繼續留館，授編修。一直到同治九年（一八七〇）庚午鄉試，王先謙典試雲南，劉鳳苞亦為同官，自散館後兩人第一次相遇，王先謙描述當日相見的情形：「庚午余典試滇中，采九為同考官，相見大驩，討論文字無虛日，榜放後置酒大觀樓，賦詩贈行。」[4]由其「相見大驩」、「討論文字無虛日」句，可見二人的情誼不因分離而轉淡。劉鳳苞

3 【清】王先謙，〈晚香堂賦鈔序〉，《虛受堂文集》（臺北：文華出版公司，一九六六年），卷五上，頁二〇八。

4 【清】王先謙，〈晚香堂賦鈔序〉，《虛受堂文集》，卷五上，頁二〇八。

賦詩〈闈後陪星使登大觀樓紅勝贈別一梧同年初度感懷詩〉和〈汪蓉州、王一梧兩同年典試滇南時，予亦分校秋闈，是科得人頗盛，一梧旋請假歸湘中，作此紀事并以送行〉二首[5]，王先謙亦贈劉鳳苞〈送劉采九之任元江州（劉名鳳苞，同年庶常）〉詩，以誌當日情懷。[6]

光緒十年（一八四八）劉鳳苞因事去官，二人於光緒十七年（一八九一）再次相見於會垣，已時隔二十餘年，王先謙感慨道：

> 嗣以擢補順甯府，一至都後，數年不復相聞，而聞其以事去官，為之扼腕驚歎。去歲相見於會垣，握手道契闊，語及廿餘年身世升沉，相與感喟，而采九亦已老矣！[7]

王先謙對劉鳳苞被革職事感到「扼腕驚嘆」，二人握手互道離別之情，皆有無限嘆息。

光緒十八年（一八九二），劉鳳苞邀請王先謙為其《晚香堂賦鈔》作序，云：

---

5 收於劉鳳苞，《晚香堂詩鈔》。

6 詩曰：「仙舄低飛入瘴鄉，萬峰南迤盡炎方。霧痕綠鎖檳榔老，嵐氣紅蒸荔子香。已用深心為保障，更堪餘事振琳琅。滇中山水荒寒甚，點染從君細主張。」（收於《虛受堂詩存》）

7 【清】王先謙，〈晚香堂賦鈔序〉，《虛受堂文集》，卷五上，頁二〇八。

余吾生平阨於時運，久宧不遂，獨文字之志未衰。近歲主講書院，見生徒作律賦，欣然命筆，積得數十篇，子試為我序之，亦使天下知吾當日被擯，非獻賦不工之過也！[8]

可見劉鳳苞仕途不順，只能將滿腔憤悶寄託詩文。王先謙讀過他的詩文，稱讚其：

材高而氣逸，殖富而詞豐，信乎盡律賦之能事，獨念采九博學多通，隨所處皆足自表襮，而蘊負瓌異，卒以湮鬱不伸，則疑天之所待，采九不在功能之徒，而故抑塞之，使畢力於文章而後酬之以不朽，然則采九其可以 悶也已。[9]

稱劉鳳苞「材高氣逸」，詩文「殖富而詞豐」，讚譽其才學及詩文之高，同時對他抑鬱不得志之境遇深表同情。又云：

采九工為詩、古文詞，所注《莊子》，得古人著書微恉，其科舉之學如制藝試帖詩，皆陸續行世，律賦誠不足盡采九之長，惟其才氣不可掩抑，充然自足於筆墨之外，幾不能測，其為六十許

8 【清】王先謙，〈晚香堂賦鈔序〉，《虛受堂文集》，卷五上，頁二〇九—二一〇。

9 【清】王先謙，〈晚香堂賦鈔序〉，《虛受堂文集》，卷五上，頁二一〇。

人，余是以歎其能而重，惜其未大施於世，後之論者其無以雕蟲講子雲也。[10]

此段文字亦表達出王先謙對劉鳳苞才氣及文章之推崇，對其《莊子》注解，亦有讚賞。

劉、王二人晚年在政治態度上又都趨於保守，光緒二十四年（一八九八年）梁啟超、譚嗣同等人在長沙時務學堂宣傳改良主義，倡導維新運動時，劉鳳苞同王先謙、葉德輝等人向湖南巡撫陳寶箴陳遞呈〈鄉紳公呈〉，攻擊梁、譚為「康門繆種」。[11]戊戌變法後，對變法也都表示不滿。[12]足見二人不僅情誼深厚，對改革所持的立場也相同。

綜以上所論，劉鳳苞與王先謙二人交往密切，情誼深厚，論文亦相契合。然二人治學各有所長，一以才氣見長，一則以學問著稱。

---

10 【清】王先謙，〈晚香堂賦鈔序〉，《虛受堂文集》，卷五上，頁二一〇—二一一。

11 〈鄉申公呈〉云：「具呈前國子監祭酒王先謙、前雲南補用道劉鳳苞，……為學堂關繫緊要，公懇主持廓清，以端教術，而挽敝習事。……梁啟超及分教習廣東韓、葉諸人，自命西學通人，實皆康門謬種。」（見蘇輿撰、楊菁點校，《翼教叢編》，臺北：中央研究院文哲研究所，二〇〇五年，頁三一一）。

12 劉鳳苞〈雜詩十首〉之一：「布衣操國權，變法尤專恣。傷哉吾道孤，獨醒眾皆醉。危機有轉圜，辨奸申大義。王章何森嚴，鑄鼎象群魅。竄身荒裔間，狡兔已先避。回道望中原，應墮逐臣淚。」「通經能致用，絕學有新傳……舊學日以荒，新黨更蔓延。平等創奇論，經義薄注淺。王章如可這，流毒遍垓埏。聖哲難久蔽，犀炬照重淵。一朝羅法綱，機巧亦徒然。偽書付秦火，掃蕩如雲煙。」（收於《晚香堂詩鈔》）

第二節　劉鳳苞、王先謙之《莊子》注

劉鳳苞與王先謙二人皆為《莊子》作注，劉鳳苞《南華雪心編》基本完成於光緒三年（一八七八），五十三歲時，光緒二十三年（一八九八）才正式刊印；王先謙《莊子集解》則完成於宣統元年（一九〇九），六十八歲時。

一、劉鳳苞與《南華雪心編》

（一）《南華雪心編》撰述因緣

劉鳳苞《南華雪心編・自序》自述註《莊》的心路歷程，云：

> 予自幼頗愛讀《莊子》之文，驟焉不得其所解。及觀晉人郭象所注《南華》篇，探玄抉奥，識解獨據萬山之巔，恍然有得於其心。復參合諸家註解，而後章法之貫串玲瓏、筆力之汪洋恣肆，窺豹而時見一斑。南帆北馬，輒攜是書以自隨，初未敢妄增一解，以貽駢拇枝指之譏。[13]

13【清】劉鳳苞撰、方勇點校，《南華雪心編》（北京：中華書局，二〇一三年一月），頁八—九。

劉鳳苞云自幼即愛讀《莊子》，尤對於郭象註解之探玄抉奧最得其心，再參合諸家註解，對《莊子》貫串玲瓏的章法、汪洋恣肆的筆力，已能窺見一班。此後南帆北馬，皆將此書隨身攜帶，然不敢稍加解釋。之後：

> 年來捧檄邊庭，從事於波濤兵燹之間，更歷憂患，取是書而研究之，一切榮落升沈之感，不知何以俱化，而天人性命之微，亦若少窺其分際焉。則先生之貺我良多也。簿書之暇，把卷沈吟，機有所觸，筆之於書，亦如玄化之鼓盪而不能自已，天籟之起伏而莫知所為焉，名之曰《雪心編》。[14]

劉鳳苞在經歷宦海浮沈，邊庭兵燹之事後，幾經憂患，再取此書研究，對於世間榮落升沈之感俱化而去，於「天人性命之微」亦可稍加窺見，因此簿書之閒暇，經常把卷沈吟，後註成此書，命名為《雪心編》。

《雪心編》原名為《南華贅解》，劉鳳苞在《雪心編》序末署：「光緒三年歲次丁丑重九節後，武

14　【清】劉鳳苞撰、方勇點校，《南華雪心編》，頁九。

陵劉鳳苞序於蒲門郡齋。」此書為手稿本，光緒三年時他已基本完成此書，但又在其後的二十年間逐步修訂[15]，至光緒二十三年才正式刊印，足見他對此書下的功夫之深。

劉鳳苞極為推崇《莊子》一書，認為：「南華空靈縹緲，絕妙文心。」[16]〈凡例〉又說：

南華內篇為悟道之書，精密渾成，大含元氣；外篇盡行文之致，洸洋恣肆推倒百家；雜篇則隨手存記之文，亦復零金碎玉，美不勝收。[17]

此稱《莊子》內篇為悟道之書，為精密渾成、元氣充塞之作；外篇則於行文之致，洸洋恣肆，能推倒百家；雜篇為隨手存記的文章，亦如零金碎玉，美不勝收。他對《莊》書內、外、雜諸篇，皆肯定其價值。其書之所以命名為「雪心」的原因為：

15 據方勇點校，《南華雪心編・前言》載：今山西省圖書館藏有手抄稿《南華贅解》（不分卷），六冊，書名左側題「武陵劉鳳苞采九評釋，長沙王先謙益吾同訂，及門劉起庚編校，蕭湘同校。」無凡例、目錄。今傳光緒二十三年晚香堂刊本《南華雪心編》八卷八冊，卷端題「武陵劉鳳苞采九甫註釋，臨川李泰開鶴亭甫刊訂，男承甲承芬承薰等校字，及門諸子分輯。」。比較二者，刊本對手抄稿或增或刪，且增加大量郭象註語和陸樹芝等人的評註工作，甚至把手抄稿夾註中所引許多前人文字移到眉欄中，但其中的段評文字變化不大，兩者〈自序〉也大致相同。（頁八－九）

16 【清】劉鳳苞撰、方勇點校，《南華雪心編・凡例》，頁一。

17 【清】劉鳳苞撰、方勇點校，《南華雪心編・凡例》，頁一。

雪心者，謂《南華》為一卷冰雪之文，必索解於人世炎熱之外，而心境始為之雪亮也。後之讀是篇者，其亦可渙然冰釋矣。[18]

劉鳳苞一生喜愛《莊子》、研讀《莊子》，尤在歷經人世的困頓與波折後，認為《莊子》一書就如冰雪一般，足以索解於人世的炎熱之外，欲令讀是書者，心境亦可為之雪亮；進而欲求其中的「天人性命之微」，希望後人讀此書，也可以洗雪心境，不為炎熱的世情所困。他在〈天地〉「夫子問於老聃曰」段，云：

後幅將動止、死生、廢起看得冰冷雪淡，時數之適然，雖有聖知才能亦不能不息心斂手。一服清涼散沁入肝脾，真撲去俗塵十斛也。[19]

云此段文字將動止、死生、廢起看得冰冷雪淡，即使有聖知才能者，亦不能不息心斂手，如「一服清涼散沁入肝脾」，令人俗塵俱消。〈達生〉「有孫休者，踵門而詫子扁慶子曰」段，云：

---

18 【清】劉鳳苞撰、方勇點校，《南華雪心編‧自序》，頁九。

19 【清】劉鳳苞撰、方勇點校，《南華雪心編》，卷三，外篇〈天地〉第五，頁二八七。

> 歎孫休之款啟寡聞，不足語至人之德，正恐微論妙旨，驚且惑者不止一孫休也。……莊子冷眼熱心，洞達世情，深窺道妙，為沈迷忘返者惠此一卷冷雪之文，而苦口鍼砭究竟無補，故於此篇深致其慨焉。[20]

云此段寫孫休款啟寡聞，不足語至人之德。稱莊子冷眼熱心，能洞達世情，深窺道妙，為世間沈迷忘返者惠此一卷「冷雪之文」，然苦口鍼砭究竟無補，故在此篇中寄寓其深刻之感慨。又〈庚桑楚〉總論云：

> 泰定發光以下，則莊子闡發老子精微，以終此篇之旨，澄心滌慮，深入奧扃，讀者亦須屏除塵境，虛而與之委蛇，方能窺其真際也。[21]

此稱泰定發光以下，為莊子闡發老子之精微，其以「澄心滌慮」，深入奧扃，且讀者亦必須屏除塵境，虛與之委蛇，方可窺其真際。凡此皆可見，他認為《莊子》一書具有洗雪人心之功效。

---

20 【清】劉鳳苞撰、方勇點校，《南華雪心編》，卷五，外篇〈達生〉第十二，頁四四五。

21 【清】劉鳳苞撰、方勇點校，《南華雪心編》，卷六，雜篇〈庚桑楚〉第一，頁五四五。

清吳樹梅（一八四五—一九一二）任湖南學政時，曾為此書作〈序〉，對於劉鳳苞注《莊》的用心亦有闡發，其〈序〉先云《莊子》之微義：

> 漆園蓋大有不得已於中，迫而為洸洋之言者耳。且成天下之務者，必先有凝靜之心，若徒岸然曰「吾憂世也，憂民也」，戚戚焉日迫促煩急，投以理而茫然，問以事而不省，志則誠美矣，其如無濟何？惟能以通識宏其定力，卓然出於萬物之表，不以泰山為大，秋毫為小，彭祖為壽，殤子為夭，舉凡禍福利害，不足以動於中，而後以凝一之神析紛賾之理，則以無厚人有間，恢恢乎其於游刃有餘地矣。此《莊子》之微義，先生得之以為雪心之助者。

此段說明《莊》書雖為洸洋之言，其胸中應有不得不吐之急迫。又說欲成天下之務，必須先有一「凝靜」之心，否則即使憂世憂民，卻終日促迫煩急，無法以冷靜之心分析事理，實亦無濟於事，唯有「以通識宏其定力」，方能「卓然出於萬物之表」，以「凝一之神」分析紛紜雜亂之事理，方能游刃有餘，他稱此為《莊子》之「微義」，而劉鳳苞能得此微義，作為「雪心」之助。又說：

> 觀自序，所謂「捧檄邊庭，更歷憂患，於波濤兵燹間，取是書研究之」，乃能化升沈之感而窺性命之精，可以知矣。今四方多故，朝廷宵旰焦勞，吾輩竊高位，無幾微補救於世，而又未能饜飫

名理，以自致其心於廣大之域，使可臨震撼危疑而不驚，天下將何賴乎？因先生之意求之，乃知莊子逍遙之論，皆從戰競惕厲中來，以濟世，非忘世者。22

吳樹梅認為劉鳳苞在經歷憂患後著成是書，並藉此書化去升沈榮辱之感，且窺得性命之理。因此肯定我輩於當今四方多故之時，雖無法補救混亂的世局，然亦應將其心致力於廣大之域，使面臨震撼而心不驚。他又推求劉氏之意，可知莊子逍遙之論，皆從戰競惕厲中得來，其實可用以濟世，而非忘世者。

由上所述，可知劉鳳苞之所以認為《莊》書能洗雪人心，乃在於其中通透渾成的「道」，即使對於紛亂的世局未必有實際的助益，然卻能令人藉此書之理凝定心神，明白世理，從這一角度來看，《莊子》其實是濟世之書，而非忘世者。

（二）《南華雪心編》之體例

《南華雪心編》之體例，依其〈凡例〉，主要有以下數項：

1. 依宣穎義例，於各段另起處用大圈以清界限，以使讀者逐段領會。
2. 引證諸家註解，均在本註外用小圈以別之。先引郭註而後諸家，皆摘其精要批註加以發揮，夾行

22 【清】劉鳳苞撰、方勇點校，《南華雪心編》，頁二—三。

註解未能全部收入的，則載列於頂格之上。

3. 每篇總論，每段分解，皆折衷諸家，而參以己見。

4. 所取諸家主要為郭註、宣穎注，此外有林西仲、胡繩巖、陸樹芝注。

5.〈讓王〉以下四篇，非莊子所作，因其舊名，存而不論。〈天運〉等篇多膚淺平庸之筆，悉依舊註為之指摘瑕疵。[23]

此書在形式上有總論、段評、夾註夾評、眉批、段落分析、篇後總評，對前人意見未能於夾行評註中悉載者，則於頂格之上作為眉批。此書對於《莊子》的字、詞、句、段、篇皆作了析評。李世熙〈序〉稱此書：「參合諸家奧義，分段評釋，透徹晶瑩。」[24]李泰開〈序〉稱此書：「分上中外三編，逐句逐字皆有詮發，折衷至當，昭析靡遺，可謂登漆園之堂而咀其胾，抽蒙莊之秘而闡其微矣。」[25]今人李波則稱此書：「是有史以來篇幅最長，內容最豐富、最完整，最有成就的《莊子》散文評點。」[26]皆肯定此書對《莊子》評析之完整、精細。

又全書採錄清代林雲銘《莊子因》、宣穎《南華經解》、陸樹芝《莊子雪》三書的評註文字最

---

23 【清】劉鳳苞撰、方勇點校，《南華雪心編》，〈凡例〉，頁一－二。

24 【清】劉鳳苞撰、方勇點校，《南華雪心編》，頁五。

25 【清】劉鳳苞撰、方勇點校，《南華雪心編》，頁六。

26 李波：〈清人劉鳳苞莊子散文研究述論〉，《諸子學刊》，二〇一〇年一期，頁二。

多[27]，尤其依宣穎《南華經解》的「義例」進行拓展和發揮。[28]另外採用的文字尚有：司馬（司馬彪）、簡文（梁簡文帝）、陸宣公（陸贄）、王荊公（王安石）、呂吉甫（呂惠卿）、陳碧虛（陳景元）、王元之（王禹偁）、歐陽公（歐陽修）、蘇老泉（蘇洵）、蘇東坡（蘇軾）、黃山谷（黃庭堅）、曾南豐（曾鞏）、陳祥道、孫莘老（孫覺）、劉貢父（劉邠）、李士表、疑獨（林自）、江適、陸務觀（陸游）、真西山（真德秀）、范無隱、褚伯秀、劉須溪（劉辰翁）、羅勉道、解大紳（解縉）、邱瓊山（邱濬）、蔡虛齋（蔡清）、湛甘泉（湛若水）、陸儼山（陸深）、楊用修（楊慎）、李空同（李夢陽）、歸震川（歸有光）、唐荊川（唐順之）、陸平泉（陸樹聲）、汪南溟（汪道昆）、宗子相（宗臣）、王鳳洲（王世貞）、陸真山（陸粲）、陳子淵（陳深）、許石城（許穀）、焦漪園（焦竑）、孫月峰（孫鑛）、徐儆弦（徐常吉）等。又有郭註（郭象註）、呂註（呂惠卿）、方氏註（方思善註）、林註（林雲銘註）、宣註（宣穎註）、胡註（胡文英註）、陸註（陸樹芝註）和崔云、王云、李云（陸德明《經典釋文》所引崔譔、王氏、李氏之語），正如此書〈凡例〉所云「參匯諸家」、「庶

27 劉鳳苞除了直接採錄林雲銘《莊子因》、宣穎《南華經解》、胡文英《莊子獨見》、陸樹芝《莊子雪》外，其餘多為間接引錄，且多源自明天啟四年竺塢刊署為歸有光、文震孟所著《南華真經評註》眉批，這些眉批所冠名公名家字號多有錯誤，劉鳳苞卻沿用而未改。又劉鳳苞對林雲銘、宣穎、宣穎、胡文英、陸樹芝評註文字的採錄多有張冠李代者，使用文獻時須注意。（詳參方勇點校，《南華雪心編・前言》，頁一一）。

28 〈凡例〉云「後來註解，惟宣茂公分肌析理，論文最詳，故篇中證引頗多。」（【清】劉鳳苞撰、方勇點校，《南華雪心編・凡例》，頁一。）

幾眾美兼採，並無遺珠之感」，足見其旁搜博采之功。

二、王先謙與《莊子集解》

王先謙在《莊子集解》完成以前，已於光緒十七年（一八九一），五十歲時，完成《荀子集解》。以下介紹本書的撰述因緣及徵引情況。

（一）《莊子集解》的撰述因緣

王先謙認為莊子的著作目的乃在於救世，他在〈莊子集解序〉中說：

> 余觀莊生甘曳尾之辱，卻為犧之聘，可謂塵埃富貴者也。然而貸粟有請，內交於監河；係履而行，通謁於梁魏；說劍趙王之殿，意猶存乎捄世。[29]

此言莊生雖有視富貴為塵埃之心跡，但從他貸粟、進謁梁魏，以及說劍於趙王之殿的描述看來，他其實仍意在救世。然莊子雖然有意入世，於現實卻有所阻礙，王先謙說：「遭惠施三日大索，其心迹不能見

---

29 【清】王先謙，〈莊子集解序〉，《莊子集解》，頁一。

諒於同聲之友，況餘子乎！吾以是知莊生非果能迴避以全其道者也。」[30]以莊子遭惠施搜索三日這件事來看，同行的朋友尚且對莊子有所顧忌，何況其他人？可見莊子無法迴避在現實中保全其道這件事。

王先謙又說，莊子在文章中提及：「天下有道，聖人成焉；天下无道，聖人生焉。」又曰：「周將處乎材不材之間。」依莊子說，他將處於材與不材之間，王先謙則說：「夫其不材，以尊生也；而其材者，特藉空文以自見。」[31]他說莊子所說處於「不材」是為了「尊生」，也就是為了保住性命；[32]而處於「材」，則是欲「藉空文以自見」，亦即莊子仍有用世之心，但也只能藉著文章來表現。他又舉老子「美言不信」之說，說莊子「生言美矣，其不信又已自道之」，此言莊子在文章中處處表現「美言」，又自言「不信」，如說：

> 橛飾鞭筴為伯樂罪，而撒髑髏未嘗不用馬捶；其死棺槨天地，而以墨子薄葬為大觳；心追容成、

30 【清】王先謙，〈莊子集解序〉，《莊子集解》，頁一。

31 【清】王先謙，〈莊子集解序〉，《莊子集解》，頁一。

32 〈人間世〉「子綦曰：此果不材之木也，以至於此其大也」句，引成云：「不材為全生之大材，無用乃濟物之妙用，故能不夭斧斤，而庇蔭千乘也。」「嗟夫！神人以此不材！」句，王云：由木悟人，又引宣云：「神人亦以不見其材，故無用於世，而天獨全也。」此亦解因「不材」而能保全其自然天性。（【清】王先謙，《莊子集解》，臺北：漢京出版社，二〇〇四年，卷一，〈人間世第四〉，頁四三。）

大庭結繩無文字之世，而恒假至論以修心。此豈欲後之人行其言者哉？嫉時焉耳。[33]

莊子既說以馬捶擊髑髏，死時以天地為棺槨，以及追慕容成、大庭結繩無文字之世；卻批評伯樂使馬受到橛飾、鞭筴的禍害，又以墨子薄葬為太儉，假借至論欲人修心，認為這些都是因為「嫉時」而說出來的言論，並不是真的要後人遵行其說。王先謙又說：

是故君德天殺，輕用民死，刺暴主也；俗好道諛，嚴於親而尊於君，憤濁世也。登無道之廷，口堯而心桀；出無道之野，貌夷而行跖。則又奚取夫空名之仁義，與無定之是非？其志已傷，其詞過激。設易天下為有道，生殆將不出於此。後世浮慕之以成俗，此讀生書者之咎，咎豈在書哉！[34]

認為莊子在文章中表現譏刺暴主、憤恨濁世之語。那些人主在無道之廷，口中稱譽堯之賢，其心卻如舜之暴；出無道之野，則表現出伯夷之貌，而行盜跖的之事。既是這樣，又何必取仁義之空名與不確定之是非？可見莊子以過激的言詞，表現受傷的心志，若是在有道之世，大概就不出此言了！

33 【清】王先謙，〈莊子集解序〉，《莊子集解》，頁一。
34 【清】王先謙，〈莊子集解序〉，《莊子集解》，頁一。

又，〈人間世〉「天下有道，聖人成焉」句，王先謙引蘇輿云：「莊引數語，見所遇非時。苟生當有道，固樂用世，不僅自全其生矣。」[35]由此可見，王先謙亦認為：假使莊子處在有道之世，亦「固樂用世」，不會只為保全自我而已。

綜上所述，可知王先謙認為莊子著作的目的有：一、莊子仍有救世之心，然既欲入世，又為現實所阻，因此無法迴避入世以全其道這件事。二、莊子自云處於材與不材之間，既欲保全性命，又欲以「空言」表達其用世之心，故文中既有諸多美言，卻又自云「不信」，其實都是因為身處亂世的不得已作法，以表達他對現實的不滿。三、莊子書也以諷刺、激憤之詞批判輕用民死的暴君、喜歡諂媚的世俗風氣，因其不願浮慕以處世，及空言仁義、是非，在在都表現出身處於亂世的無奈。

故知，王先謙認為莊子雖然隱藏身處亂世的諸多無奈與不得已，但仍透過各種文字表現其「救世」的用心。此外，王先謙自認為治《莊》多年，得其要領的有兩句話：「喜怒哀樂，不入於胸次。」並認為以此作為「衛生之經」，甚有益處。[36]足見王先謙亦肯定莊子書對於心性修養有極大幫助。

35 【清】王先謙，《莊子集解》，卷一，〈人間世第四〉，頁四四。

36 【清】王先謙，〈莊子集解序〉：「余治此有年，領其要，得二語焉，曰：『喜怒哀樂，不入於胸次。』竊嘗持此以為衛生之經，而果有益也。噫！是則吾師也夫！」（《莊子集解》，頁一）。

（二）《莊子集解》徵引情況

《莊子集解》引前儒之治《莊》者計二十餘家，前人注釋包括注釋類：崔譔、向秀、李頤、司馬彪、王叔之、簡文帝、支遁。義理類：郭象、成玄英、宣穎、王夫之。詁校類：盧文弨、王念孫、王引之、俞樾、郭嵩燾、李楨、郭慶藩、姚鼐、蘇輿等。[37]徵引書籍，包括小學類：《爾雅》、《廣雅》、《說文解字》、《字林》、《玉篇》、《三蒼》、《經典釋文》；子書類：《尸子》、《列子》、《淮南子》等。[38]內容博采精粹，故甚為簡便。《續修四庫全書提要》云：

> 是編似莊子舊注甚悉，互有短長，因參合諸家，擇善而從，注避繁冗，文從淺質，上自司馬彪注，下至俞樾，郭慶藩之言，皆所採摘。陸氏音義，列句讀異文，入錄者多，《莊子》一書，有淺顯著，有必須詁訓而後明者，故訓詁義理，書內並施，隨文所適，不必以體例限也。惟以一人之見，定所從違，豈能盡合，然初讀《莊》書，進以此本，亦可以粗得其端倪矣。」[39]

---

37 各家徵引義例，參見賴仁宇，《王先謙莊子集解義例》，《國文研究所集刊》，第二一號，頁三八（總四九六）—頁一六二（總六二〇）。

38 各家徵引義例，參見賴仁宇，《王先謙莊子集解義例》，《國文研究所集刊》，第二一號，頁一三〇（總五八八）—頁一二九（總五八七）。

39 【清】柯劭忞等撰，《續修四庫全書提要》（臺北：臺灣商務印書館，一九七二年），子部，頁三一三六。

故知此書能博采諸書，參合眾說，較其長短，擇善而從。且此書注解雖不免有瑕疵處，但能力求簡要，無繁冗之病，故可作為入門之階。錢穆《莊子纂箋》，其序目亦云：「此書則主簡要，……此書仍乏深趣，然便初學，讀之易於入門。」[40]郎擎霄《莊子學案》云：「益吾之《集解》，較諸所解《荀子》相去霄壤，但義甚簡明，可供初讀。」[41]蔣伯潛《諸子通考》云：「清人之莊子注本，郭慶藩有《莊子集釋》，以詳贍勝。王先謙有《莊子集解》，以簡要勝。」[42]此皆說明王先謙注解以簡要勝，有益初學。

第三節　劉鳳苞、王先謙與桐城派

劉鳳苞及王先謙二人皆與清代桐城派有關聯，治《莊》亦受桐城派影響，以下先概述桐城派之文論，再論二人與桐城派的關聯。

40 錢穆，《莊子纂箋》（臺北：聯經出版公司，一九九四年），頁一〇。
41 郎擎霄，《莊子學案》（臺北：河洛出版社，一九七四年），三六二。
42 蔣伯潛，《諸子通考》（臺北：正中書局，一九七〇年），頁四一二。

一、桐城派文論概述

清代桐城派，興起於康熙、雍正年間，至五四時期消亡，影響文壇二百餘年。桐城派創始於方苞，由劉大櫆、姚鼐繼承、發揚，此派堅守「學行繼程朱之後，文章在韓歐之間」，由維護唐宋八大家上接兩漢，再由兩漢上續孔孟的道統、文統。並沿襲明代唐宋派的道路，反對八股時文與駢文，在前人文論的基礎上，建立具規模的散文理論體系。

方苞（一六六八－一七四九）為桐城派散文的創始人，戴鈞衡〈方望溪文集序〉云：

> 蓋先生服習程朱，其得於道者備，韓、歐因文見道，其入於文者精。入於文者精，道不必深，而已華玅而不可測；得於道備，文若為其所束，轉未能恣肆變化。然而文家精深之域，惟先生掉臂游行，周、漢、唐、宋諸家義法，亦先生出而後揭若星月。[43]

方苞尊奉程朱理學，並繼承歸有光「唐宋派」的古文號召，提出「義法」的主張，他說：

43 【清】戴鈞衡，〈方望溪文集序〉，《方望溪全集》（臺北：河洛出版社，一九七六年），頁一。

「義」即《易》之所謂「言有物」也，「法」即《易》之所謂「言有序」也，義以為經，而法緯之，然後為成文之體。[44]

「義」即文之道，主要指義理，與作家思想相關聯，是文章的內容表現。方苞在〈答中謙居書〉說：「若古文，則本經術而依於事物之理，非中有所得不可以為偽。」[45]「本經術」即以以經為本，以儒家典籍為基本思想準則；「依事之理」則以萬事萬物中所蘊涵的事物之理為依據。「本經術而依於事物之理」是言之有物的基礎，也是方苞「義法」中「義」的根本義涵。就文章內容言，「義」則為創意之義。方苞強調為文須有創意，不可依傍前人，勦說雷同，如評宋曾鞏〈寄歐陽舍人書〉說：「必發人所未見之義，然後其文傳，而傳之顯晦，又視其落筆時精神機趣，如此文，蓋兼得之。」[46]評歐陽修之〈釋秘演詩集序〉曰：「古人能於文事者，必絕依傍。」[47]足見「義」就文章內容言，應絕傍古人，須有創意之發揮。

「法」指的是文章之形式與技巧，即文之體，與藝術手法相關聯，主要指古文的條理、結構、體

44 【清】方苞，《方望溪全集》，頁四七〇。
45 【清】方苞，《方望溪全集》，卷六，頁八一。
46 【清】方苞，《古文約選》（臺北：臺灣中華書局，一九六九年三月），第四冊，總頁九四一。
47 【清】方苞，《古文約選》，第二冊，總頁五三八。

制、法度、虛實、詳略等，強調把古文寫作作為一種藝術創作過程加以研究探討。

方苞的義法主張大抵有四：其一、強調文學內容與形式的統一。〈書五代史安重誨傳後〉云：「大法之變，蓋其義有不得不然者。」[48]〈又書貨殖傳後〉曰：「義以為經而法緯之。」[49]形式須取決於內容，內容亦不脫離形式。要求文章內容具體充實，言之有物；表達亦條理清楚，簡潔扼要，言之有序。其二，主張創作材料的取捨與內容描寫的詳略，須符合儒家倫理規範，以相稱、簡潔、傳神為選材原則，真實呈現事物與人物的本質。〈答喬介夫書〉曰：

> 蓋諸體之文，各有義法，表誌尺幅甚狹，而詳載本議，則擁腫而不中繩墨，若約略翦裁，俾情事不詳，則後之人無所取鑒，而當日忘身家以排廷議之義，亦不可得而見矣。[50]

依不同文體的要求與內容表述的需要，而有詳略的不同，該詳則詳，該略則略。其三，作品的結構布局、脈絡層次，需對比照應，使文境產生順逆斷續之奇。〈書五代史安重誨傳後〉云：「記事之文，惟《左傳》、《史記》各有義法，一篇之中，脈相灌輸而不可增損。然其前後相應，或隱或顯，或偏或

48 【清】方苞，《方望溪全集》，卷二，頁三二。
49 【清】方苞，《方望溪全集》，卷二，頁二九。
50 【清】方苞，《方望溪全集》六，頁六七。

全，變化隨宜，不主一道。」[51]此指記敘文，結構脈絡須有關聯性，顯隱、偏全，依實際情況而變化。其四，運用春秋筆法，把主觀的價值判斷與道德褒貶，寄託於微妙簡約的敘述之法中，使義微詞隱，表達文外之意。[52]

方苞門人劉大櫆（一六九八－一七七九）在方苞的義法基礎上，進一步發展行文之法。他在《論文偶記》中說：

故義理、書卷、經濟者，行文之實，若行文自另是一事。……故文人者，大匠也。神氣音節者，匠人之能事也，義理、書卷、經濟者，匠人之材料也。[53]

「義理、書卷、經濟」為寫作內容，相當於方苞所說「言有物」；「行文」為寫作技巧，相當於方苞所說「言有序」，此亦強調義與法之間的緊密關聯。然方苞強調義對於法的決定作用，劉則更重視行文之

51 【清】方苞，《方望溪全集》，卷二，頁三二。

52 詳參陳桂雲，《清代桐城派古文之研究》（新北市：花木蘭文化出公司，二〇一三年九月），第四章〈桐城派的古文理論〉，頁一九三－一九五。

53 【清】劉大櫆，《論文偶記・三》，收入郭紹虞、羅根澤主編：《中國古典文學理論批評專著選輯》（北京：人民文學出版社，一九九八年），頁三。

「能事」。「能事」，即文章之法，劉大櫆提出神氣說，〈論文偶記〉云：

> 行文之道，神為主，氣輔之。曹子桓、蘇子由論文，以氣為主，是矣。然氣隨神轉，神渾則氣灝，神遠則氣逸，神偉則氣高，神變則氣奇，神深則氣靜，故神為氣之主。至專以理為主，則未盡其妙。[54]

此提出創作須以「神」為主，「氣」為輔，氣應隨神而轉。神指創作者自身內在學識修養展現出來的精神狀態，以呈現文章的精神面貌。「氣」則指行文氣勢。[55]劉大櫆又提出以神氣為精，音節字句為粗的古文理論，說：

---

54 【清】劉大櫆，《論文偶記・三》，收入郭紹虞、羅根澤主編：《中國古典文學理論批評專著選輯》，頁三。

55 魏際昌云：「桐城古文之義，從劉大櫆起，就是主張神氣（作者的修養：包括神情、氣質、是非、好惡在內）、音節（體現於文字中的藝術形式，講音調，有節奏）交相為用的。」（《桐城古文學派小史》，河北：河北教育出版社，一九八八年四月，第一編，頁八六）。張光亞於〈桐城派的主要特點及其歷史借鑒〉中說：「『神氣』即文章的精神氣質（也包含氣勢）。」（見《桐城派研究論文選》，安徽：黃山書社，一九八六年十一月，頁二。）二人將「神氣」視為一體，解為「作者的修養」、「文章的精神氣質」。然從劉大櫆《論文偶記》云「神者，文家之寶。」「論氣不論勢，不備。」可見「神氣」二者為分開的概念。

神氣者，文之最精處也；音節者，文之稍粗處也；字句者，文之最粗處也。……神氣不可見，於音節見之；音節無可度準，以字句準之。[56]

論為文之能事，其要有三：神氣、音節、字句。神氣是為文之最精處，音節為為文稍粗處，字句則為文之最粗處。文章之神氣難見，故追求神氣，即審美意蘊，仍須藉音節和字句求，故有「因聲求氣說」：

音節高則神氣必高，音節下則神氣必下，故音節為神氣之跡。一句之中，或多一字，或少一字；一字之中，或用平聲，或用仄聲；同一平字仄字，或用陰平、陽平、上聲、去聲、入聲，則音節迥異，故字句為音節之矩。積字成句，積句成章，積章成篇。合而讀之，音節見矣，歌而詠之，神氣出矣。[57]

故知音節的抑揚頓挫，氣勢的高低徐疾，皆是表達神氣的重要工具，須於字句、篇章中歌詠、誦讀音節旋律之美，則神氣可得而見矣。

56 【清】劉大櫆，《論文偶記・三》，收入郭紹虞、羅根澤主編：《中國古典文學理論批評專著選輯》（北京：人民文學出版社，一九九八年），頁六。

57 【清】劉大櫆，《論文偶記・三》，收入郭紹虞、羅根澤主編：《中國古典文學理論批評專著選輯》，頁六。

姚鼐（一七三一－一八一五），生於乾隆、嘉慶年間，因當時漢學盛行，他博採眾長，於程、朱的義理，韓、歐的文章外，也重視考據，他在漢學考證方面，頗有功力，故將方苞義法之文道觀抽出，加上漢學的考證，提出義理、考據、辭章三者兼顧，以調和清初學風，遂振起學風。他在〈述庵文鈔序〉說：「鼐嘗論學問之事，有三端焉，曰：義理也，考證也，文章也。是三者，苟善用之，則皆足以相濟，苟不善用之，則或至於相害。」[58]所謂義理，即方苞所說之「言有物」，要求文章立言之要旨須蘊涵儒家義理；考證，即漢學家主張，在此強調文章內容所提供之材料須確實無誤；文章，即方苞之「言有序」，要求行文的格局句式，須符合章法，使文章內容富於韻味。

姚鼐受古文道統及程朱道統影響，又主張「藝道相合」及「天人合一」，在〈翰林論〉說：「君子求乎道，細人求乎技。君子之職以道，細人之職以技。……技之中固有道焉。」[59]〈敦拙堂詩集序〉曰：「夫文者，藝也。道與藝合，天與人一，則為文之至。」[60]文章之「道」，即所欲表達的內容，與「藝」即藝術創作技巧，二者相合，即是天與人合一，亦為為文之極致。

姚鼐又把劉大櫆的神氣音節說擴充為神、理、氣、味、格、律、聲、色八項，《古文辭類纂・序

58 【清】姚鼐，《惜抱軒文集》（上海：上海古籍出版社，《續修四庫全書・集部・別集類・一四五三冊》本），卷六，頁二一－二二。
59 【清】姚鼐，《惜抱軒文集》，卷一，頁四－五。
60 【清】姚鼐，《惜抱軒文集》，卷四，頁九。

目》曰：

凡文之體類十三，而所以為文者八，曰：神、理、氣、味、格、律、聲、色。神理氣味者，文之精也。格律聲色者，文之粗也。然苟舍其粗，則精者亦胡以寓焉？學者之於古人，必始而遇其粗，中而遇其精，終則御其精者而遺其粗者。[61]

從姚鼐的論述，已涉及散文創作及鑑賞的方法，以上八法，所謂「神」主要有二，一指作者達到天與人合一的妙悟境界，而富有神思；二指文章對客觀事物的描寫，表現其神韻。「理」即文脈之理，指行文的客觀真實性和內在邏輯性；亦指義理，作為文章思想內涵或題材之天地事物之理。[62]所謂「氣」主要有二，一指氣脈、氣勢、氣韻，即透過文章格局句式安排所呈現的氣脈，氣脈使整篇文章辭意相連，營造一股氣勢。此外，就作者自身才識、品行的不同，也會形成各式各樣的氣韻風格。[63]所謂「味」是

61 【清】姚鼐，《古文辭類纂》（上海：上海古籍出版社，《續修四庫全書・集部・總集類・一六〇九冊》），頁三一九。

62 【清】姚鼐，〈稼門集序〉曰：「當乎理，切乎事者，言之美也。」（《惜抱軒文集》，卷一，頁二五）〈答魯賓之書〉曰：「其言理得而情當。」（《惜抱軒文集》，卷六，頁二一）皆指文脈之理。

63 【清】姚鼐，〈答翁學士書〉曰：「文字者，猶人之言語也，有氣以充之，則觀其文也，雖百世而後，如立其人而與言於此。無氣則積字焉而已。」（《惜抱軒文集》，卷六，頁一）

指文章的風味、韻味，指文章的藝術感染力，類於文章的意境。所謂「格」，指歷代古文發展中所形成的各類文章體裁之體制。[64]所謂「律」，指行文結構的規律、法度。各類文章體裁之格局句式皆有一定的要求。所謂「聲」，指音節聲調，指文章中音調的高低起伏、抑揚頓挫。[65]所謂「色」，指文章的辭藻、文采之色。[66]此主張神理氣味為「文之精」，格律聲色為「文之粗」，由格律聲色求神理氣味，自粗入精，進而御精而遺粗。[67]

姚鼐又提出文章的陰陽剛柔說，〈復魯絜非書〉曰：

> 鼐聞天地之道，陰陽剛柔而已。文者，天地之精英，而陰陽剛柔之發也。惟聖人之言，統二氣之而弗偏。……其得於陽與剛之美者，則其文如霆、如電，如長風之出谷、如崇山峻崖、如決大

---

64 姚鼐於《古文辭類纂》中，將古文體裁分為論辯、序跋、奏議、書說、贈序、詔令、傳狀、碑誌、雜記、箴銘、頌贊、辭賦、哀祭十三類。

65 【清】劉大櫆〈與陳碩士〉曰：「詩、古文各要從聲音證入，不知聲音，總為門外漢耳。」（啟業書局編，《明清十大家尺牘》，臺北：啟業書局，一九七一年，三四六），已要求學文章須由聲音證入。

66 姚鼐呼應方苞雅潔說，主張為文辭藻之色以平淡、自然為佳，〈復吳仲倫書〉說：「文家之境，莫佳於平淡，措語遣意，有若自然生成者，此熙甫所以為文家之正傳。」（【清】王芑孫：《淵雅堂全集・惕甫未定書》，清嘉慶刻本，卷八，頁三三三）。

67 參見陳桂雲，《清代桐城派古文之研究》，第四章〈桐城派的古文理論〉，頁二一三—二一四。

川，如奔騏驥；其光也，如杲日，如火，如金鏐鐵；其於人也，如馮高視遠，如君而朝萬眾，如鼓萬勇士而戰之。其得於陰與柔之美者，則其文如升初日，如清風，如雲，如霞，如煙，如幽林曲澗，如淪，如漾，如珠玉之輝，如鴻鵠之鳴而入寥廓；其於人也，漻乎其如嘆，邈乎其如有思，暖乎其如喜，愀乎其如悲。觀其文，諷其音，則為文者之性情形狀，舉以殊焉。且夫陰陽剛柔，其本二端，造者糅，而氣有多寡進絀，則品次億萬，以至於不可窮，萬物生焉。故曰：「一陰一陽之為道」。夫文之多變，亦若是已。糅而偏勝可也；偏勝之極，一有一絕無，與夫剛不足為剛，柔不足為柔者，皆不可以言文。[68]

將文章分為陽剛、陰柔兩大類，並以為二者須互相為濟，以營造出文章的各種藝術美感。

桐城派發展到姚鼐，將義理、考據、辭章合一，提出「藝道相合」、「天人合一」，以及「陰陽剛柔說」，使得桐城派的文論具有完整系統。且姚鼐曾擔任多個地方的考試官，晚年執教多間書院，桃李遍滿天下，使得桐城古文大為流行，且不限於桐城一地。[69]桐城派之後繼者代有傳人，如曾梅亮、方東

68 【清】姚鼐，《惜抱軒文集》，卷六，頁一〇－一一。

69 【清】曾國藩，〈歐陽生文集序〉：「姚先生晚而主鍾山書院講席，門下著籍者，上元有管同異之，梅曾亮伯言，桐城有方東樹植之，姚瑩石甫。四人者稱為高第弟子，各以所得傳授徒友，往往不絕，以為守其邑正之法，禮之後進，義無所讓也。其不列弟子籍，同時服膺，有新城魯仕驥絜非、宜興吳德旋仲倫。絜非之甥為陳用光碩士。碩士既師其舅，又親受業姚先生之門，鄉人化之，多好文章。碩士之群從，有陳學受藝叔，陳溥廣敷，而南豐又有吳嘉賓子序，

樹、曾國藩、張裕釗、吳汝綸等，影響清代文壇甚鉅。[70]

二、劉鳳苞、王先謙與桐城派

劉鳳苞與王先謙二人皆與清代桐城派有關聯。

劉鳳苞自小即與常德名士楊彝珍學習詩文。楊彝珍（一八〇五－一八九八），字湘涵，一字性農，別號移芝，武陵人。道光十年參加湖南鄉試，與左宗棠、吳敏樹的試卷因不合時趨，為房師所擯，後為主考徐法績所賞試，三人同時考上進士。楊彝珍以古文見長而風行天下，後與曾國藩、郭嵩燾、李元度等有交往，有《移芝室全集》傳世，著錄於《清史稿・文苑傳》。

楊彝珍又與吳敏樹（一八〇五－一八七三）友善，吳敏樹，字本深，巴陵桐木半湖人。嗜好古文，曾國藩在〈歐陽生文集序〉將他與楊彝珍歸於桐城派，曾說：

皆承絜非之風，私淑於姚先生。由是江西建昌有桐城之學。仲倫與永福呂璜月滄交友。……由是桐城派，流行於廣西矣。……最後得湘潭歐陽生，……而受學於巴陵吳君，湘陰郭君，亦師事新城二陳，其漸染者多，其志趨嗜好，舉天下之美，無以易乎桐城姚氏者也。」（曾國藩，《曾國藩全集》，長沙：岳麓書社，一九八六年，頁二四六）。

70　桐城派古文有師友傳授，一脈相傳。清末劉聲木《桐城文學淵源考》，敘述傳授事蹟，計私淑及師事方苞者五十八人；師事劉大櫆者四十九人；師事梅曾亮者三十七人；師事方東樹者二十六人；師事張裕釗、吳汝綸者九十三人；師事魯仕驥者二十三人；私淑桐城派古文家者四十二人；各家都有著述傳世，其後向桐城派古文家學習的，人數眾多。

國藩嘗怪姚先生典試湖南，而吾鄉出其門者，未聞相從以學文為事。既而得巴陵吳敏樹南屏，稱述其術，篤好而不厭。而武陵楊彝珍性農、善化孫鼎臣芝房、漵浦舒燾伯魯，亦以姚氏文家正軌，違此則何求？[71]

故知，劉鳳苞受學於楊彝珍，論文應受到桐城派影響。

王先謙的文章亦宗法桐城派，對於姚鼐將義理、考據、辭章融為一體極為推崇，曾說：

自聖清宰世用正，學風厲薄，海耆碩輩出，講明心性，恢張義理，厥後鴻生鉅儒，逞志浩博，鉤研訓詁，繁引曲證，立漢學之名，詆斥宋儒言義理者，惜抱自守孤芳，以義理、考據、詞章三者不可一闕，義理為幹，而後文有所附，考據有所歸。[72]

王先謙反對只講漢學、駁斥義理的學問，進而主張應以義理為主幹，方能使文章有所依附，考據有所依歸。王先謙因此在姚鼐《古文辭類纂》的基礎上，編纂《續古文辭類纂》，此書〈序〉云：

71 【清】曾國藩，〈歐陽生文集序〉，《曾國藩全集》，頁二四六。

72 【清】王先謙，〈續古文辭類纂序〉，《虛受堂文集》，卷三，頁六三。

惜抱《古文辭類纂》開示準的，賴此編存，學者猶知遵守，余輒師其意，推求義法淵源，采自乾隆迄咸豐間，得三十八人，論其得失，區別義類，竊附於姚氏之書，亦當世著作之林也，後有君子以覽觀焉！[73]

此書成於清光緒八年（一八八二），選錄自乾隆至咸豐的古文作者三十八人，文體分類編纂及對文章寫作的品評，大抵與姚鼐《古文辭類纂》相近。此書在編纂上「上自周秦兩漢之書，下逮近代掌故之錄」[74]，並裒采乾嘉道咸諸名人集加以編排，搜羅纂述之豐，實已發揮考據學家之精神；又各體古文以姚鼐宗旨為依歸，進而追求合乎「先儒義理之學」。[75]可見王先謙在義理、考據、詞章三者合一的發揮。

73 【清】王先謙，〈續古文辭類纂序〉，《虛受堂文集》，卷三，頁六五。

74 【清】蘇輿〈虛受堂文集序〉云：「吾師葵園祭酒，曩曾賡續桐城，纂次各家，固亦循唐宋之軌轍，而其為文醇懿槃鬱，獨追古初，奄有眾家之長，遏而積之，挹秦漢之精而不掩其疏達之氣，可謂極天下之智勇，袪文家之偏畸者。蓋先生上自周秦兩漢之書，下逮近代掌故之錄，罔不纂述成書，既世之所推考據家，復以餘事發為文章，根氐往籍，抽析新理，燦成統紀，各還分職，斂焉而彌閎，挹之而愈不盡，又其衛道愛國之誠。」（《虛受堂文集》，頁七－八）。

75 【清】陳毅〈虛受堂文集序〉云：「昔姚惜抱以理學名儒類纂古文辭主張，後進海內翕然奉為圭臬，粵寇之亂，厥學寖微，吾師長沙祭酒愍焉而憂以學術之盛衰，引為有心世道君子之責，於是裒采乾嘉道咸諸名人集，按類編次，續姚之書而所自為，各體古文一以姚氏宗旨為歸，而進求合乎先儒義理之學。先生固不欲以文名，而文必如先生，乃可謂獨精者。」（《虛受堂文集》，頁一）。

王先謙對於文章的看法，實淵源於他的學術觀點。王先謙擅長考證，以漢學名家，但對於闡釋義理的宋學能通達平允地看待，他在〈復閻季蓉書〉中認為漢宋學派：「各尊師說，互相詆諆，竅啟寡聞之徒，沿波逐流，遂有漢宋家學之目矣。」[76]認為漢學、宋學各有所長，不可偏廢，如以門戶之見互相攻詰，實為寡聞之徒的作為。由《續古文辭類纂》的編輯，亦可看出他能擺脫漢、宋學的壁壘，不拘於門戶之見的學術態度。

清劉聲木在《桐城文文學淵源考》中將他歸為桐城派文人，說：

> 王先謙，……私淑桐城文學，其為文一以姚鼐宗旨為歸。其為文考覈詳密，源流畢賅，遣字積語，校量銖黍，粹然出於醇雅。……深思 膚存液，于經史諸子、國朝掌故皆鈎稽考訂，輯有成書，……《續古文辭類纂》三十四卷，尤益於文學。[77]

劉聲木雖將王先謙歸為桐城派文人，然王先謙本人反對文派之說，於〈續古文辭類纂略例〉曾云：

76 【清】王先謙，〈復閻季蓉書〉，《虛受堂文集》，卷十五，頁六二七。

77 【清】劉聲木，《桐城文文學淵源考》（臺北：世界書局，一九六二年《中國學術名著》影印《直介堂叢刻》本），卷一一，頁七。

宗派之說起於鄉曲競名者之私，播於流俗之口，而淺學者據以自便，有所作，弗協於軌，乃謂吾文派別焉耳。近人論文，或以桐城、陽湖離為二派，疑誤後來，吾為此懼。更有所謂不立宗派之古文家，殆不然與！[78]

以王先謙對「宗派」的反對，可見他並不以桐城派文人自居。[79]雖是如此，他於治學及文學觀受桐城派之影響是肯定的。

劉鳳苞與王先謙先註《莊》皆受桐城派之影響[80]，但二人所用方法及風格又不同。

劉鳳苞治《莊》受桐城宣穎《南華經解》影響頗多，他於《南華雪心編・凡例》自云：「茲依桐城宣茂公義例，於各段另起處用大圈以清界限。」[81]《南華雪心編》除了義例主要依宣穎《南華經解》，

78　【清】王先謙，《續古文辭類纂》（上海：上海古籍出版社，二〇〇二年，《續修四庫全書》本），卷首，頁七五。

79　吳敏樹在〈與篠岑論文派書〉云：「文章藝術之有流派，此風氣之大略云耳，其間實不必皆相師效，或甚有不同；而往往自無能之人，假是名以私立門戶，震動流俗，反為世所垢詈，而以病其所宗主之人。」反對文派之說。王先謙將此篇收於《續古文辭類纂》卷十一，並按語曰：「宗派之說，良為誤人，此文足以開拓學者心胸。」足見他贊同吳敏樹私立門戶之說。

80　今人李波云二人治《莊》風格處，「這與他們都宗法桐城派可能有某些關係。」《清代《莊子》散文評點研究》（北京：學苑出版社，二〇一三年），〈附錄〉，頁三八三。

81　【清】劉鳳苞撰、方勇點校，《南華雪心編・凡例》，頁一。

其主要以文章的分析治《莊》，重視《莊子》散文的分析與評述，並藉此了解《莊子》思想之所寄，這些都與桐城派自方苞以來重視文章之「法」有關，皆將「法」與「義」統貫聯繫。可以說《南華雪心編》對於《莊子》散文之「法」的評析與《莊子》之「義」的要求，實為桐城以來文論理念之實踐，他將桐城派的文論理念實踐於《莊子》散文的鑑賞與評析。

王先謙讀過劉鳳苞的詩文詞，且參訂過他所寫的《南華贅解》，《莊子集解》亦頗多引用宣穎《南華經解》，然相較於劉鳳苞以文章的分析治《莊》，重視《莊子》散文的「義」及「法」，王先謙雖然主張義理、考據、詞章三者合一，然在注《莊》上，則仍以考據為主要方法。

王先謙注《莊》雖以考據為主，然實又已跳脫乾嘉考據學的藩籬，此又與他的桐城背景有關。錢穆評介王先謙的《莊子集解》說：「此書則主簡要，蓋王氏亦習桐城義法，已悟治《莊》之不能墨守乾嘉矩矱矣。」[82]指出王先謙受桐城派主義法之影響，在治《莊》時已能不受乾嘉考據學所限制，而以簡要為主。黃聖旻說：

> 益吾為學所以特重校讎功夫，與其所處的時代，不無關聯，王氏身為乾嘉末學、桐城遺緒，又正值清末政情內外交征、學術新潮鄔起之時，是以對己身所承，有一分危機意識，深恐其學就此點

[82] 錢穆，《莊子纂箋》（臺北：聯經出版公司，一九九四年），頁一〇。

廢。故而為學乃特重整理、抉發堂奧的功夫，內容更力求簡便，並且賅備群疏。既能簡便、又能兼賅，正是最利於新進為學的入門書籍。[83]

此段雖是就其《荀子集解》而發，然亦適用於《莊子集解》。王先謙治學承繼乾嘉考據學，但又受桐派影響，且處於清末新舊學之爭的時期，故以訓詁考據的方法治《荀》及治《莊》，然又能剔除雜蕪，以簡要的風格引領後學進入學問之堂奧。

故知，劉鳳苞與王先謙皆受桐城派「義法」主張之影響，然劉鳳苞將「義法」實際運用於《莊子》文章的解析；王先謙則仍以考據方法治《莊》，然在「義法」影響下，已擺脫繁瑣的考據，而主簡要。

綜而言之，劉鳳苞與王先謙為同時期的好友，同時都有《莊子》注，亦同時受桐城派影響。然二者使用方法與治《莊》風格卻大為不同，由二人注《莊》之探討，可以看出此期治《莊》成果之不同表現，亦可見在桐城派文論影響下的不同治《莊》方法，以見此期治學風貌之多樣性。

83 黃聖旻，《王先謙《荀子集解》研究》（臺北：花木蘭文化出版公司，二〇〇六年），頁二三。

第三章　劉鳳苞《南華雪心編》論《莊子》章旨及章法

作品的立意，又稱主題、主旨或中心思想，指作者的觀點態度和寫作意圖，為一部作品的精神及核心所在。而如何立意，則關涉到全文內容展開和表達方式的選擇，包括謀篇布局、結構形式、表達手法、語言文字的使用等。

劉鳳苞在《南華雪心編》，對《莊子》一書，先提挈各篇之立意，再對於諸篇的章法進行層層剖析。本章先就《雪心編》論《莊子》各篇章旨，以明各篇的中心思想；再就《雪心編》論《莊子》章法，以見《莊子》章法之表現及特點。

第一節　《莊子》各篇章旨

一、內篇

（一）〈逍遙游〉

〈逍遙游〉總論提挈全篇旨意曰：

> 開手撰出「逍遙游」三字，是南華集中第一篇寓意文章。全幅精神，祇在乘正御辨以游無窮，乃通篇結穴處，卻借鯤鵬變化破空而來，為「逍遙游」三字立竿見影，擺脫一切理障語，煙波萬狀，幾莫測其端倪，所謂洸洋自恣以適己也。[1]

此稱「逍遙游」為《莊子》書中第一篇寓意文章，全篇的結穴在「乘正御辨以游無窮」，藉著鯤鵬的變

[1] 【清】劉鳳苞撰、方勇點校，《南華雪心編》，卷一，內篇〈逍遙游〉第一，頁一。

化為「逍遙游」三字立竿見影，擺脫一切理障之語。

（二）〈齊物論〉

〈齊物論〉篇首總論先說明此篇的立論背景為：戰國時處士橫議，造成各種物論紛紜，如孟子有闢楊、墨之說，然這些都只是一端之辯，因此：

> 莊子此篇，另是一番意境，見得物論之不齊，彼此皆有物之見存，生是生非者，固為多言，即是其所非，非其所是者，亦屬多事，不如是非兩忘，彼此皆可相安於無事。[2]

此篇的章旨乃莊子見物論不齊，各以己見去否定他人，以致是非橫生，故主張「是非兩忘」，使彼此皆可相安於無事。

（三）〈養生主〉

〈養生主〉總論說明此篇旨意：

2 【清】劉鳳苞撰、方勇點校，《南華雪心編》，卷一，內篇〈齊物論〉第二，頁一九—二〇。

養生之書，修鍊家各持一說，莊子於〈大宗師〉篇內已極力掃除，蓋惡夫專重養生而不知養其所以生之主也。此篇全從大處著論，不落邊際，方是養其大體之大人。主者何？即前篇之「真君」、「真宰」，而本文之「緣督為經」也。蓋人之一身，有主宰乎中者。神全而德備，死生無變於己，乃為修身凝命工夫。若養其小體，不過攝生以終其天年而已。至於方寸之地，智巧迭生，內傷其神，外傷其形，畢竟無涯之知，隨有涯之生以俱盡，其悲痛又當何如也？莊子命篇之意，不曰「養生」，而曰「養生主」，早在有生之後尋出一箇主宰來，不以心捐道，不以人助天，即孟子所謂「直養無害」者也。[3]

此段說明一般的修鍊家對於養生，都只專重養「生」，而不知養其「生之主」，故此篇從大處著論，提出須養「生之主」。「主」即是〈齊物論〉所說的「真君」、「真宰」，亦即本文說的「緣督為經」，此方是養「大體」。相對於養「大體」，專重養「小體」的人，只不過可以保養其形體以終其天年而已，卻無法照顧其方寸之心，而任其智巧迭生，形神俱傷。因此莊子提出「養生主」，要在有生之後找出一個「主宰」，保養此主宰，直養無害，不做無謂的向外追逐，這才是養生的真正道理。

3　【清】劉鳳苞撰、方勇點校，《南華雪心編》，卷一，內篇〈養生主〉第三，頁六七。

〈養生主〉以庖丁解牛的故事來說明養「生之主」，其中「『緣督以為經』，切指養生主宰，即上文所謂『真君』」。[4]又說：

譬如善刀而藏，刀非不用也，而鋒刃若新發於硎，則以其游於空虛，為緣督之妙用也。督之在中，原無定所，兩物相際之處謂之中。中者，虛而無物之地。游於無物之地，乃不為物所傷，然而其際亦甚微矣。悟得此理，則以至虛之用。還至虛之體，神與天游，何至以無涯之知相尋危殆乎？[5]

「督」處於「中」，兩物相際之處稱為「中」，故此「中」並沒有一定的定所。又「中」，乃是「虛而無物之地」，游於無物之地，方能不為物所傷，因此必須悟得此理，方有「至虛之用」。故此篇乃藉著「緣督以為經」，說明養生的道理在於回歸「至虛之體」，方能達到神與天游的境地。

（四）〈人間世〉

〈人間世〉主旨，總論云：

4 【清】劉鳳苞撰、方勇點校，《南華雪心編》，卷一，內篇〈養生主〉第三，頁七〇。
5 【清】劉鳳苞撰、方勇點校，《南華雪心編》，卷一，內篇〈養生主〉第三，頁六七。

此篇以「人間世」命題，義心苦調，寓意遙深。閱世生人，閱人成世，其間動觸危機。名則相軋，知則相爭，二者皆為凶器；言則風波，行則實喪，二者並生厲階。此陰陽人道之患，所為迭出不窮也。[6]

此篇以「人間世」命題，具深遠意義。人生世間，動輒觸及危機，尤其以「名」與「知」為凶器，更容易由「言」產生風波而使行為有虧，這些都是導致陰陽人道之患迭出不窮的原因。

（五）〈德充符〉

〈德充符〉主旨，總論云：

此篇以「德充符」命義，自應從內外交關處切指睟面盎背，充實光輝之美，勘出德產精華。文卻歸重無形心成，以不顯其德為盛，不獨德不可窺，並符亦渾而難名矣。……漆園之文，另開生面，別有一幅悲憫心腸，見得當世修德之士，多從外面緣飾，一切性命工夫，祇在形體上理會，

6 【清】劉鳳苞撰、方勇點校，《南華雪心編》，卷二，內篇〈人間世〉第四，頁八〇。

盜名欺世，貌合神離。與其形全而德不全，不如虧其形者葆其德，猶足以運化於無形。憑空撰出幾箇形體不全之人，如傀儡登場，怪狀錯落，幾於以文為戲，卻都說得高不可攀，見解全超乎形骸之外。中間借無趾語老聃一段議論，索性將仁義聖知之名看作諔詭幻怪，坐以桎梏之刑，真令厚貌深情、偽託仁義聖知一等人無可置辯。究竟保始之徵，不懼之實，原有一番真本領在內，絕非空談性命，為此元渺之言。德不可窺，功效則顯而易見，到得物不能離，亦如元氣流行，萬物俱化焉。此《德充符》之本旨也。[7]

此篇命名為「德充符」，卻不從道德充實的睟面盎背、充實光輝之美來論，而指歸於無形心成，以德之不顯為盛。又以此篇乃莊子「另開生面，別有一幅悲憫心腸」，對當世修德者欺世盜名，多從外面緣飾，只在形體上理會性命工夫感到悲痛，故以為道德充實者反而不拘於形迹，道德的表現不為形骸所累，只是元氣渾淪，就像造化賦予萬物形體，卻不知其所以然，這才是道德充積及道德符見之最高表現。莊子認為與其形全而德不全，不如損其形以葆德，所以杜撰幾個形體不全的人來說道理，其中借無趾與老聃一段議論，甚至將仁義聖知之名視為諔詭幻怪，如坐桎梏之刑，用以批駁偽託仁義聖知之人。深究其保始之徵，不懼之實，本有一番真本領，絕非空談性命者。道德不可窺，其功效則顯而易見，到

7 【清】劉鳳苞撰、方勇點校，《南華雪心編》，卷二，內篇〈德充符〉第五，頁一一三。

得物不能離之境，亦如元氣流行，萬物俱化，此方為〈德充符〉之本旨。

（六）〈大宗師〉

〈大宗師〉章旨，總論曰：

> 〈大宗師〉一篇，是莊子勘破生死關頭，見大道無形無象，一切有形有象者皆受其陶鎔；大道無始無終，一切成始成終者皆歸其運化，接續無窮，如子孫之承其宗桃，範圍不過。亘古今而奉為師資，須從真知入手。有真人而後有真知，一切導引延年之術，祇是以其所知養其所不知，分天分人，跳不出這箇圈套。有生即有死，此天道之常，人事所不能與者。真人則渾天人為一，遊於物之所不得遯而皆存，萬事萬物未始出吾宗也。[8]

此篇是莊子勘破生死關頭之文，相較於導引延年之術，以其所知養其所不知，並將天人區分為二，此篇則已見大道無形無象、無始無終，一切有形有象、成始成終者皆在其陶鎔、運化之中。從真知入手，有真人而後有真知，真人能與天渾合為一，遊於物之所不得遯而皆存，萬事萬物皆出其宗。

8 【清】劉鳳苞撰、方勇點校，《南華雪心編》，卷二，內篇〈大宗師〉第六，頁一三五－一三六。

（七）〈應帝王〉

〈應帝王〉章旨，總論云：

> 〈應帝王〉一篇，與〈大宗師〉均是純任天然的榜樣。〈大宗師〉多就性功說，〈應帝王〉多就治功說。在聖賢成己成物，自有一番作用，一番事功。南華則以不用為用，無功為功，其旨趣同於聖賢，卻另有境界與聖賢不同處，乃所以獨成其天也。[9]

這裏將〈應帝王〉與〈大宗師〉並提，認為兩篇皆是純任天然的榜樣。〈大宗師〉多就「性功」說，〈應帝王〉多就「治功」說。《莊子》書以不用為用，無功為功，其旨趣與聖賢成己成物相同，境界卻與聖賢不同，「獨成其天」，為其異於聖賢處。

二、外篇

《雪心編》先藉〈駢拇〉總論，提挈莊子撰寫外篇之深意：

9 【清】劉鳳苞撰、方勇點校，《南華雪心編》，卷二，內篇〈應帝王〉第七，頁一八七。

外篇開手即痛駮仁義，而歸重道德。夫仁義之與道德，雖異其名，其源皆出於性命。莊子豈以仁義非性命中事哉？須知戰國時，功利紛華之習變亂王章，楊朱墨翟之言充塞天下，似仁非仁，似義非義，棼然雜亂，實為性命之憂。甚且竊仁義之名，蹈淫僻之實，夷惠其行而盜跖其心，仁義之流弊益甚。南華老人目擊心傷，發此奇快透闢之論，將仁義一齊抹煞，使之無可假託，反而求諸性命之情，真有蘆灰止水、鐵鎖橫江之妙。[10]

此說明外篇一開始即痛駁仁義、歸重道德，實因戰國時期，功利之習太重，楊朱、墨翟以似仁非仁、似義非義之言充塞天下，甚至竊仁義之名，行淫僻之事。南華老人目擊心傷，故將仁義一齊抹煞，使之無可假託，而能反求性命之情。故說：「篇中掃除仁義名色，而約之於道德之途。此《莊子》外篇託始之微意也。」[11]〈駢拇〉掃除仁義，歸之於道德，為《莊子》置此篇為外篇之始的深意所在。

（一）〈駢拇〉

〈駢拇〉章旨，總論云：

10　【清】劉鳳苞撰、方勇點校，《南華雪心編》，卷三，外篇〈駢拇〉第一，頁二〇六。

11　【清】劉鳳苞撰、方勇點校，《南華雪心編》，卷三，外篇〈駢拇〉第一，頁二〇七。

夫仁義之與道德，雖異其名，其源皆出於性命。……蓋仁義皆從性命中發見，而當其未發之時，無可名也。即偶然流露，率其性命之所不容已，渾漠相忘，亦復誰別之為仁為義者？仁義之名出而性命之實已虧，此駢拇枝指、附贅縣疣之喻，所為與仁義聰明互相發明，而概以無用斥之也。[12]

此言仁義乃源於性命，當其未發之時本無可名，偶然流露時，則率其性命之不容已。仁義之名出，仁義之實已虧，故〈駢拇〉一篇以枝指、附贅縣疣之喻，斥責仁義聰明之無用。

（二）〈馬蹄〉

〈馬蹄〉章旨，總論云：

〈馬蹄〉與〈駢拇〉皆從性命上發論，〈駢拇〉是盡己之性而切指仁義之為害於身心，〈馬蹄〉是盡物之性而切指仁義之為害於天下。[13]

12 【清】劉鳳苞撰、方勇點校，《南華雪心編》，卷三，外篇〈駢拇〉第一，頁二〇六。

13 【清】劉鳳苞撰、方勇點校，《南華雪心編》，卷三，外篇〈馬蹄〉第二，頁二二〇。

本篇與〈駢拇〉皆從性命上發論，相較於〈駢拇〉言盡己之性，再切指仁義之為害於身心；〈馬蹄〉則言盡物之性，再切指仁義之為害於天下。

（三）〈胠篋〉

〈胠篋〉章旨，總論云：「此篇痛駁仁義聖知不足以防患止亂，適足為大盜之資。」[14]此篇旨在駁斥仁義聖知不能防患止亂，反而成為大盜之所資。

（四）〈在宥〉

〈在宥〉章旨，總論云：「此篇通體發明在宥之義。」[15]「在宥」二字乃：「從性命精微處致力，未嘗推及天下，別有作為，而天下已歸其度內。」[16]故此篇非著重在治天下，而是從性命之精微致力，實則治天下已歸在其中。

14 【清】劉鳳苞撰、方勇點校，《南華雪心編》，卷三，外篇〈胠篋〉第三，頁二二七。

15 【清】劉鳳苞撰、方勇點校，《南華雪心編》，卷三，外篇〈在宥〉第四，頁二四〇。

16 【清】劉鳳苞撰、方勇點校，《南華雪心編》，卷三，外篇〈在宥〉第四，頁二四七。

（五）〈天地〉

〈天地〉主旨，總論云：「此篇以道與天合者交互勘發，極精搠微。天之體，聲臭之所俱泯，故能運化於無言；道之妙，形迹之所不居，故能包涵於萬有。」[17]此篇云道與天合，以天之體無聲無臭，故能運化萬物；道之妙無形無跡，故能包涵萬有。

（六）〈天道〉

〈天道〉篇主旨，總論云：

此篇以虛靜無為渾括天道、帝道、聖道，而揭其本體之精微。從無為勘出有為，乃不涉於空虛寂滅；復從有為歸到無為，乃不滯於形色名聲。〈天地〉篇祇重無為，是從源頭上說道；〈天道〉篇兼言有為，是因原以竟委，仍由委以溯原，可見莊子並非埽卻有為，致落玄門窠臼也。[18]

此篇以「虛靜無為」概括天道、帝道、聖道，以揭示本體之精微。從無為帶出有為，再從有為歸到無

17 【清】劉鳳苞撰、方勇點校，《南華雪心編》，卷三，外篇〈天地〉第五，頁二七〇－二七一。

18 【清】劉鳳苞撰、方勇點校，《南華雪心編》，卷四，外篇〈天道〉第六，頁三〇二。

為。相較於〈天地〉篇只講無為，只從源頭說道；本篇則兼講有為，除了追溯源頭外，亦可見莊子並非全部掃除有為。

（七）〈天運〉

〈天運〉主旨，總論云：「〈天運〉篇是發明道之自然，而體道者泯其迹象，行道者合乎時宜。」[19]言此篇乃在發明自然之道，體道者能泯除迹象，行道者能合乎時宜。

（八）〈刻意〉

〈刻意〉篇主旨，總論云：「〈刻意〉篇摹寫聖人之德。」[20]此篇主要在描寫聖人之德。

（九）〈繕性〉

〈繕性〉主旨，總論云：「此篇以俗學俗思雙起。」[21]「因俗學之錮蔽日深，遂致俗思沈迷而莫

19 【清】劉鳳苞撰、方勇點校，《南華雪心編》，卷四，外篇〈天運〉第七，頁三二一。
20 【清】劉鳳苞撰、方勇點校，《南華雪心編》，卷四，外篇〈刻意〉第八，頁三四六。
21 【清】劉鳳苞撰、方勇點校，《南華雪心編》，卷四，外篇〈繕性〉第九，頁三五二。

返。」[22]此篇言戰國時代之所以世衰道微，乃因俗學錮蔽，導致俗思沈迷莫返，故論俗學、俗思。

（十）〈秋水〉

〈秋水〉篇主旨，總論云：

〈秋水〉一篇體大思精，文情恣肆。開端即借河伯、海若一問一答，層層披剝，節節玲瓏。忽而從大處推開，見道之無外；忽而從小處收攏，見道之無內；忽而從小大中生出精粗二意，饒他至精至粗，總是期於有形，不如一并掃卻；忽而從小大外添出貴賤二層，任他分貴分賤，究竟未可為常，不如一概渾融。然後歸到無方自化，為、不為一齊放下，胸中自覺雪釋冰消。隨又拈出達理明權，天與人妙合無間，更為水淨沙明。收處將天人分際分別出來，罕譬而喻，用三層束住上文，為學道人特進藥石。[23]

此篇主在言道，先從大處推開，見道之無外；或從小處收攏，見道之無內。又從小、大中生出精粗二意，後將二意一併掃除。再從小大中添出貴賤二層，後亦將此二層一概渾融。其後又歸於無方自化，將

22 【清】劉鳳苞撰、方勇點校，《南華雪心編》，卷四，外篇〈繕性〉第九，頁三五二—三五三。
23 【清】劉鳳苞撰、方勇點校，《南華雪心編》，卷四，外篇〈秋水〉第十，頁三六三。

為與不為一齊放下；再拈出達理明權，言天與人妙合無間；最後又收於天人分際。並說：「內篇莊化為蝶，蝶化為莊，可以悟齊物之旨；外篇子亦知我，我亦知魚，可以得反真之義，均屬上乘慧業，不能有二之文。[24]」稱讚此篇以濠梁觀魚一段作結，其寓意可以得「反真」之義，與內篇莊周化蝶，其寓意可以悟齊物之旨，二者皆是上乘慧業，不可多得之文。

（十一）〈至樂〉

〈至樂〉篇主旨，總論云：「此篇以『至樂活身』、『無為幾存』二句為主，惟至樂乃足活身，則俗樂之傷身可見；惟無為方是至樂，則俗樂之無所不為可知。」[25]此篇以「至樂活身」、「無為幾存」二句為主，以至樂方可使身長存，而無為才是真正的至樂。

（十二）〈達生〉

〈達生〉篇主旨，總論云：

此篇與內篇〈養生主〉參看，各具妙境。養生者不以無涯之知傷其生，重在緣督為經，《孟子》

24　【清】劉鳳苞撰、方勇點校，《南華雪心編》，卷四，外篇〈秋水〉第十，頁三六三。

25　【清】劉鳳苞撰、方勇點校，《南華雪心編》，卷四，外篇〈至樂〉第十一，頁三九三。

所謂「以直養者」此也；達生者不以無益之病養其生，重在純氣之守，《中庸》所謂「達天德者」此也。形依神而立，養則尚有存生之迹，達則並此而忘之，蓋遺其形而獨運以神也。[26]

此篇旨在講養生之理，可與〈養生主〉參看。〈養生主〉主要說養生者不可以無涯之知傷其生，重在緣督為經；本篇則言達生者不以無益之病養其生，重在純氣之守。此篇不說「養」而說「達」，乃因「養」者養形及養神，仍有存生之迹；「達」則將養形之存生之迹一併消除，只說養神。

（十三）〈山木〉

〈山木〉篇主旨，總論云：「此篇雖從處世免患上立論，純是達天知命工夫。」[27]此篇在立論上從處世免患上說，實則在闡發達天知命的工夫。

（十四）〈田子方〉總論

〈田子方〉篇主旨，總論云：「此篇逐段逐層只是摹寫一「真」字，剝膚存液，全是精華。」[28]言

26 【清】劉鳳苞撰、方勇點校，《南華雪心編》，卷五，外篇〈達生〉第十二，頁四一三。

27 【清】劉鳳苞撰、方勇點校，《南華雪心編》，卷五，外篇〈山木〉第十三，頁四四五。

28 【清】劉鳳苞撰、方勇點校，《南華雪心編》，卷五，外篇〈田子方〉第十四，頁四七一。

全篇只在描寫一「真」字。

（十五）〈知北遊〉

〈知北遊〉篇主旨，總論云：

前篇通體發揮一「真」字，此篇通體摹寫一「無」字。真者道之本根，無者道之化境。由真以返於無，即無以窺其真，一部《南華》，只此二字盡之矣。[29]

相較於〈田子方〉一篇在發揮一「真」字，此篇則在摹寫一「無」字。「真」為道之本根，「無」則為道之化境。由「真」返於「無」，即「真」亦無由窺知，云「真」、「無」二字，已道盡一部《南華》。

三、雜篇

《雪心編》的形式、內容、義例，乃根據林雲銘、宣穎而來，然在內容與說明上都更為詳盡。雜篇

29 【清】劉鳳苞撰、方勇點校，《南華雪心編》，卷五，外篇〈知北遊〉第十五，頁四九七。

歷來不受重視，如宣穎《南華經解》對雜篇的注釋即甚簡略，尤其是〈讓王〉等四篇。《雪心編》對雜篇並不偏廢，即使〈讓王〉等篇亦保留，不但附之於後，且加以註解。[30]然因雜篇旨意較不統貫，《雪心編》並未有全面的提挈，以下僅就立意清楚者論之。

（一）〈庚桑楚〉

〈庚桑楚〉章旨，總論云：

> 此篇首尾只是一線，以老聃之道為主。……接手即從南榮趎發問卸入老聃一段議論，通身靈動，妙緒紛綸，仍不外庚桑楚藏身深眇之義。[31]

此篇以老聃之道為主，藉由南榮趎發問，引出老聃一段議論，主旨以庚桑楚藏身深眇，寫衛生之經。

（二）〈寓言〉

〈寓言〉篇主要意旨，總論云：

30 《雪心編》雖對此四篇加以註解，然對篇旨並無說明，故以下亦不論。

31 【清】劉鳳苞撰、方勇點校，《南華雪心編》，卷六，雜篇〈庚桑楚〉第一，頁五四五。

此篇是莊子揭明立言之意。寓言、重言、卮言，括盡一部《南華》，讀者急須著眼，方不致刻舟求劍，買櫝還珠。以後均係隨手散綴之文，如雜花生樹，恣態各殊，正不必強為一體也。[32]

此篇篇旨在說明莊子立言之意，以寓言、重言、卮言，括盡一部《南華》，為讀莊子須首要著眼之處。

（三）〈天下〉

劉鳳苞極為稱頌〈天下〉篇之重要性，〈列御寇〉總論云：

若非〈天下〉一篇作為後勁，則筋脈懈馳，實不足以歸結一部《南華》。若以為後世訂《莊》者所作，則體大思精，全是漆園自抒胸臆，其氣直欲排滄海而東，引星辰而上，杜少陵所謂「篇終接混茫」者是也。漢魏以來，安得有此摩天巨刃？故〈天下〉一篇，為南華集中所決不可少之文。南華老人豈肯少留其缺憾而待後人之鍊石補天哉！[33]

32　【清】劉鳳苞撰、方勇點校，《南華雪心編》，卷七，雜篇〈寓言〉第五，頁七一七。
33　【清】劉鳳苞撰、方勇點校，《南華雪心編》，卷七，雜篇〈列御寇〉第六，頁七四〇—七四一。

稱〈天下〉一篇，足以歸結一部《南華》，作為全書後勁之作，即使作者為後世之訂《莊》者，然全篇體大思精，亦足以抒發漆園之胸臆，故此篇為《南華》集中決不可或少之文。〈天下篇〉總論稱「通篇大氣盤旋，精心結撰，胸襟眼界，直據萬峰之巔。視百家之分門別派、隨聲逐影者，真不啻蚊虻之過太空也。妙文至文！」[34]對此篇極力推崇之。

第二節　《莊子》章法之表現

章法，或稱篇法、章法、謀篇、法度、布置等，乃指文章的結構經營。[35]結構是「指聯句成節、聯節即成段、聯段成篇的一種組織形態。對這種組織形態作分析，不但可以深入內容底蘊、尋繹文章的脈絡、判定章節的價值，更可理清聯絡的關鍵、辨明布局的技巧。」[36]可知經由文章的組織形態，可以了解文章脈絡、章節的價值，進而深入文章的內容底蘊。陳滿銘又說：「所謂章法，指的是辭章的篇章條

34　【清】劉鳳苞撰、方勇點校，《南華雪心編》，卷七，雜篇〈天下〉第七，頁七七四。

35　陳滿銘區分結構與章法，云：「結構與章法兩者，是屬於一實一虛的關係。如通指所有文章，虛就其方法來說，為『章法』；如單指一篇文章，實就其組織形態而言，則為『結構』。」（《章法學論粹》，臺北：萬卷樓圖書公司，二〇〇二年七月，頁三三五）。

36　陳滿銘，《章法學論粹》，頁三三四。

理。這種條理，源自於人類共通的理則，自古為一般人用於辭章之中，而形成秩序、變化、連貫、統一作用的，到目前為止，已經發現有遠近、大小、本末、深淺、賓主、正反、今昔、凡目、虛實、抑揚、因果、平側、縱收、問答等三十幾種章法。」[37]對章法的定義及種類有更確切的說明。

古人作文章即重視章法，如云：「自古有文章，便有布置，講學之士不可不知也。」[38]即是對章法結構的重視。南朝劉勰說：「總文理，統首尾，定與奪，合涯際，彌綸一篇，使雜而不越者也。若築室之須基構，裁衣之待縫緝矣。」[39]指謀篇布局如築室構基，一部作品之結構須有合理安排，使其「雜而不越」。故一部作品，如何根據主題思想的需要，將材料進行合理的結構、組織，使「章多而不亂，辭眾而不散」，將篇章組成一個「理圓事密，聯璧其章」[40]的有機體，皆考驗到作者的行文功力。

《莊子》雖為說理之文，然亦重視行文章法。清劉熙載評《莊子》之文：「莊子文看似胡說亂說，骨裏卻儘有分數。」[41]「莊子文法斷續之妙，如〈逍遙遊〉忽說鵬，忽說蜩與鷽鳩、斥鴳，是為斷；下乃接之曰『此小大之辯也』，則上文之斷處皆續矣，而下文宋榮子、許由、接輿、惠子諸斷處，亦無不

37 陳滿銘，〈談篇章的縱向結構〉，《中國學術年刊》，第二二期，頁二五九

38 范溫，《潛溪詩眼》，見郭紹虞，《中國歷代文論選》（上海：上海古籍出版社，一九八八年），第二冊，頁三二〇。

39 【南朝‧梁】劉勰著、范文瀾註，《文心雕龍注》（臺北：學海出版社，一九九一年），〈附會篇〉，頁六五〇。

40 【南朝‧梁】劉勰著，范文瀾註，《文心雕龍注》，〈麗辭篇〉，頁五八九。

41 【清】劉熙載著，《藝概》（臺北：漢京文化事業公司，一九八五年九月），〈文概〉，頁七。

續矣。」[42]皆已指出《莊子》散文並非胡說亂說或雜亂無章，而是具一定之結構布置。

相對於作者有意識的對作品進行謀篇布局，鑑賞者在品賞作品時，對其布局內容，亦應理清作品之發展線索、抓住文眼、指點過渡和照應、注意開頭和結尾、辨析標題等。《南華雪心編》在剖析章法時，先於前段總評將全文結構作一梳理，之後於段評、節評中配合總評進行詳細分析，有時又用段評反覆申述，形式與宣穎《南華經解》類似[43]，但對文章整體結構及段與段、句與句關係之分析又比宣穎更具體詳細。

劉鳳苞又重視《莊子》內容與結構的關聯性，認為章旨與章法之間的關係是密不可分的，故屢藉由章法結構的分析來說明章旨，本節主要以〈齊物論〉為例，說明此篇的章法安排，以見《莊子》散文章法之嚴密。

〈齊物論〉主要敘述結構為：「前以『喪我』發端，見我身且非我有，安用嘵嘵辯論？後以『物化』作結，見彼此皆屬幻形，還他空空無著。」[44]說明此篇以「喪我」發端，可見此身尚且非我有，故毋須再費舌辯論；其後以「物化」作結，以見彼與此都是幻形，終歸空空無著。先說明開頭與結尾，及

42 【清】劉熙載著，《藝概》，〈文概〉，頁七。

43 【清】宣穎《南華經解》，內容包括評註、篇首總論、段落分析、眉批、篇末總評等部分。其內容以總論方式說明內篇、外篇、雜篇三者的不同，對各篇的思想內容、結構層次、寫作技巧及藝術技巧皆有分析。

44 【清】劉鳳苞撰、方勇點校，《南華雪心編》，卷一，內篇〈齊物論〉第二，頁一九。

二者間意旨的關聯性。此篇的章法結構，依總論及各段大意，又約可分為以下數段：

一、南郭子綦「喪我」段。

二、「子游問答」段，《雪心編》云此段結構：

前幅借子游問答，揭出人籟、地籟、天籟，暗影物論，已伏不可齊者之根。而以天籟為化機，全在「無」字句處領會，紛綸妙義，不落言荃。「大知閒閒」以下，承「喪我」意，層層透發，尋出一箇真君，與天籟互相勘合。[45]

此段前藉著子游問答，揭出「人籟、地籟、天籟」，暗中影射物論，在此已埋伏「不可齊」之根本。且以天籟為化機，全在「無」字句處領會。又「大知閒閒」以下，承「喪我」之意，層層透發，意在尋出一箇真君，與天籟互相勘合。

此段中天籟與真君的安排旨在說明：「天籟以無聲而運化有聲，真君以無形而主使有形。……然則人世間本無可據之形聲，又安有可齊之物論哉？」[46]「天籟」意在說明以無聲來運化有聲；「真君」則在藉無形以主使有形。歸結於世間本就沒有可依據的形聲，又何來可齊之物論。

45　【清】劉鳳苞撰、方勇點校，《南華雪心編》，卷一，內篇〈齊物論〉第二，頁一九。

46　【清】劉鳳苞撰、方勇點校，《南華雪心編》，卷一，內篇〈齊物論〉第二，頁一九。

三、「夫隨其成心而師之」以下

先說：「以上各段，均在物論之先著筆，剔盡根株，是抽刀斷水之法，至此暗暗遞入物論意以起下文。」[47]相較於以上以抽刀斷水之法[48]，著筆於「物論之先」；此段以下，則以暗暗遞入的方式興起「物論」。其中，「自『大知閑閑』以下，一路蜿蜒曲折而來，至此乃揭出『是非』二字，拍合物論，為一大結。以後即承此意，另開生面，言所以不齊之故。」[49]接續上文「大知閑閑」以下，至此方揭出「是非」二字，與物論拍合，以興起下言「不齊之故」。又：「提出無有為有一等人，切指受病之處痛下鍼砭，將物論一起推倒。」以無有、為有之人，推倒物論。

四、「物無非彼，物無非是」以下

以下乃即物論之不齊，想出一不齊而齊之法。無所隱之謂明，分是分非，而其理轉晦；無所滯之謂因，分彼分此，而其用轉方。照之於天，便是明字妙諦；復通為一，便是因字圓神。至天地並生，萬物為一，往古來今，大千世界，無一件物事可分得開，不獨物論徒形辭費，即我之齊物論

47 【清】劉鳳苞撰、方勇點校，《南華雪心編》，卷一，內篇〈齊物論〉第二，頁三一。
48 此敘述手法見本書第四章第一節〈《莊子》散文之敘述手法〉。
49 【清】劉鳳苞撰、方勇點校，《南華雪心編》，卷一，內篇〈齊物論〉第二，頁三一—三二。

亦多此一饒舌也。至是乃以折衷聖人，為一篇歸宿。[50]

全段的主旨乃在就物論之不齊，想出一「不齊而齊」的方法。敘述上則提出「明」與「分」。「明」乃指無所隱，「分」乃指無所滯。後以「照之於天」為「明」字妙諦；「復通為一」為「因」字圓神。至「天地並生，萬物為一」，則古今之萬事皆不能分開，所有的物論也只是徒費語辭，即便齊物論之說，也是饒舌之論。最後折衷於「聖人」，則為整篇之歸宿。

五、「齧缺」、「瞿鵲」段

「齧缺」一段，即居處食邑之不齊，襯出是非殽亂之機。「瞿鵲」一段，即生死夢覺之不齊，掃盡是非異同之迹。[51]

「齧缺」一段，以居處食邑之不齊，襯託出是非殽亂之機；「瞿鵲」一段，則以生死夢覺之不齊，掃盡是非異同之迹。

50 【清】劉鳳苞撰、方勇點校，《南華雪心編》，卷一，內篇〈齊物論〉第二，頁一九。

51 【清】劉鳳苞撰、方勇點校，《南華雪心編》，卷一，內篇〈齊物論〉第二，頁一九。

六、「罔兩問景」段，為末段：乃「推到物之化而為一，無可齊也」。[52]

> 末幅撰出「罔兩問景」一層，……分明是「吾喪我」三字，……真宰已了然言下矣。隨借莊周夢為蝴蝶，現身說法，齊而不齊、不齊而齊，而以「物化」一句結住通篇，更從何處擬議分辨？仙乎仙乎，非莊生無此妙境也！[53]

最末「罔兩問景」一層，寫的是「吾喪我」三字，而收於「真宰」二字。隨著借莊周夢為蝴蝶，以現身說法，來說齊而不齊、不齊而齊，最後以「物化」一句結住通篇。

章法和意旨之間的關係，即是「怎麼說」與「說什麼」二者間的關聯，以上分析，可表列如下：

主要段落	主要敘述脈絡【怎麼說】	主要意旨【說什麼】
一、南郭子綦「喪我」段		■見我身且非我有，安用嘵嘵辯論？
二、「子游問答」段	■揭出人籟、地籟、天籟。 ■「大知閒閒」以下。	■暗影物論，已伏不可齊者之根。 ■承「喪我」意，意在尋出一個真君，與天籟互相勘合。

52 【清】劉鳳苞撰、方勇點校，《南華雪心編》，卷一，內篇〈齊物論〉第二，頁六六。

53 【清】劉鳳苞撰、方勇點校，《南華雪心編》，卷一，內篇〈齊物論〉第二，頁一九－二〇。

三、「夫隨其成心而師之」以下	■揭出『是非』二字。 ■提出無有、為有一等人。	■拍合物論，以後即承此意，言所以不齊之故。 ■切指受病之處痛下鍼砭，將物論一齊推倒。
四、「物無非彼，物無非是」以下	■提出「明」、「分」。 ■後以「照之於天」、「復通為一」。 ■至「天地並生，萬物為一」。 ■最後折衷於「聖人」。	【全段旨在：即物論之不齊，想出一不齊而齊之法】 ■「明」乃指無所隱，「分」乃指無所滯。 ■「照之於天」為「明」字妙諦；「復通為一」為「因」字圓神。 ■古今之萬事皆不能分開。 ■為全篇之歸宿。
五、「齧缺」、「瞿鵲」段	■「齧缺」一段 ■「瞿鵲」一段	■以居處食邑之不齊，襯託出是非殽亂之機。 ■以生死夢覺之不齊，掃盡是非異同之迹。
六、「罔兩問景」段	■「罔兩問景」一層 ■莊周夢為蝴蝶 ■「物化」一句，結住通篇	【全段旨在：推到物之化而為一，無可齊也】 ■寫「吾喪我」三字，而收於「真宰」二字。 ■寫齊而不齊、不齊而齊。 ■見彼此皆屬幻形，還他空空無著。

由上述可見，《雪心編》對於《莊子》章法析論之詳細，同時亦說明《莊子》文章章法結構之緊密，此篇由「喪我」至「物化」，中間藉著「天籟、人籟、地籟」，埋伏物論不齊之根；再以「是非」之論，寫物論不齊之故；後又以「物無非彼，物無非是」，想出一個不齊而齊的方法；後以「齧缺、瞿鵲」，由是非殽亂之機，再掃除是非同異之迹。末由「罔兩問景」，歸結「吾喪我」，再收於「真宰」；「莊周夢為蝴蝶」，論齊而不齊、不齊而齊。全篇脈絡清楚，將「怎麼說」與「說什麼」緊密結合，足見《莊子》章法之嚴密，亦可見《雪心編》分析之精。

《雪心編》對於《莊子》章法之不同表現，亦有評析。其中，稱《莊子》章法有加以慘澹經營者，如〈逍遙游〉「惠子謂莊子曰：吾有大樹」段，《雪心編》云：

第六段，歎物之以有用致患，轉以無用免害，又莊子應世之妙用也，……。良材多夭於斤斧，而惡木乃終其天年，想見世途之險，炫才矜智，動觸危機，玉剖於石，珠竭於川，膏火自煎，山木自寇，鸚鵡以能言賈禍，越雉以文采纓身，物之中於機辟而死於罔罟者，千古何多也！狸狌其顯焉者耳。當卑身而伏，有似乎知者之深地，東西跳梁，有似乎勇者之奮迅，以犛牛之不能執鼠者較之，則大者似不如小者之才，而小者或轉笑大者之無用，乃伏身候敖之故智，不旋踵而禍即隨之，向之所謂可用者安在，而所謂無用者晏如也。彼大樹之擁腫卷曲，匠石無所顧，斧斤所不及，惟至人日與為周旋，無何有之鄉、廣莫之野，空空洞洞，至人之所游也；無為其側，寢臥其下，至人之所為逍遙也。果何道以致此哉？惟其自適於清虛，而不以眾所向去為患也。一篇寓意文章，千盤百折，至此始為「逍遙」二字點睛，可想見慘澹經營之致矣。54

此篇第六段旨在感歎物以有用致患，轉以無用免害，又稱此為「莊子應世之妙用」。此段藉良材多夭於

54 【清】劉鳳苞撰、方勇點校，《南華雪心編》，卷一，內篇〈逍遙游〉第一，頁一八。

斤斧而惡木乃終其天年，來說明世途之險，炫才矜智者易觸動危機。又，玉剖於石、珠竭於川、膏火自煎、山木自寇、鸚鵡以能言賈禍、越雉以文采纓身，物之中於機辟而死於罔罟者，千古來何其多。文中的狸狌卑身而伏，東西跳梁，與斄牛之不能執鼠者比較，則大者似乎不如小者之才，而小者或轉笑大者之無用。然而狸狌伏身侯敖之故智，旋即而禍隨之；擁腫卷曲之大樹，不為匠石所顧，至人卻日與為周旋。後又點出無何有之鄉、廣莫之野，雖空空洞洞，亦至人之所游。故知惟有「自適於清虛」，不以眾人所欲去患者能達到。故末說此篇寓意文章，經千盤百折，至此始為「逍遙」二字點睛，可想見「慘澹經營之致」。又，〈達生〉「工倕旋而蓋規矩」段，《雪心編》云：

> 借喻工倕，陡然而起，如天外芙蓉憑空擲下，飄忽非常。工倕之巧不從規矩而生，而規矩之運用在心，所謂慘澹經營，工良心苦也。究竟以規矩呈能，猶未免拘於形迹。外不離乎規矩，安能指與物化？內不忘乎規矩，安得不以心稽？巧之至者，目中不必有規矩而規矩直運之掌上，意中亦未必有規矩而規矩莫測其端倪。無規矩之規矩，較之有規矩而更精，惟其運以神而不滯於形也。[55]

55 【清】劉鳳苞撰、方勇點校，《南華雪心編》，卷五，外篇〈達生〉第十二，頁四四一－四四二。

此段以工倕為喻，言工倕之巧不從規矩而生，而規矩之運用在心，因有規矩則易泥於形迹，而工之至巧者，眼中不必有規矩而能將規矩運於掌上，其意未必有規矩而規矩莫測其端倪，無規矩之規矩，較之有規矩更為精妙，因其運於神而不滯於形。故稱此為「慘澹經營，工良心苦」。

《莊子》各篇章法亦有具變化性者，如〈逍遙遊〉主要章法：

其中逐段逐層皆有逍遙境界，……。起手特揭出一大字，乃是通篇眼目。大則能化，鯤化為鵬，引起至人、神人、聖人，皆具大知本領，變化無窮。至大瓠、大樹，幾於大而無用，而能以無用為有用，游行自適，又安往而不見為逍遙哉！一路筆勢蜿蜒，如神龍夭矯空中，靈氣往來，不可方物。至許由、肩吾以下各節，則東雲見鱗、西雲見爪，餘波噴湧，亦極恣肆汪洋。56

在結構上，此篇逐段逐層皆展示了逍遙的境界，又提出一「大」字，為此篇通篇眼目，因為大而能化，所以鯤才能化為鵬，以引起後文的至人、神人、聖人，此三者皆表現具大本領而能變化無窮。又後文的大瓠、大樹，幾近於大而無用，而能表現無用為有用，方可游行自適，無處不逍遙。《雪心編》稱此「一路筆勢蜿蜒」，如空中神龍矯健，極其靈動。又至肩吾以下各節，則有餘波噴湧之勢，極其汪洋

56 【清】劉鳳苞撰、方勇點校，《南華雪心編》，卷一，內篇〈逍遙游〉第一，頁一。

恣肆。

又〈德充符〉的主要章法為：

> 通體照顧「德」字，卻處處借形體有虧之人著筆，追進一層，為全形者加倍策勵。前五段逐段提出「德」字，拋甎落地，聽之有聲，捫之有稜。王駘之不言心成，申屠嘉之遊於形骸之內，叔山無趾之有尊足者存，哀駘它之和而不唱，無脤大癭之德有所長、形有所忘，皆命物之化而守其宗者。一路草蛇灰線，若隱若潛，為「德」字遺貌取神，為「符」字立竿見影，摹寫入微。末用反掉之筆，見益形者適足以累其德。形全而德虧，視兀者、惡人、無脤大癭之獨成其天者，大小迴殊矣。通結上文，文勢如大海迴瀾，激得浪花無際。[57]

此段在寫法上始終照顧一「德」字，借形體有虧之人著筆，目的在加倍策勵形體健全者。前五段逐段提出「德」字，而後有王駘之不言心成，申屠嘉之遊於形骸之內，叔山無趾之有尊足者存，哀駘它之和而不唱，無脤大癭之德有所長、形有所忘，這些人「皆命物之化而守其宗」者。用草蛇灰線法[58]，若隱若潛的方式，為「德」字遺貌取神，為「符」字立竿見影。最後用反掉之筆，說明益形者反而足以累

57 【清】劉鳳苞撰、方勇點校，《南華雪心編》，卷二，內篇〈德充符〉第五，頁一一三—一一四。

58 此敘述手法見本書第四章第一節〈《莊子》散文之敘述手法〉。

其德。將形全而德虧者與兀者、惡人、無脤大癭之獨成其天者相較，以見其大小迥殊。故知，此篇以「德」為全篇眼目，藉由各種形體有虧之人，寫其「德」勝於形，而見其「符」。文法上用了「草蛇灰線法」、「反掉之筆」等，皆可見章法的變化性與靈活運用。

〈應帝王〉的主要章法及文法，〈應帝王〉總論云：

《南華》本是寓言，……如此篇之「未始出於非人，天而人也」，「未始入於非人，人而天也」，只轉換一字，便有顛倒造化之功。二段之涉海鑿河，使蚉負山，以及飛鳥、鼷鼠之喻，從極細微淺近處躍出靈機，只掉轉一筆，便有運動元關之妙。三段之答而不答，不答而答，前後相生相背，虛處見實，實處仍虛，可悟拈花旨趣。四段之立乎不測，遊於無有，無形者顯出丈六金身，有象者不啻滄海一粟，真屬無礙辯才。五段以不可相者為神，不可相者，有時而露其真相，層層摹寫，直欲合放翁梅花為萬形。六段以虛而應者為靈，虛而應者，無一不徵其實功，面面玲瓏，真可混秋水長天為一色。末段則另換機杼，在理欲天人分界處痛切言之，詞雖幻而實為真境，義雖奇而可得正宗。[59]

59 【清】劉鳳苞撰、方勇點校，《南華雪心編》，卷二，內篇〈應帝王〉第七，頁一八七—一八八。

《莊子》一書為寓言之書，能將天地萬有的不齊之理，無論精液或糟粕，皆以元氣融化一爐，超乎物象，得其環中。如此篇之「未始出於非人，天而人也」，「未始入於非人，人而天也」，只轉換一字，便具顛倒造化之功。第二段以涉海鑿河，使蚉負山，以及飛鳥、鼷鼠之喻，從極細微淺近處躍出靈機。三段答而不答，不答而答，前後相生相背，有虛處見實，實處仍虛之功。第四段之「立乎不測」、「遊於無有」，使無形者顯出丈六金身，有象者無異於滄海一粟。五段以不可相者為神，層層摹寫。六段以虛而應者為靈，虛而應者，無一不徵其實功。末段則另換機杼，在理欲天人分界處痛切言之。故知，此篇以寓言方式寫聖王治功，全篇運用文字轉換、譬喻、問答、摹寫等方法，亦使章法在統合中又具多樣之變化。

《莊子》即使一段之中，亦可見其格局之謹嚴，如〈天地〉「諄芒將東之大谿」段，《雪心編》云：「以『大壑』起，以『神人』結，只閒閒問答，而格局謹嚴，有常山率然之勢。」[60]此段以「大壑」開始，以「神人」作結，雖只是閒閒問答，但格局甚嚴謹。〈秋水〉「秋水時至，百川灌河」段，《雪心編》云：

> 中國之在海內，比於稊米之在太倉；萬物之在中國，比於毫末之在馬體，又可以海之小於天地者

60 【清】劉鳳苞撰、方勇點校，《南華雪心編》，卷三，外篇〈天地〉第五，頁二九四。

推之也。末後將帝王賢聖功能看作與化推移，足以開拓心胸，推倒豪傑。尤妙在從正意託出喻意，而正意愈見軒豁呈露，使人羡其布局之密而莫測其用筆之神，真行文之化境也。[61]

此段以稊米之在太倉、毫末之在馬體，比喻中國、萬物之渺小，而推論海之小於天地。末後將帝王的賢聖功能看作與化推移，由正意襯託出喻意，使正意更明白呈現，《雪心編》稱此「布局之密而莫測」，為行文之化境。

由上述可見，《莊子》在布局上多方經營，既有整齊之美，亦有變化之態，表現其散文汪洋開闔，儀態萬千，有時雖看似不經意，卻又有其法度，篇章內部多具嚴密的收放、吐納、腹藏萬機的布局順序，足見其具變化及豐富個性的結構美。

《雪心編》對《莊子》一書的章法作了詳盡分析，然外、雜篇中亦有章法不連貫的篇章，《雪心編》亦將其指出，且不全然否定其價值。如〈天地〉的章法為：

首段用「玄」字煞住，抉天地之根柢，洩大道之靈奧，只此一字，已抵得五千言《道德》真詮。下面無心無為都發明「玄」字之義，「玄珠」、「玄德」，又特特點醒「玄」字，乃一篇精神聚

61 【清】劉鳳苞撰、方勇點校，《南華雪心編》，卷四，外篇〈秋水〉第十，頁三六四。

會、血脈貫通處。其餘逐段夾敘，雖係零星散碎之文，而橫峰側嶺，離立參差，雲氣往來自成靈境。逐層領略，歷落嶔奇，皆可得其精神意趣，正不必以章法繩之，強為聯續也。[62]

此篇首段用「玄」字，抉發天地之根柢、大道之靈奧；接下來的無心、無為，都在發明「玄」字之義；然其後則逐段夾敘，皆為零星散碎之文，雖然不成章法，但若逐層領略，亦可得其精神意趣。又〈徐無鬼〉，總論云：

逐段逐層，各有精義，自成一則妙文，如海上群山參差錯立，一邱一壑皆具奇觀，殊形異態，結搆天然，正不必強為聯屬也。[63]

稱此篇逐段逐層，各有精義，然各段之間，結構天然，然沒有特別的聯屬關係。又〈列御寇〉總論云：

此篇亦隨手綴敘之文。林西仲謂收束全書與〈寓言〉總為一篇，篇末載「莊子將死」一段，以明漆園之絕筆於此，猶《春秋》之獲麟，此外不容添設一字，則〈天下〉一篇，不辨而知為訂

62　【清】劉鳳苞撰、方勇點校，《南華雪心編》，卷三，外篇〈天地〉第五，頁二七一。

63　【清】劉鳳苞撰、方勇點校，《南華雪心編》，卷六，雜篇〈徐無鬼〉第二，頁五八五。

《莊》者之所作矣。林氏此論亦可謂獨抒己見。然細玩此篇，雖多精要之語，亦止是碎玉零金，與全部精神血脈，不相貫注。[64]

稱此篇為隨手綴敘之文，全篇雖多精要之語，然止是碎玉零金，與全書精神血脈，不相貫注。唯篇末「莊子將死」一段，為莊子之絕筆，猶如《春秋》之獲麟，此外不容添設一字。

文章的布局工夫固為重要，但貴在靈活變化，清姚鼐云：「文章之事，能運其法者才也，而極其才者法也。古人有一定之法，有無定之法。有定者，所以為嚴密也；無定者，所以為縱橫變化也。」[65]真正有才者，即擅長運用文章之「法」。作者若能從容於法度中，熟能生巧，融而能變，使文章渾然天成，方是為文的高妙境界。觀《雪心編》對《莊子》之評價，如〈應帝王〉總論云：「細按此篇文法，首尾前後，一氣相生，均是『立乎不測，遊於無有』，入神超妙工夫。總結內篇，作者精神全注於此。」[66]此稱其首尾前後，一氣相生，結構具法度。又〈達生〉總論，《雪心編》云：

以下節節引證前文，橫峰側嶺，離立參差，合之則雲蒸霞蔚，自成無縫天衣；分之則鶴渚鳧汀，

---

64 【清】劉鳳苞撰、方勇點校，《南華雪心編》，卷七，雜篇〈列御寇〉第六，頁七四〇。

65 【清】姚鼐，《尺牘・與張阮林》（清宣統元年小萬柳堂重刊本，臺北：國家圖書館）。

66 【清】劉鳳苞撰、方勇點校，《南華雪心編》，卷二，內篇〈應帝王〉第七，頁一八七。

皆屬真源妙境。前後本一氣相生，要須逐節玩味，方可得其命意布局之奇。[67]

以下節節皆引證前文，合之則天衣無縫，分之則各有妙境。前後一氣相生，命意、布局皆奇。〈駢拇〉，《雪心編》云：「至其行文節節相生，層層變換，如萬頃怒濤，忽起忽落，極汪洋恣肆之奇。」[68]稱此篇行文節節相生，層層變換，極具「汪洋恣肆之奇」。凡此皆可見《莊》文具「得之於心，應之於手，有化工而無人力」[69]的爐火純青之境。

67 【清】劉鳳苞撰、方勇點校，《南華雪心編》，卷五，外篇〈達生〉第十二，頁四一四。
68 【清】劉鳳苞撰、方勇點校，《南華雪心編》，卷三，外篇〈駢拇〉第一，頁二〇七。
69 【清】葉燮，《原詩・外篇下》，見丁福保《清詩話》（臺北：木鐸出版社，一九八八年），頁六〇九。

第四章　劉鳳苞《南華雪心篇》論《莊子》之文法及語言表現

一篇文章中，其立意最為重要，然如何表達立意的方法，亦為文章形式表現的重要一環。文章的形式表現，除包括前述的章法布局外，又有敘述手法、文法表現、語言文字的使用等，凡此皆是一篇文章或一部作品是否為人所推重的重要因素。《莊子》散文的形式表現，本具極高成就，《雪心編》亦多有分析，本章即就《莊子》之敘述手法、文法表現、詞語錘鍊等，論其藝術成就。

第一節　《莊子》散文之敘述手法

《莊子》擅用各種敘述手法來說理，使其說理方法具多樣與豐富性，以下即就書中所用敘述手法分述之。

一、寓言

寓言是一種講述手法[1]，宋王元澤《南華真經新傳》認為寓言是「託為他人所說以言之。」[2]宋林希逸《莊子鬳齋口義》云：「寓言者，以己之言借他人之名以言之。」[3]清宣穎《南華經解》：「託一事以論此事。」[4]都認為寓言是一種敘述方式，不直接說理，而是「藉外物以相比論」[5]，即藉他人、他事、他物的說明來比論所欲申明之理。

寓言是《莊子》重要的寫作手法之一，極為後人所推重，清劉熙載評《莊子》說：「莊子寓真於誕，寓實於玄，於此見寓言之妙。」[6]《雪心編》對《莊子》寓言亦極讚賞。〈寓言〉「寓言十九」段云：

1 寓言亦被視為修辭，見本書第五章第一節〈《莊子》散文之修辭〉之「譬喻」部分。

2 【宋】王元澤，《南華真經新傳》，收於嚴靈峰《無求備齋莊子集成初編》（臺北：藝文印書館，一九七二年五月），第六冊，頁五六五。

3 【宋】林希逸，《莊子鬳齋口義》，收於嚴靈峰《無求備齋莊子集成初編》（臺北：藝文印書館，一九七二年五月），第十冊，頁八二八。

4 【清】宣穎，《南華經解》，收於嚴靈峰《無求備齋莊子集成續編》，頁四七七。

5 【明】陸西星，《南華真經副墨》，收於嚴靈峰《無求備齋莊子集成續編》（臺北：藝文印書館，一九七四年十二月），第八冊，頁一〇〇〇。

6 【清】劉熙載著，《藝概》（臺北：漢京文化事業公司，一九八五年九月），〈文概〉，頁七。

> 寓言者，言盡於此而義通於彼也。媒合之言，工譽則足以動聽，而父不能譽其子，不若借譽於人言。道之旁通曲喻，以暢其言者猶是矣。然必待高言而道始明，則立言之心為尤苦，人情好同而惡異，與其正言而難索解人，何若藉外論之，相悅以解也！[7]

「寓言」是《莊子》擅長使用的寫作手法，為了避免過於嚴肅的說理或議論，故借由他人之言來說，加以「旁通曲喻」暢其所欲言，以達到「言盡於此而義通於彼」，此種曲折的說理方式，實寄託著書立言者的諸多苦心。寓言多半以虛構的人或事來說理，如〈逍遙游〉「宋人資章甫而適諸越」段，《雪心編》云：

> 四子未必實有其人，姑射汾水未必實有其地，猶之《齊諧》之言、窮髮之問、宋榮子之笑，未必實有其事。蒙莊本是寓言，必刻舟以求劍，是猶置杯者不膠於坳堂也。[8]

此段之四子未必實有其人，姑射、汾水也未必實有其地；窮髮之問、宋榮子之笑，亦未必實有其事。因

7 【清】劉鳳苞撰、方勇點校，《南華雪心編》，卷七，雜篇〈寓言〉第五，頁七二三。

8 【清】劉鳳苞撰、方勇點校，《南華雪心編》，卷一，內篇〈逍遙游〉第一，頁一四—一五。

「蒙莊本是寓言」，故僅須求其意即可，無須考究其事其人之真偽。《莊子》寓言的使用，已極為純熟，《雪心編》說：「南華妙境，寓言十居其九，含綿邈於尺素，挫萬象於毫端，波瀾詭譎，機趣環生，惟不從正文索解故也。」[9]此種藉著寓言的敘述手法，涵蓋深遠的道理及宇宙萬象，造成「波瀾詭譎」、「機趣環生」等種種妙境，可謂《莊子》一書的重要藝術表現。〈應帝王〉總論又云：

《南華》本是寓言，將天地間萬有不齊之理，鑄以洪鑪，鼓以元氣，精液糟粕一概融化在內，無迹可尋，故其文湠虛獨步，超以象外，得其環中。欲從其渾合處窺之，則虛空粉碎，諸天之花雨繽紛；欲從其瑣屑處求之，則表裏晶瑩，大地之山河倒影，千變萬化，莫測端倪。[10]

亦稱讚《莊子》能藉寓言將天地間萬有不齊的道理，融化一起，使其文「超以象外，得其環中」，無論從渾合處或瑣碎處求，皆可得其千變萬化的豐美色彩。以〈逍遙游〉為例，此篇之寓言使用，《雪心編》云：「老子論道德之精，卻只在正文中推尋奧義，莊子闢逍遙之旨，便都從寓言內體會全神。同是

9　【清】劉鳳苞撰、方勇點校，《南華雪心編》，卷七，雜篇〈寓言〉第五，頁七二三。
10　【清】劉鳳苞撰、方勇點校，《南華雪心編》，卷七，雜篇〈寓言〉第五，頁七二三。

歷劫不磨文字，而縹緲空靈，則推南華為獨步也。」[11]《雪心編》將此篇與《老子》只在正文中推尋道德之精義，《莊子》則以寓言闡逍遙之旨，故《莊子》尤獨步於「縹緲空靈」之境。又〈徐無鬼〉「黃帝將見大隗乎具茨之山。」一段，《雪心編》云：

> 此段寓意最妙，大隗即道之所在，不可以形迹求。具茨之山，猶披荊棘而搜尋靈奧也。七聖皆迷，正是屏除聖知、解心釋神之候，……七聖不能為童子有聖之名，轉入迷途。「迷」字固是病根，卻已透出真境，然必待真人指點，由疑生痞，方可拔去病根也。由疑生痞，方可拔去病根。襄城之野，借喻心境，一物不留，一絲不掛。……折到問為天下，……「瞀」、「病」二字，寓言最精，神馳於外，易至眩搖，專精內視則無此病。……後文現出牧馬一喻，現身說法。……黃帝稱天師而退，則七聖可無所用，而大隗亦不必再見矣。妙文至文！[12]

此段寫黃帝見大隗於具茨之山，其中七聖皆迷，不知路途，問路於牧馬小童，藉著與小童之問答，指出治理天下的道理。其中具茨之山，喻荊棘充塞的尋道之路；以七聖皆迷，寄託摒除聖知、解心釋神之

---

11 【清】劉鳳苞撰、方勇點校，《南華雪心編》，卷一，內篇〈逍遙游〉第一，頁一。

12 【清】劉鳳苞撰、方勇點校，《南華雪心編》，卷六，雜篇〈徐無鬼〉第二，頁五九八。

機緣；以襄城之野，借喻無所掛礙的心境；牧馬之喻，則現身說法，歸到治天下。《雪心編》稱讚此段「寓意最妙」，實為「妙文至文」。凡此皆可見其對《莊子》寓言之推崇。

《莊子》藉寓言手法，道出各種精妙之理，如〈至樂〉總論，《雪心編》云：

> 「莊子妻死」以下三段，從生死翻出妙義。人莫不以生為可樂，樂其生則並其娛吾生者而樂之，乃樂未終而死已及焉。生且不有，尚何區區奉養之足為貪戀哉？勘破生死關頭，乃臻至樂。「鼓盆」節言死者之本屬無生，「觀化」節言生者之全屬假借，「髑髏見夢」節又言生者之累轉不如死者之樂，奇情至理，足以喚醒癡迷。[13]

此段藉「莊子妻死」，從生死翻出妙義。人唯有勘破生死關頭，乃能臻於至樂。文中「鼓盆」節言死者本來無生，「觀化」節言生者亦為假借，「髑髏見夢」節又言生者之累轉如死者之樂，稱此為「奇情至理」，足以喚醒癡迷於生死者。

《莊子》又擅長以寓言來描寫化境。化境，乃指某種精妙超凡的境界，此境界本難用言語形容，然《莊子》中多言及化境，且善言化境，《雪心編》即曾云：「南華文字，善言化境。〈逍遙游〉開手鯤

13 【清】劉鳳苞撰、方勇點校，《南華雪心編》，卷四，外篇〈至樂〉第十一，頁三九四。

化為鵬，〈齊物論〉結尾『此之謂物化』，二『化』字已道盡化工矣。」[14]化境本難描述，《莊子》善於描寫，可見其功力。〈齊物論〉「昔者莊周夢為胡蝶」段，《雪心編》云：

> 胡蝶與莊周，意境兩不相同，當其覺也，各適其適，固不得謂之無所分；而當其夢為胡蝶之時，則不知蝶之為周、周之為蝶，蝶與周合而為一。合則化，化則無可齊也。現身說法，推到一切有形有象之物，百千萬億化身，皆可作如是觀。虛空粉碎，合來融成一片化機。末句如紅鑪點雪，手法絕高。物者人已對待之形，猶之蝶也、周也。至萬物與我為一，蝶化為周可也，周化為蝶亦可也。異地對觀，猶蝶之不知為周，周之不知為蝶也，而何齊物者之滯於物而不化哉？[15]

此為〈齊物論〉莊周夢蝶段，稱此段為莊周現身說法，將一切有形有象之物推倒，虛空粉碎，「融成一片化機」。末句「此之謂物化」，又是絕高手法，泯去物我、人已之對待，萬物與我為一，說蝶化為周可，周化為蝶亦可，齊物者亦不可滯於物而不化。又〈至樂〉「列子行，食於道，從見百歲髑髏」段，《雪心編》云：

14 【清】劉鳳苞撰、方勇點校，《南華雪心編》，卷四，外篇〈至樂〉第十一，頁四一一。

15 【清】劉鳳苞撰、方勇點校，《南華雪心編》，卷一，內篇〈齊物論〉第二，頁六六。

末段看得生死輪流轉換，直是一片化機，求其生之故而無所謂生，求其死之故而亦無所謂死也。將一切動植飛潛之物隨手點綴，朽腐皆化為神奇。人與萬物展轉相生，出於機入於機，終古未嘗間斷，以此言樂，樂可思矣。若僅如晉人作曠達之辭，安得謂之至樂哉？[16]

此段藉與髑髏談玄顯出化境，言生死輪流轉換乃造化之自然，渾然為「一片化機」，將一切動植飛潛之物，隨手加以點綴，便使腐朽皆化為神奇；又人與萬物展轉相生，出於機又反入於機，則可言至樂，又此段可與〈大宗師〉互參，云：

至於尻輪神馬、蟲臂鼠肝，一身之內隨天所付。出於機，入於機，無所用其計較，正以其能外死生而真者常存也。此篇當與〈大宗師〉篇互參，乃見其妙。中間形容各種曲盡物情，萬態畢呈，亦令人目不暇給。[17]

此云南華文字，本「善言化境」，如〈逍遙游〉鯤化為鵬、〈齊物論〉結尾「此之謂物化」，二文之「化」字已道盡化工；又〈大宗師〉尻輪神馬、蟲臂鼠肝，將形體之變化歸於天理自然，與此篇之

16　【清】劉鳳苞撰、方勇點校，《南華雪心編》，卷四，外篇〈至樂〉第十一，頁三九四。

17　【清】劉鳳苞撰、方勇點校，《南華雪心編》，卷四，外篇〈至樂〉第十一，頁四一一。

出於機，入於機相呼應[18]，更能顯出外死生而真者常存之理。〈山木〉「莊子行於山中」段，《雪心編》云：

> 此與內篇「櫟社」、「曲轅」各段異曲同工，而用意更為精妙。彼以無用為大用，見不材者乃可終其天年，與此篇起處意境相符。卻轉出主人之雁不材見殺一層，似乎無用之與有用均不能遠害全身，從〈人間世〉又翻出一解，靈變莫測。處乎材與不材之間，欲求免患者而不得，則不如兩化其迹，而材與不材之見胥泯。提出道德，紅爐點雪，纖翳俱消。浮游者，即乘正御氣以遊無窮之意。無譽無訾，材不材付之兩忘；一龍一蛇，用不用隨其舒卷。無不化也，而化則妙於因時；無不為也，而為則空所依傍。上蟠下際，一太和之元氣，返虛入渾，直造乎未始有物之先，足以主宰萬物而不為物乘，此豈復尋常境界乎！[19]

18 《雪心編》云：「『種有幾』三字，將大千世界萬態千形一齊括盡。下文各種變化之物，不過約略言之耳。末二句正結此三字義也。得水土而化，得陵屯而化，得糞壤而亦化，乃至竈下醯中竹根，無所往而不化，即小化為大，物化為人，化之至幻者出乎常情之外，實無一不在至理之中。化朽腐為神奇，宇宙間無處非生機之洋溢也。」（【清】劉鳳苞撰、方勇點校，《南華雪心編》，卷四，外篇〈至樂〉第十一，頁四一一）。

19 【清】劉鳳苞撰、方勇點校，《南華雪心編》，卷五，外篇〈山木〉第十三，頁四四六。

此段與內篇「櫟社」、「曲轅」各段異曲而同工。內篇以無用為大用，言不材者乃可終其天年，與此篇開頭之意境相合；然此篇又轉出主人之雁因不材而被殺一層，又似乎說無用與有用皆不能遠害全身，此又從〈人間世〉又翻出一解，而「靈變莫測」。處在材與不材之間，皆不得免患，則不如兩化其迹，連材與不材之見皆泯除。又提出「道德」，則更如紅爐點雪，掃除一切塵垢。「浮游」為乘正御氣以遊無窮之意。「無譽無訾」則材不材皆付之兩忘；「一龍一蛇」，則用不用隨其舒卷。無不化也、無不為，由上而上，皆為太和之元氣，乃「返虛入渾」，直達於未始有物之先，足以主宰萬物而不為物所乘，此實非尋常境界，本難道出，此段則以處於材與不材之間，進而使材不材付之兩忘，此亦善言化境之例。

由上可知，化境是一種抽象的超凡境界，但《莊子》善於用寓言來說明化境，如以周莊夢蝶言物化；以「言非吹也」寫本無是物的化境；以列子見髑髏寫生死流轉之化機；以大木言善處於材不材之間，言「主宰萬物而不為物乘」之境，此皆為莊子寓言之妙。

二、加倍寫法

加倍寫是將要描寫的重點作加強敘述，《莊子》的加倍寫法，又有對面加倍寫、旁面加倍寫等用法。如〈達生〉「達生之情者，不務生之所無以為。」段，《雪心編》云：

又從對面著解，言天地正為達人立竿見影。末四句仍歸到「形全精復，與天為一」上，推擴言

> 之，能移即更生妙境，相天乃參贊功能，加倍寫來，抬高達生達命，愈唱愈高。[20]

此段寫達生者，身在世間，應遊心於物外。末四句歸到「形全精復，與天為一」，「能移」為我與造化兩相推移，此即為更生妙境，至「反以相天」則參贊化育，此即以加倍寫法，一層一層加強，以抬高達生、達命之旨。〈秋水〉「秋水時至，百川灌河」段，《雪心編》云：

> 惟不以道自多者，乃可語大。河伯祇見百川灌河，涇流橫肆，便欣欣自喜，以為極天下大觀，正不離井　夏蟲之見。及行至東海，不見水端，回旋四顧，始知其卑無高論，乃悔向者之自多於水也。然即此當前愧悔，便為進道之機，故可語大理。海之大遠過江河，觀於海而江河失其大，而海未嘗以此自多者；提出天地，而海又失其大矣。喚醒河伯，並將自己拉倒，此對面加倍寫法。[21]

此段寫河伯見百川灌河，便心生歡喜，實與井蛙夏蟲之見無異；及見東海，乃自悔悟。先提出海而使江河失其大，再提出天地而使海失其大，以此喚醒河伯，並將自己拉倒。海與天地相對，藉著天地之大，

---

20 【清】劉鳳苞撰、方勇點校，《南華雪心編》，卷五，外篇〈達生〉第十二，頁四一八。

21 【清】劉鳳苞撰、方勇點校，《南華雪心編》，卷四，外篇〈秋水〉第十，頁三六三。

強化海之渺小，更何況江河，此即為「對面加倍寫法」。又同段，《雪心編》云：

海之小作兩層摩盪而出，前以小石小木之在大山自喻，後以礨空之在大澤，并將四海一齊拉倒，此是旁面加倍寫法。[22]

此段將海之小分兩層摩盪寫出，前以大山上之小山小石，後以大澤中之礨空自喻，並將四海一起拉倒，由側面之小山小石及礨空作加強說明，此為「旁面加倍寫法」。

三、草蛇灰線法

草蛇灰線之法，乃是以若隱若現之方法敘述描寫，如〈德充符〉總論，《雪心編》云：

通體照顧「德」字，卻處處借形體有虧之人著筆，追進一層，為全形者加倍策勵。前五段逐段提出「德」字，抛甎落地，聽之有聲，捫之有稜。王駘之不言心成，申屠嘉之遊於形骸之內，叔山無趾之有尊足者存，哀駘它之和而不唱，無脤大癭之德有所長、形有所忘，皆命物之化而守其宗

22 【清】劉鳳苞撰、方勇點校，《南華雪心編》，卷四，外篇〈秋水〉第十，頁三六三—三六四。

者。一路草蛇灰線，若隱若潛，為「德」字遺貌取神，為「符」字立竿見影，摹寫入微。[23]

此篇借形體有虧之人來講「德」字，舉出王駘、申屠嘉、叔山無趾、哀駘它、無脤大癭，以草蛇灰線之法，若隱若潛，摹寫「德」與「符」之形貌。又〈徐無鬼〉「莊子送葬，過惠子之墓。」一段：

送他人之葬而過惠子之墓，追念疇曩，一往情深。作悲感語，固落尋常見解；作曠達語，亦非此時意境也。看他不從惠施落筆，而從匠石發端，陡下一語，驟聞之，幾不知其命意之所在，落到「臣之質死」句則圖窮而匕首見矣。一路傳神設色，俱有草蛇灰線之奇。[24]

此段寫莊子送葬，經過惠子之墓，追念昔日之情，卻不從惠子寫起，而以匠石斲堊漫寫起，乍看之下，不知其意何在，至「臣之質死」，方明白其意。其說理若隱若現，緩緩道出，亦為草蛇灰線法之敘述法。

23 【清】劉鳳苞撰、方勇點校，《南華雪心編》，卷二，內篇〈德充符〉第五，頁一一三—一一四。
24 【清】劉鳳苞撰、方勇點校，《南華雪心編》，卷六，雜篇〈徐無鬼〉第二，頁六一〇。

四、抽刀斷水法

抽刀斷水法，是指敘述過程中突然截止或收束，猶如懸崖勒馬，有猛然止住之勢。〈齊物論〉「齧缺問乎王倪曰」段，《雪心編》云：

> 此節詞意雋妙，從物之不齊處還他一箇不知，無人相也。又從己之不知處也還他一箇不知，無我相也。俱不知，意者物本無知邪？無知之妙不容言也，仍還他一箇不知，三層已透入清虛矣。趁勢一轉，又還他一箇不知而知。不知之知，乃為真知。知到真處，卻又還他一箇知而不知。「孰知」三層，就顯而易見者轉相詰問，令人無處著解，飛行絕迹，妙手空空，歸到正意，便可以不解解之。樊然殽亂，已窺透中間消息，愈窮究，愈支離，不如索性還他一箇不知，方是抽刀斷水，勒馬懸巖手段。[25]

此節藉齧缺問王倪，欲從物之不齊處、己之不知、物本無知三層透出無知，進而轉入不知之知，以不知之知為真知，知到真處則為知而不知。此「孰知」三層，就顯而易見處轉相詰問，卻愈窮究愈支離，故

25 【清】劉鳳苞撰、方勇點校，《南華雪心編》，卷一，內篇〈齊物論〉第二，頁五四。

陡然還他一個不知。文意突然結至正意，此即為「抽刀斷水法」，如懸崖勒馬之手段。〈秋水〉「河伯曰：若物之外，若物之內」段，《雪心編》云：

末以貴賤小大雙收。……貴賤之門，並不分貴賤門戶也；小大之家，並不分小大家數也，答還他貴賤小大毫無足據，截然而止，有抽刀斷水之奇。[26]

此節最後以貴賤、小大雙收。「河伯，女惡知貴賤之門，小大之家」句，本寫不分貴賤、小大家數，突然截止於貴賤、小大毫無足據，此亦抽刀斷水之法。

五、層層脫卸法

層層脫卸法乃是將前文所提對象，一層一層加以交待。如〈刻意〉總論，《雪心編》云：

開手撰出五箇樣子，襯託聖人，閒閒布置，體密氣疏。轉入聖人，將五者一齊壓倒，層層脫卸，有迴風舞雪之姿。無不忘，則五者皆化其迹；無不有，則五者盡得其神。[27]

26 【清】劉鳳苞撰、方勇點校，《南華雪心編》，卷四，外篇〈秋水〉第十，頁三七六。

27 【清】劉鳳苞撰、方勇點校，《南華雪心編》，卷四，外篇〈刻意〉第八，頁三四六。

此篇摹寫聖人之德，一開始以「山谷之士」、「平世之士」、「朝廷之士」、「江海之士」、「道引之士」五個樣子來襯託聖人之德；再轉入聖人，將前五者一層一層脫卸而去。

《駢拇》「夫不自見而見彼，不自得而得彼者，是得人之得而不自得其得者也，適人之適而不自適其適者也。夫適人之適而不自適其適，雖盜跖與伯夷，是同為淫僻也。余愧乎道德，是以上不敢為仁義之操，而下不敢為淫僻之行也。」一段，《雪心編》云：

「不自見而見彼」，承上文而反言之，又減去「不自聞」，而增入「不自得」一層。下四句申明上意，又減去「不自見」，而增入「不自適」一層，一路銜尾而下，節節相生，層層脫卸，隨手增減，皆成無縫天衣。以後僅就「不自適」一層，輕輕拍合伯夷、盜跖，早已收足全篇。

此段自「不自見而見彼」，承上文而以反面來說，又減去「不自聞」，而增入「不自得」一層。下面四句申明上文之意，又減去「不自見」，而增入「不自適」一層，一路而下，節節相生，又層層脫卸。之後僅就「不自適」一層，輕輕拍合伯夷、盜跖，收足全篇。

六、透一層、跌一層寫法

透過一層寫法是將原有道理，進一步加深其意來寫；跌過一層寫法，則是透過反面下跌一層來說明道理。〈山木〉「孔子圍於陳蔡之間」段，《雪心編》云：

> 去功與名而還與眾人，我不求異於眾，人亦與我相忘，又何患之不可免？「入獸不亂群」二句，是透過一層寫法，遠害可友麋鹿，忘機可狎白鷗，正是此間妙境。[28]

此段云去除功與名，不求與眾人相異，人亦與我相忘，如此則可以免患。遠離禍害不僅可以與物相忘，透過「入獸不亂群」、「入鳥不亂行」二句來寫進入鳥獸之中亦可與之相狎，為「透過一層寫法」。〈人間世〉「丘請復以所聞」段，《雪心編》云：

> 「以巧鬪力」兩層，原是借作襯託，卻句句危悚，可當藥石箴銘。……奇巧、奇樂，是跌進一層寫法。鬪力飲酒，不過人世間偶然之事，害猶至此，推之於凡事，患可勝言哉！[29]

28 【清】劉鳳苞撰、方勇點校，《南華雪心編》，卷五，外篇〈山木〉第十三，頁四五八。

29 【清】劉鳳苞撰、方勇點校，《南華雪心編》，卷二，內篇〈人間世〉第四，頁九八。

此節以鬬力、飲酒兩層寫起，鬬力、飲酒之世間偶然之事，尚且危害至此，更何況其他凡事。此以奇巧、奇樂寫人世之患，是跌進一層寫法。

七、急脈緩受法

急脈緩受法，乃是將急切之理，逐層緩緩道出。如〈達生〉「達生之情者，不務生之所無以為」段，《雪心編》云：

> 下文轉出一層，乃急脈緩受之法，見身在世中，同是形即同是養，有所養即有所為，自不能屏棄形骸，墮入空虛之境。然身雖在於世中，心實遊於物外。蓋世故日深，以物交物則多累，世途極險，不正不平則可危。「棄世」二字，正是斬斷葛藤，遊行無礙境地。與彼更生，則造化之生機即吾身之運用，內篇所謂「接而生時於心」也。形不勞，何待於養？精不虧，何往非生？與天為一，天理之自然、天數之適然，皆聽其自化而無所容心焉。至此則本文發揮盡致。[30]

[30] 【清】劉鳳苞撰、方勇點校，《南華雪心編》，卷五，外篇〈達生〉第十二，頁四一八。

此段寫「達生之情」，本是急切之事，因人在世間，既不能摒棄形骸，墮入空虛之境；但世途多險，心不正、氣不平則身可危。故身在世間，應以心遊於物外，方可遠患。敘述上以形不勞、精不虧，與天為一，緩緩道出處世免患之道，此為急脈緩受之寫法。

八、深淺離合法

深淺離合之法，取繪畫為喻，以似有意又無意的方式敘述。〈庚桑楚〉總論，《雪心編》云：「此篇首尾只是一線，以老聃之道為主。」又云：「起首從庚桑楚閒閒敘入，澹抹微雲，露出遠山一角，著色在有意無意之間，此畫家深淺離合之法，相讓相生，亦行文之天然步驟也。」[31]此篇一開始由庚桑楚閒閒敘入，如畫家在有意無意間著色，相讓又相生，稱此為淺深離合之法。

綜以上敘述可知，《莊子》能以不同方式進行說理，寫作手法可謂靈活多變。

第二節　《莊子》散文之文法表現

所謂文法，乃指文句法式，即行文時，文句排列之格式。不同的排列格式，所呈現的意義、效果、

31【清】劉鳳苞撰、方勇點校，《南華雪心編》，卷六，雜篇〈庚桑楚〉第一，頁五四五。

功用亦不同。一篇文章的句式若太單調，缺少變化，內容就難免板滯，影響效果。若能根據內容，靈活運用句式，力避陳調，則可增加文采，增強語言的表現力。

劉鳳苞《南華雪心編》對《莊子》的文法運用亦多有分析，以下即就《莊子》文法表現析論之。

一、文法整齊、周密

整齊、周密的文法，使能文章表現出具組織性及嚴謹的文法風格，《莊子》表現文法整齊者，如〈秋水〉「河伯曰：然則吾大天地而小毫末」段，《雪心編》云：

> 第二番問答，見大小皆道之所在，不可一味窮大而謂小者不足為也。「量無窮」四句，皆兼大小言之。量者所至之數，時者所歷之候，分者所處之境，終始者又合已過、現在、未來而任其自化也。下文分解上四層，以「大知」句總冒。「觀於遠近」三句解量無窮，「證嚮今故」三句解時無止，「察乎盈虛」三句解分無常，「明乎坦途」三句解始終無故。各上句包下二句意在內，各末句倒點上四項，文法整齊。[32]

32　【清】劉鳳苞撰、方勇點校，《南華雪心編》，卷四，外篇〈秋水〉第十，頁三六六。

此段旨在說明大小皆道之所在。「量無窮，時無止，分無常，終始無故」四句已兼含所至之數、所歷之候、所處之境及時間之大小。下文分解上面四層，以「大知」句總提。「觀於遠近」三句解釋量無窮，「證曏今故」三句解釋時無止，「察乎盈虛」三句解釋分無常，「明乎坦途」三句解釋始終無故。每一上句皆已包含下二句句意在內，每一末句又倒點上面四項，故為文法整齊之代表。

《莊子》書表現文法周密者，如〈秋水〉「河伯曰：然則何貴於道邪」段，《雪心編》云：

> 第六番問答，揭出達理明權，從「化」字又轉出一解，正恐掃卻他為不為之見，要他空所依傍，又不免墮入虛無也。「理」字緊從「道」字勘出，達理則胸中方有把握；「權」字又是道之化境，明權則入世全無滯機。物莫能害，非恃有犯物之才，而恃有遠害之道，無方自化，惟其任天而不任人，是以超然於萬物之外而莫之能害也。末幅劃出天人界限，使之重內輕外，盡人以合天。德在乎天，道之可貴者自在。無為無不為，即天道之自然而已，尚何疑哉！躊躅屈伸，歸結明權而物莫能害意；反要語極，歸結達理而與天合德意，著墨無多，元氣渾然，文法亦極周帀。[33]

33 【清】劉鳳苞撰、方勇點校，《南華雪心編》，卷四，外篇〈秋水〉第十，頁三八〇－三八一。

此段寫達理明權，從「化」字又轉出一解，使其空所依傍，又避免墮入虛無。「理」字緊從「道」字勘出，能達理胸中才有把握；「權」字則為道的化境，明權則入世無所滯礙。後寫遠害之道，而使物莫能害。最後將天人界限劃出，欲使人重內輕外，盡人以合天。「蹢躅而屈伸」句，歸結明權而物莫能害之意；「反要而語極」，歸結達理而與天合德之意。全段雖著墨無多，然文法極周密。〈天道〉「故古之王天下者」段，《雪心編》云：

> 「王天下」以下三層，復從有為捲入無為。隨將天地陪起帝王，歸結上必無為而用天下意。至下「必有為」一層，已在「用人群」內帶出矣，文法之周密如此。[34]

此段自「王天下」以下三層，從有為轉入無為，以天、地為帝王作陪，歸結上文無為而用天下之意。至下文之「必有為」一層，又已在「用人群」中帶出，可見其文法之周密。

二、文法變化

散文如欲表現出生動的姿態與靈動的句法，又須講究變化。古人云：「發揮意旨在句，而點綴精神

34　【清】劉鳳苞撰、方勇點校，《南華雪心編》，卷四，外篇〈天道〉第六，頁三一〇。

在字。至於用字造句，使之燦然成章，則又在乎意匠之經營耳。」[35]可見，用句造句，欲表現燦然成章，在於句式多樣，且組合靈活，不同的句式可以互相變換。反之，沒有變化的文章，易陷於平弱呆板，讀之令人生厭。《莊子》散文文法亦能表現各種變化的風貌，以下即論其各種文法變化。

（一）文法錯綜變化

《莊子》的文字敘述常不拘一格，或同時使用各種文法，具綜合變化之妙。〈大宗師〉「若然者，其心忘，其容寂」段，《雪心編》云：

承上文就其內外渾融、德容發見處推論之。心忘則為道心之澹定，容寂、顙頯則為道貌之端凝渾樸。寂則淒然似秋，頯則煖然似春，分呈互見，皆合於天道之自然，而無所容心焉。故以「心忘」句貫下容寂、顙頯，方是本體深沈，由中達外氣象。以下皆就「心忘」句正面發揮，反面攻透，警快絕倫。「喜怒通四時」，已包括在上數項內，「與物有宜」，乃其無心而及物者，從喜怒內看出中和位育分量，仍以「莫知其極」句縮入裏面，功用可驗，真宰不可窺，此聖人所以不言成化，凡民所以日用不知也。隨將喜怒之通乎四時者，而證以事之顯而易見處，益見聖人之與

35 鄭奠、譚全基編，《古漢語修辭學資料彙整》（臺北：明文書局，一九八四年），頁四六九。

> 物有宜。……上五項均用頂鍼法，反面託出真人實際。「亡身不真」，即上「行名失己」意而申言之。貪圖長生者固不得謂之真知，亡身要名者庸有當於真知乎？戰國時偏多此一等人，看得死生無關緊要，究之見役於人，而不能以之役人。故特為拈出，縈拂上文，即以綰帶下文。此文法之錯綜入妙者，切勿貪看鴛鴦，忘卻金鍼繡譜也。[36]

此段承上文，由內外渾融、德容發見處加以推論。以心忘、容寂、顙頯形容道心與道貌，皆合天道自然，無所容心之狀。故以「心忘」句貫下容寂、顙頯，為本體深沈，由內心達於外貌的氣象。接著數句皆就「心忘」句正面發揮，反面攻透。「喜怒通四時」，已包括在以上數項內，「與物有宜」，則言無心而及物，仍以「莫知其極」句縮入裏面，言功用可驗，而真宰不可驗、不可窺，此為聖人所以不言成化，百姓日用不知。接著就喜怒之通四時，從顯而易見之事驗證，更見聖人之與物有宜。「故樂通物，非聖人也」、「有親，非仁也」、「天時，非賢也」，「利害不通，非君子也」、「行名失己，非士也」五項用頂鍼法，從反面襯託真人實際。「亡身不真」，即就上文「行名失己」之意引申言之，言貪圖長生者、亡身要名者自皆不是真知，在此特別拈出，以呼應上文，綰帶下文。此段由「心忘」引下文，又有對「心忘」之正面發揮，或用頂鍼法，以反面襯託等，文法具錯綜之妙。〈馬蹄〉「馬，蹄可

36 【清】劉鳳苞撰、方勇點校，《南華雪心編》，卷二，內篇〈大宗師〉第六，頁一四五—一四六。

以踐霜雪」段，《雪心編》云：

開手陡下三喻，用筆如風馳雨驟，飄忽非常。三箇「善治」，從伯樂陶匠口中寫得躊躇滿志，神情意態栩栩欲生，與下面仁義禮樂四項病根鍼鋒相對，而喻意祇歸重治馬。「陶匠」二層原是足上治馬意，借來添作波瀾，行文乃為盡致。看他開手取喻治馬，連用兩折，疊疊歸罪伯樂；隨手帶出埴木，卻止用一折，輕輕抹煞陶匠，文法錯綜變化，修短濃纖，各臻其妙。[37]

《雪心編》云：「〈馬蹄〉、〈秋水〉乃《南華》絕妙文心，須玩其操縱離合、起伏頓挫之奇。」[38]此篇為〈馬蹄〉一段，一開始用了三個譬喻，馬、陶者、匠人，用了三個「善治」，以栩栩如生的神情意態，寫伯樂、陶、匠的躊躇滿志，而與下之仁義禮樂四項病根針鋒相對。「陶匠」二層本是補上層治馬之意。此段喻意以治馬為主，一喻用兩折，而後歸罪於伯樂；又隨手帶出埴木，止用一折，並將陶匠輕輕抹煞，可見其文法錯綜變化之妙。〈秋水〉「河伯曰：若物之外」段，《雪心編》云：

第四番問答，又見貴賤小大之無常而推廣論之也。上段從小大生出精粗二意，隨用「不期精粗」

37 【清】劉鳳苞撰、方勇點校，《南華雪心編》，卷三，外篇〈馬蹄〉第二，頁二二〇。
38 【清】劉鳳苞撰、方勇點校，《南華雪心編》，卷三，外篇〈馬蹄〉第二，頁二二五。

句掃除痕迹，言精粗而小大已在其中；此段從小大增出貴賤二層，隨用「物無貴賤」句泯去端倪，言貴賤而小大分配在內，文法變化錯綜，有移步換形之妙。[39]

此段問答，在推論貴賤小大之無常。上一段從小大生出精粗二意，隨用「不期精粗」句掃除痕迹，雖言精粗而小大已含在其中；此段則從小大增出貴賤二層，隨用「物無貴賤」句泯去痕跡，雖言貴賤而小大已分配在內，文法亦具變化錯綜之妙。

《莊子》善用各種寫作手法，對於文法運用亦信手拈來，且能綜合運用，變化多端，為其文法運用之一大特色。[40]

39 【清】劉鳳苞撰、方勇點校，《南華雪心編》，卷四，外篇〈秋水〉第十，頁三七五。

40 此部份例證尚有：〈大宗師〉「夫道，有情有信」段，《雪心編》云：「文法錯綜入妙，筆亦蒼秀絕倫。」（【清】劉鳳苞撰、方勇點校，《南華雪心編》，卷二，內篇〈大宗師〉第六，頁一五八）；〈人間世〉「女不知夫螳蜋乎」段，《雪心編》云：「『故其殺者』句，一筆兜轉，如怒猊抉石，奇鬼搏人，不獨文法錯綜，而入世之難亦顯得十分危險。」（【清】劉鳳苞撰、方勇點校，《南華雪心編》，卷二，內篇〈人間世〉第四，頁一〇三）；〈外物〉「宋元君夜半而夢人被髮闚阿門」段，《雪心編》云：「入後又插入兩喻，而以「去小知」二句橫擔中間，綰住前後文，錯綜變化，筆妙入神。」（【清】劉鳳苞撰、方勇點校，《南華雪心編》，卷七，雜篇〈外物〉第四，頁七〇四）；〈山木〉：「莊周遊乎雕陵之樊」段，《雪心編》云：「執彈而留，捐彈而走，前後均從異鵲生波，而以螳蜋執翳一層夾在中間，與《國策》文引喻黃雀螳蜋另是一樣機杼，極錯綜離合之奇，尤妙在虞人誶逐，又轉出一層，文心矯變不測。」（【清】劉鳳苞撰、方勇點校，《南華雪心編》，卷五，外篇〈山木〉第十三，頁四六九）等。

（二）文法伸縮變化

文法伸縮變化，指描寫時能呼主旨，或伸或縮，或隱或顯。〈大宗師〉篇末總結，《雪心編》云：

> 細按此篇文法，首段已盡其妙。以下逐層逐段，分應上文，神龍噓氣成雲，伸縮變化，全在首尾，若隱若顯，令人不可捉摸。此外東雲見鱗，西雲見爪，作其之而，盤空拏攫，此其所以為靈也。文之伸縮變化，亦猶是焉。此段首提天、人，是龍之森其頭角。末段分應天、人，是龍之掉尾於空中。而女偊以下諸人，或因人見天，或因天見人，或獨成其天，或天、人合勘，或以天事補人事之虧，或以人事造天事之極，皆文之筋節，龍之鱗爪也。至於天人一致，形迹俱泯，猶龍之收斂神功，沒於清冷之淵，微波不動，此所謂立乎不測，遊於無有者也。嗚呼，神矣！[41]

稱讚此篇文法首段已盡其妙，以下的逐層逐段，又分應上文。首段首提天、人，末段分應天、人；女偊以下諸人，或因人見天，或因天見人，或天、人合勘，或以人事造天事之極，終至天人一致，形迹俱泯。文法「伸縮變化，全在首尾」，因其如雲中之龍，或隱或顯，有令人不可捉摸之勢，故稱其為

---

41 【清】劉鳳苞撰、方勇點校，《南華雪心編》，卷二，內篇〈大宗師〉第六，頁一三七－一三八。

「神」。

（三）文法疏密相間

行文疏密相間是指描寫時詳、簡相間，或敘述時筆勢或緩或急。〈山木〉「孔子圍於陳蔡之間，七日不火食」段，《雪心編》云：

> 此段是教人免患而去其矜能炫知之心。起處連綴二喻，而其解意怠最詳，解直木甘井最簡，詳處妙晰物情，簡處渾括正意，此行文疏密相間之法。[42]

此段一開始用了東海之鳥意怠及直木甘井兩個譬喻，對意怠的敘述最詳細，對於直木甘井的解釋卻最簡略；詳細處能析論物情，簡略處又可以概括意旨，稱此為行文疏密相間之法。又〈德充符〉「哀公曰：何謂才全」段，《雪心編》云：

> 後幅接解「才全德不形」一語，於「才全」二字詮發最為精透詳明，其釋「德不形」三字，只輕

42 【清】劉鳳苞撰、方勇點校，《南華雪心編》，卷五，外篇〈山木〉第十三，頁四五八。

輕一喻，醒出正意，便落到物不能離，此行文詳略之分也。[43]

此段為哀公問何謂才全，於「才全德不形」一語，對於「才全」二字詮解精詳，解釋「德不形」三字，卻只輕輕一喻，故為行文詳略之分。又，〈人間世〉「顏回曰：端而虛，勉而一」段，《雪心編》云：

前幅引孔顏問答，先將暴人行徑及往而刑病根披剝盡致，然後一轉叩其所以，從容往復，正如驚湍已過，水勢渟泓；疊嶂忽開，山光迆邐，是行文疏密相間之法。[44]

此段以孔顏問答，將暴人的行徑及遊說國君可能招致刑罰的病根詳盡揭露出來，再轉而叩問病根的原因，從容反復，忽緩忽急，此亦為行文疏密相間之法。〈刻意〉「刻意尚行」段，《雪心編》云：

五箇「而已矣」，均是不足語意，視聖人之無不忘、無不有者，境界迥殊。「不刻意而高」五句，將上面各樣本領盡付大匠鑪錘，一齊融化。「無不忘」，則實者虛之，不物於物而物物俱化；「無不有」，則虛者實之，因物付物而物物皆全。「澹然無極而眾美從之」，承上二句而申

43 【清】劉鳳苞撰、方勇點校，《南華雪心編》，卷二，內篇〈德充符〉第五，頁一二九。
44 【清】劉鳳苞撰、方勇點校，《南華雪心編》，卷二，內篇〈人間世〉第四，頁九〇。

言其義，純粹以精，文法亦疏密相間，超逸有致。[45]

此段用了五個「而已矣」，表現出聖人無不忘、無不有之境界。又「不刻意而高」五句，將上面各種本領融化；「無不忘」為實中有虛，寫物物俱化；「無不有」為虛者有實，寫物物皆全。「澹然無極而眾美從之」，承上二句而引申其義，文法亦疏密相間，有超逸之致。

（四）文法奇正相生

文法奇正相生，指敘述時或正或反，卻又彼此呼應。〈德充符〉「魯有兀者叔山無趾」段，《雪心編》云：

第三段以無趾前後議論為一篇關鍵，文法本一脈貫穿，卻變作兩峰對峙，格局最奇。無趾亡其足而有尊足者存，不全而全也；至人儻德而以是為己桎梏，幾若全而不全矣。前以聖人贊歎無趾作收，後以無趾評論聖人作結，奇正相生，各臻其妙。[46]

45 【清】劉鳳苞撰、方勇點校，《南華雪心編》，卷四，外篇〈刻意〉第八，頁三五一。

46 【清】劉鳳苞撰、方勇點校，《南華雪心編》，卷二，內篇〈德充符〉第五，頁一二四。

此段論魯有兀者叔山無趾，以無趾前後議論為一篇之關鍵，文法本一脈貫穿，卻又變作兩峰對峙，寫無趾「不全而全」，至人「全而不全」。前以聖人贊歎無趾作收，後以無趾評論聖人作結，具有奇正相生之妙。〈徐無鬼〉「徐無鬼見武侯」段，《雪心編》云：

> 鶴列徒驥，兵衛之森嚴也，麗譙錙壇，肘腋之近地也，心兵之動，其象亦猶是矣。藏則伏險以出奇，逆則偵諜以求勝。巧者兵機之默運，謀者兵法之周詳，戰者兵端之迭起，三者在內則謂之心兵，在外遂成為兵象。殺戮以逞其欲，兼併以養其私，皆神之所不許也。等戰也，不知其孰善？戰而勝，庸愈於不勝？用冷詞詰問，最有逸趣，處處攻透題堅，正喻夾寫，奇正相生，極行文之樂事。[47]

此段由「無藏逆於得」，引出「無以巧勝人」、「無以謀勝人」、「無以戰勝人」三句，巧者默運兵機，謀者周詳兵法，戰者迭起兵端，三者皆呼應「藏逆於得」，為心兵之害。後又言及戰之時，又不知何者為善？即使戰而勝，是否不如不勝？此處正喻夾寫，既寫戰時所秉原則，又質疑戰是否可為，有正寫，有反寫，此亦為奇正相生之法。

47 【清】劉鳳苞撰、方勇點校，《南華雪心編》，卷六，雜篇〈徐無鬼〉第二，頁五九四。

三、文法前後相應

文章敘述手法貴在能兼顧前後，遙遙相應，使全段或全文具組織性。〈德充符〉「申徒嘉，兀者也」段，《雪心編》云：

> 第二段借兀者申徒嘉發出高論，極和平，卻極冷峭。子產從形骸起見，不肖與之周旋，意中未能忘情執政，形諸口吻，乃覺卑無高論；申徒嘉趁勢提出「先生之門」，推倒他「執政」二字，以矛攻盾，絕妙文心，措詞含蓄蘊藉，機趣環生。……從遊十九年，而先生不知為兀者，則同遊先生之門者，何不以先生之心為心？遊於形骸之內，轉索於形骸之外，誠不知取大先生者何意，而遽以兀者相輕也。目中既見有兀者，意中又不忘執政，固宜其言之過也。前後文法遙遙相應，筋節極靈。[48]

此段藉兀者申徒嘉發出高論。由子產見其形體殘缺，不屑與之周旋；再寫申徒嘉以「先生之門」句起問，破斥其「執政」之意。後文寫從遊申徒嘉者十九年，不知其為兀者，譏刺那些目中有兀者，又不能

48 【清】劉鳳苞撰、方勇點校，《南華雪心編》，卷二，內篇〈德充符〉第五，頁一二一－一二二。

忘去執政之人，前後文法遙遙相應。

四、文法融化無迹

《莊子》擅長翦裁文法，進而能將文法融化無迹。其擅長翦裁文法者，如〈齊物論〉「子游曰：敢問其方」段，《雪心編》云：

> 文法之善於翦裁處，乃子游方問天籟，而子綦不答天籟，仍只就地籟之忽起忽止，提在空中盤旋摩盪，隱隱敲擊天籟，卻含蓄不露，神妙欲到秋毫巔矣！[49]

此段為〈齊物論〉子游問子綦天籟，子綦卻極力摹寫地籟的千奇百態，以地籟隱隱敲擊天籟，含蓄不露，此為文法善於剪裁。

此外，《莊子》更進一步將各種描寫融化無迹，如〈齊物論〉「子游曰：敢問其方」段，《雪心編》云：

49 【清】劉鳳苞撰、方勇點校，《南華雪心編》，卷一，內篇〈齊物論〉第二，頁二四。

此一段將地籟、人籟、天籟一齊撇開，陡接入自己口氣，不必粘定人籟，而種種物態無異眾竅之怒呺，則人籟已包括在內，亦不必揭出天籟，而層層推勘，歸重無形之真宰，則天籟已著紙有聲，大匠鑪錘，其妙處全在融化無迹、脫卸無痕也。[50]

此段將地籟、人籟、天籟一齊撇開，突然接入自己口氣，以眾竅之怒呺，比擬為種種物態，其中已將人籟包括在內，亦不揭出天籟，而層層推勘，歸於無形之真宰，其描寫之妙在於「融化無迹」、脫卸無痕。〈大宗師〉「子祀、子輿、子犁、子來四人相與語曰」段，《雪心編》云：

「又何惡焉」以下，趁勢接入子來有病，羅浮二山，風雨夜合，靈氣往來，融成一片，正見四人之莫逆於心也。[51]

此段自「又何惡焉」以下，趁勢接入子來有病，「融成一片」，以見四人之莫逆於心也。〈至樂〉「支離叔與滑介叔觀於冥伯之丘」段，《雪心編》云：

50 【清】劉鳳苞撰、方勇點校，《南華雪心編》，卷一，內篇〈齊物論〉第二，頁二三。
51 【清】劉鳳苞撰、方勇點校，《南華雪心編》，卷二，內篇〈大宗師〉第六，頁一六六－一六七。

> 此段從「觀化」二字打破生死關，虛空粉碎，全是化機。以生為假借，喻意精妙絕倫。寄形天地之間，如塵垢之忽聚忽散，與野馬遊絲遞轉於風輪之內，以此形容假借，妙解入微。現在之形骸終當還之造化，而真宰不毀，亦與之觀化於無窮而已。末二句對面一照，透徹晶瑩，又行文之化境也。[52]

此段從「觀化」二字打破生死關頭，全是化機。又以生為假借，寫寄形天地之間，如塵垢忽聚忽散。人之形骸終當還於造化，只要真宰不毀，則可與之觀化於無窮。「而化及我，我又何惡焉」二句，對面一照，以此為「行文之化境」。〈田子方〉「楚王與凡君坐」段，《雪心編》云：

> 末幅歸結「真」字。國之存亡，不足為輕重，存其國，不若存其真。真未亡而國亡，雖亡如未亡也；真不存而國存，雖存如未存也。以「存」字駮他「亡」字，愈轉愈妙，筆快如風，化境也！[53]

此段歸結於「真」字，後文以「存」字駁「亡」字，愈轉愈妙，快筆如風，亦稱此為「化境」。〈山

52 【清】劉鳳苞撰、方勇點校，《南華雪心編》，卷四，外篇〈至樂〉第十一，頁四〇三。

53 【清】劉鳳苞撰、方勇點校，《南華雪心編》，卷五，外篇〈田子方〉第十四，頁四七二。

木〉「孔子窮陳蔡之間」段，《雪心編》云：

「廣己」二句，即從四項中體會而出。無受天損，無受人益，對鍼廣己造大之病；無始非卒，人與天一，對鍼愛己造哀之病，四項雖各有妙義，卻一氣環生，歸到天與人一上，便都成化境也。[54]

「仲尼恐其廣己而造大也，愛己而造哀也」二句，從四項中體會而出。「無受天損，無受人益」，針對廣己造大之病；「無始非卒，人與天一」，針對愛己造哀之病，四項雖各有妙義，卻一氣環生，最後歸到天與人一，亦都成「化境」。

由上述故知，高明的作者能將把匠心與布局藏而不露，甚至融化無迹，看似無人力，實是慘澹經營的成果，此應為創作者最高的藝術表現。由《莊子》散文文法之運用及變化，乃至融鑄一體，皆可見其創作高明之處。

54　【清】劉鳳苞撰、方勇點校，《南華雪心編》，卷五，外篇〈山木〉第十三，頁四六六－四六七。

第三節　《莊子》用句之表現

一篇文章中，若有一二辭義深妙的警句，將使得全文增色生輝，呂本中說：「文章無警策，不足以傳世，蓋不能竦動世人。」[55]警策之句，既可突出主題，又可振起全篇的力度，使全篇形象豁然開朗，所謂「一句之靈，能使全篇俱活」[56]，足見警句使用之功效。《莊子》善用警句，南宋劉辰翁即提出莊子時用「警語」，呈現「警發突兀」[57]之感，或「刻意險語，而味之藹然以喜，安能與後之辯哉，難言者，無不言之矣」。[58]

警句之用，或在段首，或在段中，或在段末，對於文章之經營，皆有不同效果，《莊子》書亦然，以下即就段中、段首、段末之警句析論之。

55 【宋】呂本中，《童蒙詩訓》，見《中國歷代文論選》，第二冊，頁三七〇。
56 【清】吳大受，《詩筏》（臺北：新文豐出版社，一九八六年），頁三五八。
57 【宋】劉辰翁，《莊子南華真經點校》，收於《無求備齋莊子集成續編》，〈齊物論〉注，頁四九。
58 【宋】劉辰翁，《莊子南華真經點校》，收於《無求備齋莊子集成續編》，〈天運注〉，頁二九二。

一、段中

《莊子》書中之用句多有精彩者，《雪心編》亦多有關注及稱讚。歸納《莊子》警句之效果，又可析分如下：

（一）創語奇特[59]

《雪心編》有稱讚《莊子》創語奇特者，如〈大宗師〉「子祀、子輿、子犁、子來四人相與曰」段，《雪心編》云：

「相視」、「莫逆」二句，寫出拈花妙解，神氣如生。子輿言論不以拘拘自苦而歸之於天，「偉哉」二句，便想見大造賦形，不規一格，一似有意出奇，為此拘拘，與蟲臂鼠肝同是一般化境。[60]

59 方勇在《南華雪心編・前言》歸納《雪心編》對《莊子》散文藝術的分析，認為《莊子》散文藝術主要表現亦包括：「創語甚奇，奇文妙文」。其中包括：一.想像奇特。二.字句、文法及格局之奇、比喻奇特。三.《莊子》之奇包涵不同的審美因素：奇險、奇橫、肆奇、奇特等。（方勇，《南華雪心編・前言》，頁一八－一九）。

60 【清】劉鳳苞撰、方勇點校，《南華雪心編》，卷二，內篇〈大宗師〉第六，頁一六六。

言此段之「相視」、「莫逆」二句，神氣如生；「偉哉」二句，便可想見大造賦形，不拘一格，似為有意出奇。

〈逍遙遊〉「堯讓天下於許由」段，《雪心編》稱：「『名者實之賓』，奇創語可當晨鐘暮鼓。」[61]此稱「名者實之賓」句為奇創語。

〈人間世〉：「顏闔將傅衛靈公太子」段，《雪心編》云：「『其德天殺』，創語甚奇，德命於天而惡人戕伐其德，幾若天賦之以凶頑，而德為天殺。」[62]此以「其德天殺」，寫毫無德性之人。因德為天所命，惡人戕害其德，就如天殺其德，故稱此為奇特之創語。〈徐無鬼〉「仲尼之楚，楚王觴之」段，《雪心編》云：「『有喙三尺』，奇語驚人，喙雖長而不容置喙，有其具而並無其言，作歇後語，咄然而止，極有風姿。」[63]以「有喙三尺」句，寫喙雖長卻不容置喙，空有其具卻不得言，此句亦為「奇語驚人」。

61 【清】劉鳳苞撰、方勇點校，《南華雪心編》，卷一，內篇〈逍遙游〉第一，頁一二。
62 【清】劉鳳苞撰、方勇點校，《南華雪心編》，卷二，內篇〈人間世〉第四，頁一〇一。
63 【清】劉鳳苞撰、方勇點校，《南華雪心編》，卷六，雜篇〈徐無鬼〉第二，頁六一九。

（二）用句鶻突

《雪心編》稱《莊子》有用句鶻突者，如〈齊物論〉「南郭子綦隱几而坐」段，《雪心編》云：

此段從聲籟之微逗出妙義，開手摹寫南郭子綦沈心渺慮，……故因子游之問而迎機導之。陡下「吾喪我」三主，極鶻突，卻極圓通，與「聖人不由而照之於天」句遙遙關會。[64]

此段寫聲籟，先摹寫南郭子綦，再寫子游之問，其後陡下「吾喪我」三主，稱此用句「極鶻突」，卻又「極圓通」，且與「聖人不由而照之於天」句遙相呼應。〈應帝王〉「齧缺問於天倪，四問而四不知」段，《雪心編》云：

此篇披除枝葉，獨尋本根，妙在起手四問而四不知，不敘明所問何事，極鶻突，卻極空靈。[65]

此篇起首「四問而四不知」，不敘明所問何事，「極鶻突」又最為靈妙。又「而乃知之」句，呼應四不

64 【清】劉鳳苞撰、方勇點校，《南華雪心編》，卷一，內篇〈齊物論〉第二，頁二一。

65 【清】劉鳳苞撰、方勇點校，《南華雪心編》，卷二，內篇〈應帝王〉第七，頁一九〇。

知，具傳神寫照。又，〈秋水〉「夔憐蚿」段，《雪心編》云：

> 突起五句，如天外飛來，使人驚愕。下面又只分承三項截然而住，並不及心、目二層，驟讀之幾疑文法疏漏，其實心目之用莫妙於聖人。從風之大勝者落到聖人，不言心目，而其妙已可想見也。若照上再作問答語，便成笨伯矣。[66]

稱此段突起五句，如天外飛來之筆。然下面又只分承三項截然而住，並不及心、目二層，驟然讀之會懷疑文法有所疏漏，然其實因心目之用莫妙於聖人。故從風之大勝者落到聖人，雖不言心目，已可想其妙處。足見《莊子》用句雖有乖違、突兀處，卻又能靈活運用。

（三）道出深刻意旨

《雪心編》稱《莊子》用句有能道盡深刻旨意者，如〈秋水〉「河伯曰：然則我何為乎」段，《雪心編》云：「『是謂無方』三句，總結前幅。萬物一齊，孰短孰長，何貴賤小大之可分？極寫無方之妙，脫化入神。」[67]此段「兼懷萬物，其孰承翼？是謂無方。」三句即已將前文總結，寫萬物一齊，無

66 【清】劉鳳苞撰、方勇點校，《南華雪心編》，卷四，外篇〈秋水〉第十，頁三八四—三八五。

67 【清】劉鳳苞撰、方勇點校，《南華雪心編》，卷四，外篇〈秋水〉第十，頁三七八。

有貴賤、大小之分。此將無方之妙，寫得脫化入神。

〈至樂〉「列子行，食於道」段，《雪心編》云：「『出於機，入於機』二語，顛撲不破，洩盡乾坤之奧，窺見性命之微。」[68]此句原文為「萬物皆出於機，皆入於機」，言此二句寫盡乾坤之奧祕，可窺見性命之微。

〈達生〉「顏淵問仲尼曰：吾嘗濟乎觴深之淵」段，《雪心編》云：「『外重內拙』一語，結出正意，使養形者爽然自失，精要之論，沁人心脾。」[69]此末句為「凡外重者內拙」，此句總結全文養生之旨，揭出養形者之失，為精要之論。

〈山木〉「陽子之宋」段，《雪心編》云：「『行賢而去自賢之行』句，『一語拔去病根，使人受用不盡，修身涉世者皆當奉為座右銘。』[70]稱只此一句便已拔去涉世者之病根，使人受用不盡。

〈田子方〉「吾終身與汝交一臂而失之」句，《雪心編》云：

夫子「終身與女」，妙在吾有不忘者存，此造化之具於吾心而通於天地萬物者。親切指點，透徹

68 【清】劉鳳苞撰、方勇點校，《南華雪心編》，卷四，外篇〈至樂〉第十一，頁四一一。

69 【清】劉鳳苞撰、方勇點校，《南華雪心編》，卷五，外篇〈達生〉第十二，頁四二八。

70 【清】劉鳳苞撰、方勇點校，《南華雪心編》，卷五，外篇〈山木〉第十三，頁四七〇。

無遺，非聖人不能有此語妙，非顏回不能再索解入，非莊子亦不能得此空前絕後之文。[71]

云「終身與女」，道出造化之具於吾心而通於天地萬物，親切指點，卻又透徹無遺，只有莊子能道此空前絕後之文。

〈山木〉「孔子窮陳蔡之間」段，《雪心編》云：

「歌者其誰」句，一筆攏合，見歌者純任自然，並非我之所得與，與內篇〈齊物論〉「吾喪我」句境界相同，均從心地淨盡中流出一絲不掛之語，卻含蓄不盡，使人自思而得之。[72]

此段末句「歌者其誰」句，將前文一筆攏合，道出歌者純任自然之心，如從心地淨盡中流出一絲不掛之語，與內篇〈齊物論〉「吾喪我」句境界相同。

（四）擅長描摹

《雪心編》稱《莊子》用句有擅長描摹者，如〈大宗師〉「子輿與子桑友」段，《雪心編》云：

71 【清】劉鳳苞撰、方勇點校，《南華雪心編》，卷五，外篇〈田子方〉第十四，頁四八〇—四八一。

72 【清】劉鳳苞撰、方勇點校，《南華雪心編》，卷五，外篇〈山木〉第十三，頁四六一。

「歌詩當不止二句，妙在以『不任其聲』二句作省筆，極寫其詞旨悲涼。聽者酸心，不可卒讀，似聞三峽猿嘯，聲未終而淚已霑裳也。」[73]言子與歌詩「父邪？母邪？天乎？人乎？」句，妙在以「不任其聲」二句作省筆，詞旨悲涼，使聞者心酸。

〈田子方〉總論，《雪心編》云：「首段特提東郭順子，標出廬山面目，寥寥數語已如頰上添毫，尤妙在『人貌而天』四字，傳神寫照，超脫非常。」[74]首段提到東郭順子，其中尤以「人貌而天」四字，具傳神寫照之妙。

〈田子方〉「宋元君將畫圖」段，《雪心編》云：「『解衣般礴羸』五字，寫得神采飛動，栩栩欲生。真畫師不在筆墨之間，襯託真人本領亦不當以形迹求也。」[75]言「解衣般礴羸」五字有神采飛動、栩栩欲生之妙。

〈田子方〉「肩吾問於孫叔敖曰」段：「寫叔敖之忘乎得失，只『鼻端栩栩然』五字，已託出真境。」[76]原文作「鼻間栩栩然」，稱此五字已託出真境。

73 【清】劉鳳苞撰、方勇點校，《南華雪心編》，卷二，內篇〈大宗師〉第六，頁一八六。
74 【清】劉鳳苞撰、方勇點校，《南華雪心編》，卷五，外篇〈田子方〉第十四，頁四七一。
75 【清】劉鳳苞撰、方勇點校，《南華雪心編》，卷五，外篇〈田子方〉第十四，頁四七一—四七二。
76 【清】劉鳳苞撰、方勇點校，《南華雪心編》，卷五，外篇〈田子方〉第十四，頁四七二。

（五）筆力不凡

《雪心編》稱《莊子》用句有筆力極佳者，如〈天地〉「堯之師曰許由」段，《雪心編》云：「末三句筆筆圓警，如珠走盤，而收束尤為完密。三代以下言治術者，無此妙論。」[77]此段末三句「治亂之率也，北面之禍也，南面之賊也。」讚其筆筆圓警，如珠走盤，三代以下言治術者，無此妙論。

〈秋水〉「曰：何謂天？何謂人」段，《雪心編》云：「如此一大篇文字，洋洋纚纚，有氣蒸雲夢、波撼岳陽之勢，幾疑難於收拾矣，卻只用『是謂反其真』五字歸結全篇，何等筆力！」[78]稱「謂反其真」句將全篇歸結，只此一語便可悟其文境，可見其筆力不凡。

〈庚桑楚〉「備物以將形，藏不虞以生心，敬中以達彼，若是而萬惡至者，皆天也，而非人也，不足以滑成，不可內於靈臺。靈臺者有持，而不知其所持，而不可持者也。」段，《雪心編》稱此段轉入「不可持」一句，如挽強弓勁弩，「筆力千鈞」。[79]

77 【清】劉鳳苞撰、方勇點校，《南華雪心編》，卷三，外篇〈天地〉第五，頁二八〇。

78 【清】劉鳳苞撰、方勇點校，《南華雪心編》，卷四，外篇〈秋水〉第十，頁三八二。

79 【清】劉鳳苞撰、方勇點校，《南華雪心編》，卷六，雜篇〈庚桑楚〉第一，頁五六四。

（六）使意境不同凡常

《雪心編》稱《莊子》用句有使全文意境不同凡常者，如〈逍遙游〉「適莽蒼者」段，《雪心編》云：

> 此節是莊子申明《諧》言，「適莽蒼」三層，……二語點醒正文，卻添入「小年」一句，拖帶下文，使如赤城霞起，另闢奇觀，迥非尋常意境。[80]

此段闡述鳩之適莽蒼，以「之二蟲者，又何知？」點醒正文，後又添入「小年」一句，將下文拖帶出來，有另闢奇觀之妙，營造出不尋常之意境。

二、句首、句末

文章的起句及末句，關乎全文或全段的文意及文氣的展開及收束，若詞句運用得當，亦可營造特殊效果，《莊子》於此亦有用心。

---

80 【清】劉鳳苞撰、方勇點校，《南華雪心編》，卷一，內篇〈逍遙游〉第一，頁六。

（一）句首

句首詞句錘鍊之例，如：〈逍遙游〉「奚以知其然也」段，《雪心編》云：

「奚以」句，空中一喝，緊接上二句來，卻只申明小年大年，引證朝菌、蟪蛄、冥靈、大椿，作層波疊浪之筆，年既有大小，則知之不相及，可知矣。[81]

此段以「奚以知其然也」句，緊接上二句，又下引朝菌、蟪蛄、冥靈、大椿，申明大年、小年，文意相承，且此句具如「空中一喝」般的震撼力。

〈養生主〉「吾生也有涯，而知也無涯」段，《雪心篇》云：「開手即拈『生』字，與『知』字對勘，指出病根，險語破空而來，如繁絃急管悽入心脾，如暮鼓晨鐘發人深省。」[82]說此以「生」、「知」對勘，指出病根的方法，如險語破空而來，又如繁絃急管悽入心脾，亦如暮鼓晨鐘發人深省。

〈應帝王〉「無為名尸，無為謀府，無為謀府，無為事任，無為知主」段，《雪心篇》云：

81 【清】劉鳳苞撰、方勇點校，《南華雪心編》，卷一，內篇〈逍遙游〉第一，頁七。

82 【清】劉鳳苞撰、方勇點校，《南華雪心編》，卷一，內篇〈養生主〉第三，頁七〇。

起四語壁立千仞，青嶂摩空，便在虛無縹緲中，飛行絕迹。無心於名而名屬之，是無為者名之尸也；無心於謀而謀出焉，是無為者謀之府也；無心於趨事而事無不集，是無為者事之任也；無心於用知而知無不周，是無為者知之主也。[83]

此起首四句，寫無心於名、無心於謀、無心於趨事、無心於用知，以說明遊於無有本領，讚其「壁立千仞，青嶂摩空」，如空中高峰，矗立虛無縹緲間。

〈天道〉總論：「開手一語透宗，運而無所積，動象也」。[84]此篇一開始「天道運而無所積」，從動相寫起，有「一語透宗」之妙。

〈至樂〉篇一開始云：「天下有至樂無有哉？有可以活身者無有哉？」總論云：「開手喝起『至樂活身』句，極力擺搖，令人自思而得之。」[85]以開首兩句，有極力擺盪之勢，令人思而自得之。

〈徐無鬼〉「於蟻棄知」段，《雪心編》云：「起三句又是破空而來。首句卻從慕羶意脫卸而出，有一葦徑渡之奇。」[86]本段首三句「於蟻棄知，於魚得計，於羊棄意」破空而來，其中首句「於蟻棄

83【清】劉鳳苞撰、方勇點校，《南華雪心編》，卷二，內篇〈應帝王〉第七，頁二〇三。
84【清】劉鳳苞撰、方勇點校，《南華雪心編》，卷四，外篇〈天道〉第六，頁三〇二－三〇四。
85【清】劉鳳苞撰、方勇點校，《南華雪心編》，卷四，外篇〈至樂〉第十一，頁三九三。
86【清】劉鳳苞撰、方勇點校，《南華雪心編》，卷六，雜篇〈徐無鬼〉第二，頁六三一。

知」從蟻知慕羶義脫卸出來，稱其具「一葦徑渡之奇」。

由上述可見，《莊子》首句的經營，或可使文意透出，或可營造磅礴及雄奇的氣勢，可見其用心。

（二）句末

《莊子》在文章段落或全篇的末句的經營，更多於首句。《雪心編》對《莊子》結尾句多有正面評價，如〈在宥〉「聞在宥天下」段，《雪心編》云：

從容無為，乃君子端拱垂裳之度；萬物炊累，乃君子潛移默化之功。然則君子非無心於治天下也，為天下立心，為萬物立命，并而致之於性命之中，而又何暇旁騖哉？一語撇開治天下，輕輕作結，空靈縹緲，絕妙文心。[87]

此段「從容無為」、「萬物炊累」皆寫治天下，末句「吾又何暇治天下哉！」一語則撇開治天下，稱其具「空靈縹緲」之致，為絕妙文心。

〈駢拇〉篇末句「余愧乎道德，是以上不敢為仁義之操，而下不敢為淫僻之行也」，《雪心編》云：

87 【清】劉鳳苞撰、方勇點校，《南華雪心編》，卷三，外篇〈在宥〉第四，頁二四七－二四八。

道德是此篇上乘宗旨，卻一筆颺開，用作謙詞，正見難能而可貴。上不敢為仁義，下不敢為淫僻，莊子果自居何等哉？曲終奏雅，可想見其寄託深心矣。[88]

此段以道德為宗旨，然至末三句卻一筆颺開，以謙詞書寫，言上不敢為仁義之操，下不敢為淫僻之行，認為此當莊子深心之所寄。

〈胠篋〉「子獨不知至德之世乎」段，《雪心編》云：

後幅提出「至德」，輕輕一掉，將仁義聖知、巧辯聰明概行壓倒。隨用「若此之時，則至治矣」二句，頓住上文，趁勢轉入「好知」，此起下致亂之由。「鳥亂」三層，已顯出知巧紛紜，乖戾成象，不待圖窮而匕首見矣。以後淡淡著筆，歸結全篇，更不須勁弩強弓，持滿而發。煞尾一句，在冷處傳神，言盡而意不盡。[89]

此篇末段先提出「至德」，將仁義聖知、巧辯聰明一概壓倒；又以「若此之時，則至治矣」二句，頓住

88 【清】劉鳳苞撰、方勇點校，《南華雪心編》，卷三，外篇〈駢拇〉第一，頁二一九－二二〇。

89 【清】劉鳳苞撰、方勇點校，《南華雪心編》，卷三，外篇〈胠篋〉第三，頁二二七－二二八。

上文，轉入「好知」，引起以下致亂之由。「鳥亂」三層，則顯出各種紛紜之智知。最後「舍夫種種之民而悅夫役役之佞，釋夫恬淡無為而悅夫啍啍之意，啍啍已亂天下矣」，以淡筆歸結全文，稱最末一句冷處傳神，言有盡而意無窮。

〈在宥〉「大人之教，若形之於影，聲之於響。有問而應之，盡其所懷，為天下配。處乎無響，行乎無方。挈汝適復之撓撓，以遊無端，出入無旁，與日無始，頌論形軀，合乎大同，大同而無己。無己，惡乎得有有！睹有者，昔之君子；睹無者，天地之友。」《雪心編》云：

末節從「教」字生意，似乎欲有所為。而「大同無己」一語，透入深微。無己之見存，即無物之見存，與上段「不物故能物物」神迴氣合，而在宥之全神已從無字句處湧出，用筆亦矯健絕倫。「睹有」、「睹無」二句收住通篇，一輕一重，判若天淵。結出「天地之友」四字，上下千古，目光如炬，非莊子不能有此超妙之文。[90]

本篇末段從「教」入手，「大同無己」一語，言無己之見，透入深微，與上段「不物故能物物」相呼應，在宥之精神已由此無字句處湧出。「睹有」、「睹無」一輕一重，收住全篇。結出「天地之友」四

90【清】劉鳳苞撰、方勇點校，《南華雪心編》，卷三，外篇〈在宥〉第四，頁二四二。

字，道出上下千古之意，認為「如此作結，乃篇法之最善者」[91]，並極力稱讚：「非莊子不能有此超妙之文。」

〈在宥〉「雲將東遊」段，末句「再拜稽首，起辭而行」，《雪心編》云：「末以單句作收，正無為自化也。鴻蒙之遊，不言而言，鴻蒙之答，言而不言，真寫出一片化境。」[92]此以單句作結，將鴻蒙之遊，不言而言、言而不言，換作一片化境。

〈天運〉「孔子不出三月」段，《雪心編》云：

> 末節即從上節推論而出，如山外芙蓉疊疊相生，雲氣往來自成靈境。烏鵲之伏卵而生，魚之傅沫而孕，細腰之負子而化，三者猶物理之至微。至有弟而兄啼，體會更為入妙。孩提有何知識而呱呱以啼，非其天性之早漓，乃其天機之自動。神理轉移，真若磁石引鍼而不能自遏。似此著解，方託出「化」字精神。造化者萬物之所由化，至人惟能與造化為一體，而人莫能自外於造化之化，又安能外於至人之化也！末三句反掉作結，神韻無窮。[93]

91 【清】劉鳳苞撰、方勇點校，《南華雪心編》，卷三，外篇〈在宥〉第四，頁二四二。
92 【清】劉鳳苞撰、方勇點校，《南華雪心編》，卷三，外篇〈在宥〉第四，頁二六五。
93 【清】劉鳳苞撰、方勇點校，《南華雪心編》，卷四，外篇〈天運〉第七，頁三二一—三二三。

此篇末段從烏鵲伏卵而生、魚傅沫而孕、細腰負子而化，言物理之至微。至有弟而兄啼，乃出於天性，為天機之自動，體會更為入妙。最後託出「化」字，言至人方能與造化為一體。末三句「老子曰：可。丘得之矣。」則以反語作結，稱其神韻無窮。

〈天地〉「子貢南遊於楚」段，《雪心編》云：「末二語忽然颺開作結，傳神在斷續離合之間，又行文之化境也。」[94]末二句為「且渾沌氏之術，予與汝何足以識之哉！」以颺開作結，表現出斷續離合之感，為行文之化境。

〈至樂〉「顏淵東之齊」段，《雪心編》云：「收尾仍拍合說齊侯意，輕輕作結，更不須粘著至樂矣。潦盡潭清，可以想其文境。」[95]此段末句為：「名止於實，義設於適，是之謂條達而福持。」呼應齊侯之意，輕輕作結，又不粘著至樂之意，文境清遠。

〈天地〉「黃帝遊乎赤水之北」段，《雪心編》云：「末二語著墨無多，贊歎低徊，使人領略不盡。」[96]末二句為：「異哉！象罔乃可以得之乎？」雖著墨無多，卻有無盡意味。

由上述故知，《雪心編》關注《莊子》書之用語，並讚其意境非常、創語奇特、用筆極佳、旨意深刻及擅長描摹等。對於《莊子》書善用結語句，或以淡筆，或以反筆，或以颺開作結，或僅輕輕作結，

94 【清】劉鳳苞撰、方勇點校，《南華雪心編》，卷三，外篇〈天地〉第五，頁二九二。

95 【清】劉鳳苞撰、方勇點校，《南華雪心編》，卷四，外篇〈至樂〉第十一，頁四〇七。

96 【清】劉鳳苞撰、方勇點校，《南華雪心編》，卷三，外篇〈天地〉第五，頁二七八。

卻又能表現無盡意味，凡此，皆可見其用句之高明。

第四節　《莊子》字詞之表現

文章詞語的錘鍊，也是使文章得以生色的重要因素，所謂：「一字貼切，全篇生色。」「一字之瑕，足以為玷，片語之纇，並棄其餘。」[97]可見用字是否貼切，或用字、用詞是否精當，皆表現出作者詞語錘鍊的功力，也可使文章造成特殊效果。《雪心編》亦關注《莊子》書用字、用詞之表現，以下就此二項分述之。

一、用字

《莊子》用字精妙，表現於能深刻表達意旨者，如〈大宗師〉「子祀、子輿、子犁、子來四人相與語曰」段，《雪心編》云：

「成」字如成功者退之成，功成則收斂神功，猶之群動俱息，而尚寐無為也；「蘧」字如蘧蘧然

97【明】徐師曾，《文體明辨序說》（臺北：長安出版社，一九七八年），〈文章綱領〉，論詩，引皇甫汸語，頁八八。

周之蘧，既覺則澄觀萬物，猶之夜氣清明，而朝徹見獨也。六字如不經意而出，已結盡上面無數妙文，讀者當為醒眼。[98]

「成然寐，蘧然覺」句，言「成」字收斂神功，如群動俱息而尚寐無為之意；「蘧」字有覺而澄觀萬物，如夜氣清明而朝徹見獨之意。六字如不經意而出，然已結盡上面無數妙文。〈在宥〉「黃帝立為天子十九年，令行天下」段，《雪心編》云：

「無視無聽」，屏除一切聰明，故曰抱神以靜。「抱」字如元珠在握，「靜」字如皓月澄空，形容收視返聽之功渾成圓妙。[99]

言「無視無聽，抱神以靜」句，稱「抱」字如元珠在握，「靜」字如皓月澄空，形容收視返聽之功渾成圓妙。

〈天運〉「其運乎？地其處乎？日月其爭於所乎？孰主張是？孰綱維是？孰居無事推而行是？意者其有機緘而不得已邪？意者其運轉而不能自止邪？雲者為雨乎？雨者為雲乎？孰隆施是？孰居無事淫樂

98 【清】劉鳳苞撰、方勇點校，《南華雪心編》，卷二，內篇〈大宗師〉第六，頁一六七。

99 【清】劉鳳苞撰、方勇點校，《南華雪心編》，卷三，外篇〈在宥〉第四，頁二五九。

而勸是？風起北方，一西一東，有上彷徨，孰噓吸是？孰居無事而披拂是？敢問何故？巫咸祒曰：來！吾語女。天有六極五常，帝王順之則治，逆之則凶。九洛之事，治成德備，監照下土，天下戴之，此謂上皇。」《雪心編》云：

「運」字、「處」字、「爭」字、「為」字、「起」字，寫得錯落參差，此道之樞紐也。「主張」、「綱維」、「隆施」、「噓吸」、「披拂」等字，寫得精微靈奧，此道之根柢也。五箇「孰」字，聽之有聲，捫之有稜，卻只在空際盤旋，不言道而隨處皆徵道妙矣。巫咸止從六極五常答還他「何故」一問。六極五常不足盡道，而於天人感應之機最為切近，就此輕輕點逗，而道已在箇中也。[100]

稱此段之「運」、「處」、「爭」、「為」、「起」字，寫得錯落參差，為道之樞紐；「主張」、「綱維」、「隆施」、「噓吸」、「披拂」等字，又寫得精微靈奧，為道之根柢；五個「孰」字，則有聲、有稜，皆表現出道之妙；巫咸答還以「何故」二字，雖輕輕點逗，道已在其中。

《莊子》用字有足於表達意境者，如〈齊物論〉「且女亦大早計，見卵而求時夜，見彈而求鴞炙。

100　【清】劉鳳苞撰、方勇點校，《南華雪心編》，卷四，外篇〈天運〉第七，頁三二一。

予嘗為女妄言之，女以妄聽之，奚？旁日月，挾宇宙，為其脗合，置其滑涽，以隸相尊。」段，《雪心編》云：

> 「早自計」句，妙不容言。……正謂妙道難以言語形容，還他一箇活脫語氣。「奚」字提起，言止可彷彿其意境如此耳。[101]

云此段在講妙道難以形容，一「奚」字有提起意味，將其意境傳神表達。

《莊子》又有用字生動，足以造成氣勢者，如〈天道〉「靜而與陰同德，動而與陽同波」句，《雪心編》云：「一『波』字尤為生動。波者，風水相遭，有天然之妙趣，託出無為神理，全不是致虛守寂工夫。」[102]「波」者，為風水相遇，有天然之妙趣，以此託出無為之神理，故稱此字之用尤為生動。〈天道〉「老子曰：而容崖然，而目衝然，而顙頯然，而口闞然，而狀義然，似繫馬而止也。動而持，發也機，察而審，知巧而睹於泰，凡以為不信。邊竟有人焉，其名為竊。」《雪心編》云：「邊竟者，防盜之地，而道德之藩籬更重，襲仁義聖知之名，適足為大道之蟊賊，一『竊』字當頭喝棒，動

101 【清】劉鳳苞撰、方勇點校，《南華雪心編》，卷一，內篇〈齊物論〉第二，頁五九。

102 【清】劉鳳苞撰、方勇點校，《南華雪心編》，卷四，外篇〈天道〉第六，頁三〇三。

魄驚心。」[103]此段之「邊竟」道出襲仁義聖知之名者，實為大道之賊，最末以一「竊」字，更為當頭喝棒，有驚心動魄之氣勢。

〈達生〉「皇子曰：委蛇，其大如轂，其長如轅，紫衣而朱冠。其為物也惡，聞雷車之聲，則捧其首而立。見之者殆乎霸。」《雪心編》云：

末寫委蛇之狀，說到「見之者殆乎霸」，明知好大喜功、神馳六合乃是桓公病根，以「霸」字極力歆動，正如枚乘《七發》，至廣陵觀濤而其病霍然頓失也。[104]

此段寫委蛇之狀，「見之者殆乎霸」句，說明好大喜功、神馳六合乃是桓公病根，稱此「霸」字尤有極力歆動之意。

二、用詞

《莊子》用詞，亦有能生動表現意旨者，如〈天運〉「孔子行年五十有一」段，《雪心編》云：

103　【清】劉鳳苞撰、方勇點校，《南華雪心編》，卷四，外篇〈天道〉第六，頁三〇三－三〇四。

104　【清】劉鳳苞撰、方勇點校，《南華雪心編》，卷五，外篇〈達生〉第十二，頁四三五。

此段以「采真」二字為赤水元珠。真者，天然主宰；采者，俯拾即是，左右逢源，隨處皆徵道妙也。……「逍遙」、「苟簡」、「不貸」六字，繪出一片真境，為「采真」二字添毫，又傳神之極筆也。[105]

此段「古者謂是采真之遊」句，以「采真」二字言處處皆為道妙所在，為一段中的精華。又「古之至人，假道於仁，託宿於義，以遊逍遙之虛，食於苟簡之田，立於不貸之圃。逍遙，無為也；苟簡，易養也；不貸，無出也。」其中的「逍遙」、「苟簡」、「不貸」六字，則描繪出一片真境，為補充采真之義，稱其為「傳神之極筆」。

《莊子》用詞多有善於形容者，如：〈天地〉「蔣閭葂見季徹曰」段，《雪心編》云：「『搖蕩』二字形容絕妙，如元氣鼓盪群生，不能自已。」[106]以「搖蕩民心」之「搖蕩」形容絕妙，如元氣鼓盪萬物而不能自已。又同段：「豈兄堯、舜之教民，溟涬然弟之哉」以「借用『兄弟』二字標新領異，化朽腐為神奇！」[107]稱「兄弟」二字新穎，有化朽腐為神奇之妙。〈達生〉「紀渻子為王養鬭雞」段，《雪心編》云：

105 【清】劉鳳苞撰、方勇點校，《南華雪心編》，卷四，外篇〈天運〉第七，頁三三九－三四〇。
106 【清】劉鳳苞撰、方勇點校，《南華雪心編》，卷三，外篇〈天地〉第五，頁二八九。
107 【清】劉鳳苞撰、方勇點校，《南華雪心編》，卷三，外篇〈天地〉第五，頁二八九。

此段借喻鬬雞，愈見養神之妙。雞以好鬬逞其能，不若以不能鬬者全其德，猶之知巧果敢不如純氣之守，其神全而物莫能傷也。「木雞」二字，形容最妙。凝然不動，正所謂大知若愚，大巧若拙，大勇若怯，以之制勝於主客之交，亦如異雞之無敢應而反走焉。撼山易，撼岳家軍難。養如木雞，乃真堅不可撼矣！[108]

此段以鬬雞喻養神之妙，其中「望之似木雞矣」句，「木雞」二字，形容凝然不動，大知若愚之貌，故稱此二字「形容最妙」。

《莊子》用詞有善營造意境者，如：〈秋水〉「河伯曰：「然則我何為乎？何不為乎？」段之「夫固將自化」句，《雪心編》云：「『夫固將』三字淩空宕漾，一片靈機，有水到渠成之妙。」[109]此稱「夫固將」如淩空宕漾出來的一片靈機，有水到渠成之妙。

《莊子》又有用詞奇險者，如〈天地〉「君子不可以不刳心焉」句，此段引夫子之言以明道之同於覆載。其中「『刳心』二字，極奇極險，直透中堅。」[110]稱「刳心」二字，既奇又險。〈庚桑楚〉「券

108　【清】劉鳳苞撰、方勇點校，《南華雪心編》，卷五，外篇〈達生〉第十二，頁四三六。
109　【清】劉鳳苞撰、方勇點校，《南華雪心編》，卷四，外篇〈秋水〉第十，頁三七九。
110　【清】劉鳳苞撰、方勇點校，《南華雪心編》，卷三，外篇〈天地〉第五，頁二七五。

內者，行乎無名」段，《雪心編》云：

券內券外，字法奇妙，如稱貸者以此為徵信之符。契合於內，有其實而未嘗驚其名；契合於外，得其名而並欲規其利。行乎無名者，雖庸行而光華難掩；志乎期費者，如賈人之徵逐無厭。陽託於道德之名，而如有所歧；陰濟其功利之私，而恬不為怪。[111]

券為借貸者所持的符信，此段以券內、券外言假託道德之名者，為「字法奇妙」之用。〈則陽〉「孔子之楚，舍於蟻丘之漿」段，《雪心編》云：

「陸沈」二字，語創意奇，身在世中而已成隱遯，與物同波，想見心境之超脫，而和光混俗，泥而不滓者，正其與至人冥合玄同者也。[112]

言「陸沈」二字，能道出身在世間卻如隱遯者，和光混俗，而與至人冥合玄同，可謂「語創意奇」之作。

111 【清】劉鳳苞撰、方勇點校，《南華雪心編》，卷六，雜篇〈庚桑楚〉第一，頁五六六。

112 【清】劉鳳苞撰、方勇點校，《南華雪心編》，卷七，雜篇〈則陽〉第三，頁六六一。

由上述故知，《雪心編》關注《莊子》書之用字、用詞，並讚其能概括旨意、營造意境、筆力生動等，且有奇、險、妙之致，可見莊子詞語錘鍊之功力，非同凡響。

第五章　劉鳳苞《南華雪心編》論《莊子》散文之藝術表現

《莊子》書多智善辯，其文已脫離語錄體，全書以瑰麗的想像，善用寓言、重言、卮言等謬悠荒唐之言，造成奇特的論證方法，奇妙的創作技巧，奇巧的藝術構思及奇譎的語言技巧，驅使神話傳說、山岳河流、草木蟲魚等素材，體情寫物，曲盡其妙，既富雄辯力量，又富浪漫色彩，為歷代散文創作者所重視。[1]清宣穎《南華經解》對《莊子》藝術技巧與境界的分析，細膩而獨到，說《莊子》之文是「千古一人」[2]，或讚其「真紅爐一點雪」[3]、「勞攘沸騰中，惠一卷冰雪文也」[4]等。清孫嘉淦《南華通》也說：「南華之文，天下之至奇也，來不知所自來，去不知所自去，忽而如此，倏而如彼，使人迷

1 葉慶炳《中國文學史》稱莊子：「其天才絕出，想像力超人，捨棄義正詞嚴之莊語，而作謬悠荒唐，無端崖之卮言、重言、寓言，故其書亦出語高妙而命意深遠，風格雄奇而引人入勝，在諸子散文中自成一家，二千餘年來，無人能摹倣之。」（《中國文學史》，臺北：臺灣學生書局，一九九七年六月，上冊，頁二六）。

2 【清】宣穎，《南華經解》，見嚴靈峰：《無求備齋莊子叢書集成續編》，〈自序〉，頁一二。

3 【清】宣穎，《南華經解》，見嚴靈峰：《無求備齋莊子叢書集成續編》，〈齊物論〉評，頁八二。

4 【清】宣穎，《南華經解》，見嚴靈峰：《無求備齋莊子叢書集成續編》，〈大宗師〉評，頁一七一。

而不得其指歸。」[5]《雪心編》則云：「莊子嬉笑怒罵，皆成文章，舉世悠悠，借此以消遣歲月，真澆盡胸中塊壘矣。」[6]皆道出對《莊子》文章藝術成就的肯定。

《莊子》能言人所未言，發人所未發，以文學的表達技巧表現其高超的意境。以下即就《莊子》散文之修辭、文氣、意境表現，論其藝術成就。

第一節　《莊子》散文之修辭

語言是思想情感的外露，是心之聲，為求作品具豐富內涵及震撼人心的藝術感染力，作者無不匠心獨運，講求各種修辭技巧，以增加造詞的生動性，並營造語言波瀾。陳滿銘說：「修辭主要著眼於個別意象之表現上，經過作者主觀的調整和設計，使它達到精確而生動，以增強感染力或說服力的目的。」[7]故知，修辭的目的在於使表達更精確且生動，並增強文章的感染力及說服力。《莊子》亦擅長運用各種修辭技巧，結合謀篇布局，使尋常語句藝術化，以突出形象，增強作品感染力，並形成其獨特魅力。《雪心編》對此多所稱讚，以下即就譬喻、摹寫、映襯、層遞等較具特色之修辭析論之。

5　【清】孫嘉淦，《南華通》，《四庫全書存目叢書》，子部二五七冊，頁五〇七。

6　【清】劉鳳苞撰、方勇點校，《南華雪心編》，卷七，雜篇〈寓言〉第五，「寓言十九」段，頁七二三—七二四。

7　陳滿銘：〈論意象與修辭〉，《畢節師範高等專科學校學報》，第二二卷第一期（二〇〇四年三月），頁九。

一、譬喻

譬喻一般是借彼喻此之意，由喻體、喻意、喻依三者組成。南朝劉勰說：「夫比之為義，取類不常：或喻於聲，或喻於貌，或擬於心，或譬於事。」[8]譬喻沒有一定體例，可從聲音、形貌、心理、事物等類似特點去作比喻，或用以描寫、說明、議論事理及寄托情思。《莊子》書亦多以寓言來譬喻，明藏雲山房主人《南華大義解懸參註》認為莊子寓言為「比喻之言」[9]；清浦起龍《莊子鈔》云：「寓者，喻也。」[10]即是以寓言是作為一種修辭方式。譬喻修辭的使用可以造成文章的騰挪變化，搖曳生姿，使枯燥的論述變得娓娓動人。《莊子》善用譬喻，南宋劉辰翁即讚道：「他時時自寫一段，亦不必其有此事，獨寓言之意，每欲發明親切而不可得，多方為之譬喻。」[11]「其喻甚切，其理甚精。」[12]

---

8 【南朝・梁】劉勰著、范文瀾註，《文心雕龍注》，〈比興〉，頁六〇二。

9 【明】藏雲山房主人，《南華大義解懸參註》，收於嚴靈峰《無求備齋莊子集成初編》（臺北：藝文印書館，一九七二年五月），第十五冊，頁八〇五。

10 【清】浦起龍，《莊子鈔》，收於嚴靈峰《無求備齋莊子集成初編》（臺北：藝文印書館，一九七二年五月），第二十冊，頁六〇。

11 【宋】劉辰翁，《莊子南華真經點校》，收於《無求備齋莊子集成續編》，〈至樂〉注，頁三三三。

12 【宋】劉辰翁，《莊子南華真經點校》，收於《無求備齋莊子集成續編》，〈外物〉注，頁五〇四。

「自喻其辭之有益於學者，至切近也。」[13]清宣穎《南華經解》亦讚：「《莊子》之文，長於譬喻，其玄妙空明、解脫變化，有水月鏡花之妙。且喻後出喻，喻中設喻，不啻峽雲層起，海市幻生，從來無人及得。」[14]對《莊子》譬喻之運用，給予極高肯定。

《雪心編》對《莊子》譬喻的使用，多有說明及肯定，有舉出《莊子》連用數喻的，如〈天運〉「孔子西游於衛。顏淵問師金曰」段，《雪心編》云：

> 六喻纍纍如貫珠，分明寫一個「時」字。隨時變化，則應物不窮；不合時宜，則所遇皆窮。其比擬醒快絕倫，如夏雲出岫，處處皆成奇峰。末二喻尤為刻毒，讀之可以解頤。[15]

此段連用了「夫芻狗之未陳也」、「夫水行莫如用舟，而陸行莫如用車」、「子獨不見夫桔槔者乎」、「譬三皇五帝之禮義法度，其猶柤梨橘柚邪」、「今取猨狙而衣以周公之服」、「西施病心而矉其里」六個譬喻，都在寫「時」字，說明隨時變化，才能感應不窮；不合時宜，則所遇皆窮。《雪心編》稱這些比喻「醒快絕倫」，其中後面兩個譬喻尤為刻毒，讀之令人解頤一笑。〈庚桑楚〉「弟子曰：不然」

13　【宋】劉辰翁，《莊子南華真經點校》，收於《無求備齋莊子集成續編》，〈刻意〉注，頁三〇〇。

14　【清】宣穎，《南華經解》，〈解莊小言〉，頁一六。

15　【清】劉鳳苞撰、方勇點校，《南華雪心編》，卷四，外篇〈天運〉第七，頁三三七。

段，《雪心編》云：

> 庚桑子亦就其所喻者翻轉一層，筆鋒犀利無比，連綴四喻，一反一正，託出至人不厭深眇之義。[16]

此段連用四個譬喻：「尋常之溝，巨魚無所還其體，而鯢鰌為之制」、「步仞之邱陵，巨獸無所隱其軀，而蘖狐為之祥」為前二喻，以巨魚、巨獸說明反對藏身；「夫函車之獸，介而離山，則不免於罔罟之患」、「吞舟之魚，碭而失水，則蟻能苦之」為後二喻，反過來說明藏身。此段不僅連用四喻，且以一反一正，襯託出至人不厭深眇之義。

《莊子》用喻，又有喻中生喻的，如〈達生〉「顏淵問仲尼曰」段，《雪心編》云：

> 末借瓦注三層相形，喻復生喻，妙緒紛披。以物相注而角勝爭奇，決於一擲，如操舟者之以身試險，出沒洪濤然。瓦注則巧，因其可輕而輕之，心不繫乎物，而每以無心得之；鈎注則憚，金注則婚，因其遞重而重之，心不忘乎物，而轉以有心失之，然則神全者之不以外物為輕重可知矣。

16 【清】劉鳳苞撰、方勇點校，《南華雪心編》，卷六，雜篇〈庚桑楚〉第一，頁五五〇。

「外重內拙」一語，結出正意，使養形者爽然自失，精要之論，沁人心脾。[17]

此段末尾「以瓦注者巧，以鉤注者憚，以黃金注者殙。」借「瓦注」說明心不繫乎物，而能以無心得之；又藉「鉤注」、「黃金注」道明所要愈重，其心愈矜。最後闡明只有神全者方能不以外物為輕重，歸結於「外重內拙」，為養形者借鑑。此三層，以喻中生喻的方法表現，極具特色。

由上例證可見《莊子》連用譬喻，以多角度、多側面地論證中心論點，意達而勢成，令人回味無窮。故《雪心編》對於《莊子》用喻，給予極高評價，常以「奇」、「妙」、「精」、「切」等辭稱譽之。如〈齊物論〉「予惡乎知說生之非惑邪！予惡乎知惡死之非弱喪而不知歸者邪！」句，《雪心編》曰：

悅生惡死者，人情也。以生寄死歸之說推之，安知悅生之非惑，惡死者不幾如幼子久出而不知所歸邪？切喻！妙喻！[18]

此以幼子久出而不知所歸，譬喻厭惡死亡之人，稱此為「切喻」、「妙喻」。〈應帝王〉「肩吾見狂接輿，狂接輿曰」段，《雪心編》云：

17 【清】劉鳳苞撰、方勇點校，《南華雪心編》，卷五，外篇〈達生〉第十二，頁四二八。
18 【清】劉鳳苞撰、方勇點校，《南華雪心編》，卷一，內篇〈齊物論〉第二，頁五九。

> 二段引接輿之言，以「欺德」二字抉出治天下病根。……。一切出經式義，操之於己而不勝其繁重，責之於民而相避於文法，民之畏此思逃，如鳥之高飛，鼠之深穴，是相率而為欺也。治天下者治以神，則順而易達、輕而易舉，治以迹則徒勞罔效。前後四喻，比擬最精。[19]

此段引接輿之言，以天下病根在於「欺德」二字。前後用了四喻，即將天下比為「涉海鑿河」、「使蚉負山」及後鳥之高飛、鼠之深穴，說明治天下應治以神，稱「比擬最精」。〈大宗師〉「子祀、子輿、子犁、子來四人相與語曰」段，《雪心編》云：

> 「大冶鑄金」一層，借喻尤為奇妙。金不能以鏌　而違大冶之鑄，人不能以有形而違造化之命，近吾死而悍然不聽，是猶金之躍於冶而曰「我且必為鏌鋣」也，不祥孰甚焉？[20]

此則以「大冶鑄金」為喻。金不能違反大冶的鑄造，人也不能違反造化安排的命運。人即將接近死亡卻加以抗拒，這就好像金跳到工匠面前說：我一定要成為鏌鋣，此乃極為不祥之事。稱此借喻「尤為奇

---

19 【清】劉鳳苞撰、方勇點校，《南華雪心編》，卷二，內篇〈應帝王〉第七，頁一九一。

20 【清】劉鳳苞撰、方勇點校，《南華雪心編》，卷二，內篇〈大宗師〉第六，頁一六七。

妙」。

〈駢拇〉「彼至正者，不失其性命之情」段，《雪心編》云：

> 鳧脛二喻，雋妙絕倫。長短皆出於天然，不容人事為增損。任其天然者，本自無憂。欲去其憂，而憂益多，則仁義之遠於性命，皆強為斷續者也。[21]

此段以「鳧脛雖短，續之則憂；鶴脛雖長，斷之則悲」二譬喻，說明長短皆出於天然，只有任其天然，才能無憂。稱此譬喻為「雋妙絕倫」。

〈天地〉「黃帝遊乎赤水之北」段，《雪心編》云：

> 此段借醒「玄」字，比擬精切，匪夷所思。珠者，圓妙光明之物，而玄珠則恍惚有象卻又渾淪無質，喻道之真境當以神遇，不當以迹求也。玄珠無形而若有形，象罔有象而實無象，以玄遇玄，無心於得，而適然得之，所以為神。聰若聖知，明若離朱，辯若喫詬，皆不免探索之勞，有心於得而不知其終無所得也，與象罔相去遠甚矣。[22]

21 【清】劉鳳苞撰、方勇點校，《南華雪心編》，卷三，外篇〈駢拇〉第一，頁二一三。

22 【清】劉鳳苞撰、方勇點校，《南華雪心編》，卷三，外篇〈天地〉第五，頁二七八。

此段寫黃帝遊於赤水之北遺其玄珠及象罔得之，「玄珠」為恍惚有象卻又渾淪無質，比喻道之真境應以神遇，不應以迹求；「象罔」為有象而實無象，以玄遇玄，因無心故能得珠。此段旨在點明「玄」字，亦稱「比擬精切」。

〈刻意〉總論，《雪心編》云：「而以干越之劍寶愛深藏借喻神鋒之妙，其筆鋒犀利亦如劍氣上騰也。」[23]此段以「夫有干越之劍者，柙而藏之，不敢用也，寶之至也」，比喻神鋒之妙，其筆鋒犀利如劍氣上騰。

〈在宥〉「聞在宥天下」段，《雪心編》云：「龍雷二喻，絕妙形容，取譬於天，正見天人合一之致。」[24]此段之「尸居而龍見，淵默而雷聲」，以龍、雷譬喻天，可見天人合一之致，稱此為「絕妙形容」。

〈至樂〉「顏淵東之齊，孔子有憂色」段，《雪心編》云：

中幅海鳥一喻，文情宕逸，尤妙在「以己養養鳥」二語，託出俗之所樂無關至極。區區形體之微

---

23 【清】劉鳳苞撰、方勇點校，《南華雪心編》，卷四，外篇〈刻意〉第八，頁三四六。

24 【清】劉鳳苞撰、方勇點校，《南華雪心編》，卷三，外篇〈在宥〉第四，頁二四七。

備物致養，亦猶鶢鶋之聽《九韶》、享太牢而眩視憂悲，非其性之所樂也。《咸》、《韶》足以感人，而物皆驚駭。彼世主之豢餌於富貴者，又烏足語以至樂哉？[25]

此段以海鳥之喻言至樂不由富貴得。其中以「此以己養養鳥者，非以鳥養養鳥也」二句「尤妙」。〈庚桑楚〉「一雀適羿，羿必得之，威也」段，《雪心編》云：

介者無所飾其容，故拸畫而不視為輕重；胥靡無所賴於生，故登高而不懼其顛危，毀譽死生，付之兩忘，更有何事可為羈束？借喻至人心境，語盡而意不盡，超脫非常。[26]

此段「介者拸畫，外非譽也；胥靡登高而不懼，遺死生也。」以介者無足然不以美醜介懷，胥靡身已殘而不畏生死，譬喻至人的心境，稱其「語盡而意不盡，超脫非常」。

《莊子》用喻，亦極具參差變化之態。〈齊物論〉「瞿鵲子問乎長梧子曰」段，《雪心編》云：「夢夢者作如是觀，始泣而後悔，境變而情殊。麗姬一喻，夾在中間，借來點醒前後文義，極參差變化

25　【清】劉鳳苞撰、方勇點校，《南華雪心編》，卷四，外篇〈至樂〉第十一，頁四〇七。
26　【清】劉鳳苞撰、方勇點校，《南華雪心編》，卷六，雜篇〈庚桑楚〉第一，頁五八二－五八三。

之姿。」[27]此以麗姬之譬喻夾在中間，藉點醒前後文義，極具參差之變化。〈徐無鬼〉「莊子曰：射者非前期而中」段，《雪心編》云：「接連三喻，前後皆借用不愛其子，而以愛鐘意夾在中間，錯綜入化。」[28]此段連用三喻，將鍾愛其子意夾在其中，亦具錯綜變化之妙。

又《莊子》善於運用譬喻，甚至達到行文之化境。〈人間世〉「女不知夫螳螂乎」段，《雪心編》云：

> 後幅連綴三喻，機局最緊，而手法極鬆，皆行文之化境。螳臂當車，不知其力之難勝，……。怒者虎之天性，而致其怒者，則逆之為害也……？末後一喻，從「形就而入」二句生波，盛矢溺則愛之至，拊蚤虻則愛而護之者至，……意有所至，而愛有所亡，用情過當，而意外之患驟不及防，天下事大抵皆然也，獨馬也乎哉？收句總結上三喻。[29]

此段連用了三個譬喻，螳臂當車、養虎者及愛馬者，收句以「意有所至，而愛有所亡，可不慎邪！」總結以上三喻，稱其機局最緊，手法又極鬆，乃為行文之化境。

27 【清】劉鳳苞撰、方勇點校，《南華雪心編》，卷一，內篇〈齊物論〉第二，頁五九。
28 【清】劉鳳苞撰、方勇點校，《南華雪心編》，卷六，雜篇〈徐無鬼〉第二，頁六〇八。
29 【清】劉鳳苞撰、方勇點校，《南華雪心編》，卷二，內篇〈人間世〉第四，頁一〇三—一〇四。

《雪心編》認為《莊子》譬喻有發明正意之功效。如〈秋水〉「惠子相梁，莊子往見之」段，《雪心編》云：

此段亦只寫喻意，發明無以得殉名，均在言外，而用意更為深摯。一「嚇」字且護且拒，如見其狀，如聞其聲，真傳神之極筆。結句徑以「嚇」字坐梁相，看得自己身分絕高。孰為腐鼠？孰為鵷鶵？可以想其胸中寄託。[30]

此段莊子見惠子於梁之喻，以意在言外的筆法，發明無以得殉名之義，使「用意更為深摯」。〈達生〉「仲尼適楚，出於林中」段，《雪心編》云：

此段揭明用志不分，志合於神也。承蜩技之至微者，乃痀僂丈人，不矜其巧，而以為有道，亦猶庖丁之遊刃於虛，道也而進乎技矣。累丸愈多，則承蜩愈見神妙。事有兩不相侔，而彼此相通，忽焉相悅以解者，……志向精專，承蜩且然，況於養生之道乎？……通幅純是喻意，而正意已了然言下矣。[31]

30　【清】劉鳳苞撰、方勇點校，《南華雪心編》，卷四，外篇〈秋水〉第十，頁三九一。
31　【清】劉鳳苞撰、方勇點校，《南華雪心編》，卷五，外篇〈達生〉第十二，頁四二六。

此段以痀僂者承蜩為喻，以痀僂神妙之技術，揭明「用志不分，乃凝於神」之意。這裏使用譬喻，而正意更為了然。〈達生〉「子列子問關尹曰」段，《雪心編》云：

忽插醉者一喻，醒出「神全」二字，信手拈來，都成妙諦。解此行文，則通身靈動，用筆如生龍活虎，不可羈縻。事外逸致，真足開後人無限法門。……。鏌干、飄瓦，皆屬無心，故皆與之相忘而不折不怨，喻意層見疊出，如剝蕉抽繭，映發無窮。[32]

此段插入「醉者之墜車，雖疾不死」之喻，點出「神全」二字。其後又云「復讎者不折鏌干，雖有忮心者不怨飄瓦」，以「鏌干」、「飄瓦」，比喻無心而與之相忘，一層一層之喻意，如抽蕉抽繭，映發旨意。

由上述可知，《雪心編》歸納《莊子》用喻，或以寓言為喻，或連用數喻，或喻中生喻，以巧妙多姿的樣態進行敘事、說理。其運用譬喻或展現參差變化之姿，或善於融化而達到行文化境，或善以譬喻發明正意，《雪心編》屢稱讚其用喻精妙，足見其對《莊子》用喻之高度肯定。

32 【清】劉鳳苞撰、方勇點校，《南華雪心編》，卷五，外篇〈達生〉第十二，頁四二四。

二、摹寫

摹寫乃是對事物的各種感受加以形容描述，其對象包括視覺、聽覺、嗅覺、味覺、觸覺等的感受。《莊子》擅長摹寫，《雪心編》亦多有稱譽[33]，包括人物形貌、神情口吻、心理樣態及天地自然之狀等，皆為其所專擅。

其中，善於描摹人物形貌者，如〈德充符〉「闉跂支離無脤說衛靈公」段，《雪心編》云：

> 自首段至此，接連摹寫幾箇殘醜之人，王駘、申徒嘉、無趾、哀駘它，各成一段奇文。此特將闉跂支離同甕盎大癭兩兩對寫，尤為頰上添毫。[34]

此段為〈德充符〉摹寫殘醜之人，如王駘、申徒嘉、無趾、哀駘它等，各自成為一段奇文。尤其將闉

---

33 方勇在《南華雪心編・前言》歸納《雪心編》對《莊子》散文藝術的分析，亦稱讚其：「頰上添毫，繪聲繪影」。認為莊子是一位寫生妙手，在塑造人物方面不僅體物肖似，栩栩如生，且達到出神入化的藝術境界；又莊子善於用「頰上添毫」手法來塑造人物，且善於將難寫之景、難顯之情刻劃如在眼前。（方勇，《南華雪心編・前言》，頁二二－二六）。

34 【清】劉鳳苞撰、方勇點校，《南華雪心編》，卷二，內篇〈德充符〉第五，頁一三二－一三三。

跂支離以及甕盎大癭兩兩對寫，如「頰上添毫」，描寫入微。〈人間世〉「支離疏者」段，《雪心編》云：

> 第六段是備歷人間世之難，覺得才高德顯，動觸危機，曾不如支離其德，以韜晦自全，仍從上二段意思脫胎而出。上以木言無用乃為大用，此以人言不全乃為善全。「頤隱」五句，形容入妙，筆有化工；「挫鍼」四句，是他無用之用；「上徵武士」三層，是他終身受用。末四語跌宕生姿，必支離其形者而後可以養其身而終其天年，則不支離其德者，難乎免於今之世矣。初讀之使人失笑，細玩之悽人心脾，嬉笑怒罵之文，惟莊子獨擅其能事矣。[35]

此段寫支離其德，韜晦自全之理，藉支離疏來說「不全乃為善全」。其中「頤隱」五句，以化工之筆描寫支離疏的外貌，「挫鍼」四句，言其無用之用；「上徵武士」三層，又語其終身受用。以支離其形者反而能養其身且終其天年，點出不支離其德者，於當世而難免去禍患。此段不僅摹寫人物形貌，且藉著摹寫發為「嬉笑怒罵之文」，並稱此為莊子獨擅之能事。

善於描摹神情口吻的，如〈齊物論〉「南郭子綦隱几而坐」段，《雪心編》稱：「此段從聲籟之微

35 【清】劉鳳苞撰、方勇點校，《南華雪心編》，卷二，內篇〈人間世〉第四，頁一〇九－一一〇。

逗出妙義，開手摹寫南郭子綦沈心渺慮，神致蕭然，已繪出頂上圓光。」[36]此段摹寫南郭子綦的沈心渺慮，且能寫出神致蕭然之感。〈逍遙遊〉「湯之問棘也是已」段，《雪心編》云：

> 前以二蟲之笑引起小知大知，後以斥鷃之笑收束小知大知；前則笑大鵬何必定到九萬里，後則笑大鵬未必真到九萬里；前之笑自安於拙而不防控於地，後之笑自以為工，而且曰飛之至。前後神情口吻，栩栩欲生，真添毫絕技也。[37]

此節前以二蟲引出小知、大知，後以斥鴳之笑收束小知、大知；前笑大鵬何必定到九萬里，後笑大鵬未必真到九萬里。又說斥鴳前笑乃是「自安於拙」，後之笑則「自以為工」，描摹前後神情口吻可謂栩栩如生，稱其為「添毫絕技」。〈天道〉總論，《雪心編》云：

> 「孔子往見老聃」一段，辨論只在仁義上提要鉤元，老子卻將「道德」抽換他「仁義」二字，返虛入渾，境地極高。仁義且恐亂性，則五末九變之不足為輕重可知。至士成綺之不信，又決裂於仁義之途，而變本加厲者也。經老子逐層剔破，便如鑄鼎象物，逼肖神姦。「似繫馬而止」，寫

36 【清】劉鳳苞撰、方勇點校，《南華雪心編》，卷一，內篇〈齊物論〉第二，頁二一。

37 【清】劉鳳苞撰、方勇點校，《南華雪心編》，卷一，內篇〈逍遙游〉第一，頁八。

他飛揚馳騁之神，欲強持而不得；「知巧而睹於泰」，寫他便捷輕儇之貌，隨驕肆以俱呈，頰上添毫，真是寫生妙手。[38]

此段為「士成綺見老子而問聖人」段，老子言仁義恐亂性，士成綺不信，老子又變本加厲，逐層剔破，老子曰：「而容崖然，而目衝然，而顙頯然，而口闞然，而狀義然，似繫馬而止也；動而持，發也機，察而審，知巧而睹於泰，凡以為不信。」一段，以「似繫馬而止」，寫其飛揚馳騁之神態；「知巧而睹於泰」，寫其便捷輕儇之樣貌，皆如頰上添毫，為「寫生妙手」。〈德充符〉「子產蹴然改容更貌曰：子無乃稱！」句，《雪心編》云：

末寫子產改容更貌，逼肖神情，「子無乃稱」四字，作蹇澀不全語，佶屈聱牙，尤傳神之極筆也。[39]

以段逼肖的言詞寫子產更改容貌的樣子，其中「子無乃稱」句，尤蹇澀不全、佶屈聱牙，為「傳神之極筆」。

38 【清】劉鳳苞撰、方勇點校，《南華雪心編》，卷四，外篇〈天道〉第六，頁三〇三—三〇四。
39 【清】劉鳳苞撰、方勇點校，《南華雪心編》，卷二，內篇〈德充符〉第五，頁一二二。

善於描摹心理樣態的，如〈齊物論〉「大知閑閑，小知間間」段，《雪心編》云：

「大知閑閑」以下，拉雜紛來，勢若飄風驟雨，特特與上段文法相配。而此段更推勘入微，其間智慮精神，聲容笑貌，外感於物，內蘊於心，紛紜繁變，萬有不齊。寐也魂交，神明通於呼吸；覺也形開，官骸疲於應酬，皆屬驚心動魄之文。……意者有真宰存乎其間而特不能得其端倪耳，自信為可行，可行者實宰於無形，惟無形乃謂之真宰，信乎真宰之隱而難窺矣。此段文心奧折，筆足以繪難顯之情，與上段「咸其自取」二句消息相通，彼聆天籟於無聲，此窺真宰於無形也。[40]

此段前半部描寫「與接為構，日與心鬬」的情狀，描摹其間的智慮精神、聲容笑貌之紛繁變化，以及萬有之不齊，皆極為微細生動。後文說明因彼、我之相待，形成萬有不齊之致，其中應有一真宰存乎其間，然真宰無形無相，難以窺其端倪，故此段能以奧折之文心，「繪難顯之情」，欲窺真宰於無形，為其特色。

善於描摹自然、萬物情態的，如〈齊物論〉中之畏佳殊態、竅穴殊形、刁調殊象，亦稱其「模寫洪

40 【清】劉鳳苞撰、方勇點校，《南華雪心編》，卷一，內篇〈齊物論〉第二，頁二七－二八。

纖，天地盡洩其奧。」[41]又，〈秋水〉「子獨不聞夫埳井之乎」段，《雪心編》云：

「跳梁井幹」四句，極寫拘墟形狀，卻先用「吾樂與」三字作淩空宕漾之筆，最有神姿。回顧虷、蟹、科斗，謂莫吾若，見解卑陋如此；乃欲邀東海之鼈以觀其所樂，沾沾自喜，神情令人絕倒。隨寫東海之鼈縮足逡巡，一見便窺其底蘊，逮語以東海之大樂，而埳井之鼃始而驚，徐而自失，亦猶觀海者之自旋其面目，望洋向若而歎也。[42]

此段描寫井底之蛙。「跳梁井幹」四句，極寫拘墟形狀；回顧虷、蟹、科斗，謂莫吾若，寫其見解卑陋；欲邀東海之鼈以觀其所樂，又寫其沾沾自喜之神情；後又描寫東海之鼈縮足逡巡、井之鼃始而驚，徐而自失狀等，皆描摹生動！

〈在宥〉「黃帝立為天子十九年，令行天下」段，《雪心編》云：

迨黃帝領會此意，不問治天下而問治身，廣成子乃掬精極微，指示真詮妙諦，一路皆作韻語，摹

41 【清】劉鳳苞撰、方勇點校，《南華雪心編》，卷一，內篇〈齊物論〉第二，頁二〇。

42 【清】劉鳳苞撰、方勇點校，《南華雪心編》，卷四，外篇〈秋水〉第十，頁三八九。

寫入神。[43]

此寫黃帝不問治天下而問治身，廣成子乃極盡精微地闡述真詮妙諦，亦稱此「摹寫入神」。

由上述可知，《莊子》擅長描摹人物形貌、神情口吻、心理樣態及天地自然之狀等，《雪心編》讚為「頰上添毫」、「添毫絕技」，「繪難顯之情」、「寫生妙手」、「模寫洪纖」等，對其描寫功力甚為推崇。

三、映襯

映襯，乃以兩種相反觀念或事物，使文句語氣增強，或使文意明顯，以加深讀者之印象者。黃慶萱提出映襯之原則有三：其一，就內容而言，對比愈強烈，印象愈鮮明，故可誇大事實，在言詞則含蓄。其二，就形式而言，以譬喻、象徵、對偶、排比表達之。其三，就成效而言，具有文字張力，且有嘲弄之效果。[44]故知映襯的使用，能以對比的方式，增強主旨的說服力與感染力

《莊子》亦多有映襯之使用，如〈田子方〉「百里奚爵祿不入於心」段，《雪心編》云：

---

43 【清】劉鳳苞撰、方勇點校，《南華雪心編》，卷三，外篇〈在宥〉第四，頁二五九。

44 黃慶萱：《修辭學》（臺北：三民書局，二〇〇二年十月），頁二九五－三〇一。

爵祿不入於心，賢者以之完其真，猶可隨感而應。至死生不入於心，則天下皆真機所洋溢也。百里奚誠有足多者，而有虞氏益神矣。兩兩對寫，適如其分，一邱一壑，亦有天然超拔之姿。[45]

此段寫百里奚爵祿不入於心，並以有虞氏死生不入於心相對而寫，如一邱一豁，具天然超拔之姿。又〈天道〉總論，《雪心編》云：

以無為起，以無為結，中間卻兩兩對發，有飛花滾雪之姿。後文一轉，兩面互發。上下皆渾於無為，則為同德；上下皆徵於有為，則為同道。德者形迹之所不居，道者措施之所共睹也。上以無為用天下而有餘，下以有為為天下用而不足，此處便分出箇本末先後樣子，平起平落平收，用筆如分風擘流，畫沙印泥，何等明爽！[46]

此為「夫虛靜、恬淡、寂寞、無為者」段，此段開始於無為，亦結束於無為。中間以「明此以南鄉，堯之為君也；明此以北面，舜之為臣也。」「以此處上，帝王天子之德也；以此處下，玄聖素王之道

45 【清】劉鳳苞撰、方勇點校，《南華雪心編》，卷五，外篇〈田子方〉第十四，頁四八八。

46 【清】劉鳳苞撰、方勇點校，《南華雪心編》，卷四，外篇〈天道〉第六，頁三〇三。

也。」「以此退居而閒游，江海山林之士服；以此進為而撫世，則功大名顯而天下一也。」舉堯舜、處上處下、進退，兩兩相對之文敘述。後文又云：「休則虛，虛則實，實者倫矣。虛則靜，靜則動，動則得矣。」以虛實、動靜互相發明，最後上下皆渾於無為，上下皆徵於有為；上以無為用天下而有餘，下以有為為天下用而不足，將本末先後分出，平起、平落，又平收，極為清楚明白。

由上述可見，《莊子》除了單一地舉相對之事進行說理，更可以多層次地運用兩兩相對的映襯之法，除了加強說理的力道，更有「飛花滾雪」之姿，展現豐富靈動的意態。

四、層遞

層遞法是以二或三個以上的語句，按文意由淺而深，由小而大，由輕而重；或由深而淺，由高而低，由重而輕，逐層遞增或遞減的排列之修辭技巧。此種方法，可使語言整齊和諧，環環相扣，文意一步緊一步，逐步深化讀者的認識。《莊子》層遞法的使用甚多，如〈逍遙游〉「適莽蒼者」段，《雪心編》云：

> 此節是莊子申明《諧》言，「適莽蒼」三層，一層遠似一層，適近者不能知遠，彼二蟲豈足以知大鵬？[47]

[47]【清】劉鳳苞撰、方勇點校，《南華雪心編》，卷一，內篇〈逍遙游〉第一，頁六。

此段寫鳩適莽蒼，用了三層描述：「適莽蒼者」、「適百里者」、「適千里者」，此為層遞法之使用。〈天地〉「天地雖大，其化均也」段，《雪心編》云：

末段以無為無心綰合兩頭，申明「玄」字之義。中間五項從大道之分呈處一層一層推下去，可知道之應乎無窮；又從大道之統匯處一步一步收進來，可見道之遊於無有。末二句信手拈來，自成妙諦。道通為一，而一之用神。以一馭萬，事物皆完其量，化出無心而化之理微；以無制有，而鬼神莫測其機，要言不煩，括盡全篇之旨。[48]

此段以無為、無心綰合兩頭，闡明「玄」字之義。中間「技兼於事，事兼於義，義兼於德，德兼於道，道兼於天」五項，從大道之分流一層一層推下去，可見道足以應乎無窮；「通於一而萬事畢，無心得而鬼神服」，再從道之統匯一步一步收回，可見道之遊於無有。〈天地〉「泰初，有無無」段，《雪心編》云：

48 【清】劉鳳苞撰、方勇點校，《南華雪心編》，卷三，外篇〈天地〉第五，頁二七三。

自泰初無無以來，層遞而下落到形體，造化之功能畢矣。至此乃歸重人事，又從形體上層層勘入深微。神依形而立，有是形必有形形者主之，以形保神，儀則通於性命，內外交修，以復其未形之一而同於泰初。[49]

此段乃是以「物成生理謂之形」一句為天人樞紐。從泰初無無、無名，再說到形體，分許多層次論述，將造化之功全數展現。其後又歸到人事，亦從形體層層深入探究，先說神乃依形而立，形之上又有形形者；以形保神，則一切視聽言動之儀則皆與性命相通，即可回復到未形之一而與泰初同。〈秋水〉「河伯曰：世之議者皆曰」段，《雪心編》云：

詳寫大人之行，分作六層，每一層又作兩層洗發，相生相背，仍自歸併一層，皆自不期精粗處勘入深微也。[50]

此段後半詳寫大人之行，分作六層：「不出乎害人，不多仁恩」；「動不為利，不賤門隸」；「貨財弗爭，不多辭讓」；「事焉不惜人，不多食乎力，不賤貪污」；「行殊乎俗，不多辟異」；「為在從眾，

49 【清】劉鳳苞撰、方勇點校，《南華雪心編》，卷三，外篇〈天地〉第五，頁二八四－二八五。

50 【清】劉鳳苞撰、方勇點校，《南華雪心編》，卷四，外篇〈秋水〉第十，頁三七〇。

不賤佞諂」，每一層又作兩層說明，以相反又相生的方式再歸併為一層。

由上述可知，《莊子》散文能藉層遞法，緊扣所欲說明之主旨，將文句循序排列，漸漸引來，層層徐入，以加強說服力。甚至一層中又有兩層說明，足見其對此方法能嫻熟運用，且富變化性。《莊子》又藉此方法，營造出非常之文境，如〈天運〉「天其運乎」段，《雪心編》云：「前後分八大段讀。首段借天地日月雲雨各件功能層層推究，故作疑陣，勢若飄風驟雨，颯沓而來。」[51]此篇首段以層遞法書寫，就日、月、雲、雨、各自之功能層層推究，且故作疑陣，而形成飄風驟雨、飄沓而來之勢。凡此皆可見《莊子》層遞法運用之妙。

五、排比

排比乃是由三個或三個以上，結構相似或相同的詞句，表達相關聯意思。這種修辭技巧，使句法成串，聯翩而至，像一串滾動的響雷，鏗鏘有力，氣勢連貫，具壯闊、均衡、參差之美，在統一中有變化，同時易於使讀者產生相近聯想，予人連續刺激，使語言較具形象，可使文氣貫通，語勢加強。

《莊子》排比之運用，如〈天地〉「天地雖大，其化均也；萬物雖多，其治一也；人卒雖眾，其主君也。」段，《雪心編》云：「三層平起，作排比文法，前兩層引起後一層。」[52]此為三層文法的排

51 【清】劉鳳苞撰、方勇點校，《南華雪心編》，卷四，外篇〈天運〉第七，頁三二一。
52 【清】劉鳳苞撰、方勇點校，《南華雪心編》，卷三，外篇〈天地〉第五，頁二七二。

比，前兩層又引起後一層。〈徐無鬼〉「於蟻棄知」段，《雪心編》云：

「以目視目」三句一排，緊接上文；「其平也繩」二句又作一排，文勢極為攢簇，卻能運實於虛，化板為活。[53]

此段「以目視目，以耳聽耳，以心復心」三句一排比，以緊接上文；接著「其平也繩，其變也循」二句又一排，使文勢緊密，又能運實於虛，化板為活。〈庚桑楚〉「夫復謵不餽」段，《雪心編》云：

欲靜、欲神、欲當三層，歸結聖人之道。前兩層單句平排，後一層用三句拕下，寓排偶於散行中，體密氣疏，極變化參差之致。[54]

此段「欲靜則平氣，欲神則順心，有為也欲當，則緣於不得已，不得已之類，聖人之道」，以「欲靜」、「欲神」、「欲當」三層歸結聖人之道，前兩層為單句平排，後三層則以三句呈現，寓排偶於散行中，亦具參差變化之致。

53 【清】劉鳳苞撰、方勇點校，《南華雪心編》，卷六，雜篇〈徐無鬼〉第二，頁六三一。

54 【清】劉鳳苞撰、方勇點校，《南華雪心編》，卷六，雜篇〈庚桑楚〉第一，頁五八四－五八五。

〈刻意〉「若夫不刻意而高，無仁義而修，無功名而治，無江海而閒，不道引而壽，無不忘也，無不有也，澹然無極而眾美從之，此天地之道，聖人之德也。」總論云：

> 開手撰出五箇樣子，襯託聖人，……無不忘，則五者皆化其迹；無不有，則五者盡得其神。澹然無極，申上「無不忘」句；眾美從之，申上「無不有」句，排偶中運以單行之句，氣韻生動。[55]

此段「無仁義而修，無功名而治，無江海而閒，不道引而壽」，以排比句法寫出聖人的五種樣子，又「無不忘也，無不有也」兩句排比，化去聖人之迹，又道盡聖人之神。全段排偶中運以單行之句，具「氣韻生動」之美。

〈徐無鬼〉「知士無思慮之變則不樂」段，《雪心編》云：

> 一段內信手拈出十九種人，綴敘參差，有嶺雲四起、澗水爭流之勢，而處處筋搖脈動，體密氣疏，絕不形其累贅、又行文之化板為活，機趣環生也。[56]看他開手三句，破空而來，筆力橫絕，卻用「皆囿於物」一句束住，束上即帶起下文，有官止神行之妙。接連又列敘十六種人，異態殊

55 【清】劉鳳苞撰、方勇點校，《南華雪心編》，卷四，外篇〈刻意〉第八，頁三四六。

56 【清】劉鳳苞撰、方勇點校，《南華雪心編》，卷六，雜篇〈徐無鬼〉第二，頁六〇一。

> 形，各盡其致，卻用「順比於歲」二句束住，攢簇處極有恣態，捖搏處極有精神。[57]

此段一開始以「知士無思慮之變則不樂，辯士無談說之序則不樂，察士無淩誶之事則不樂」三句排比，提出三種人，而收束「囿於物者」，有「破空而來，筆力橫絕」之勢。接著以「招世之士興朝，中民之士榮官，筋力之士矜難，勇敢之士奮患，兵革之士樂戰，枯槁之士宿名，法律之士廣治，禮教之士敬容，仁義之士貴際」，九句排比，提出九種人；「農夫無草萊之事則不比，商賈無市井之事則不比」，二句排比，提出兩種人；「庶人有旦暮之業則勸，百工有器械之巧則壯」，二句排比，提出兩種人；「錢財不積則貪者憂，權勢不尤則夸者悲」，二句排比，又提出兩種人；加上「勢物之徒」，一共十九人，極盡其致地道出十九種人的不同的形貌與情態；後又以「順比於歲」將十九種人收束住。此段雖連用排比句，卻又具參差變化之態，既具「體密氣疏」，又能「化板為活」，機趣環生，極其靈活運用之妙。

由上述可知，《莊子》能靈活運用排比法，使其具參差變化之態，又能運實於虛，化板為活，既表現出文氣緊密之勢，又可營造出氣韻生動之美。

57 【清】劉鳳苞撰、方勇點校，《南華雪心編》，卷六，雜篇〈徐無鬼〉第二，頁五九八。

第二節 《莊子》散文之文氣

氣勢或稱氣象、文氣，魏曹丕提出「文以氣為主」，清章學誠主張：「文非氣不立。」[58]清劉大櫆亦說：「文章最要氣盛。」[59]皆重視氣勢在文章中的重要性。南朝劉勰云：「意氣駿爽，則文風清焉。」[60]清姚鼐云：「文字者，猶人之語言也。有氣以充之，則觀其文也，雖百世而後如立其人而與言於此，無氣則積字焉而已。」[61]皆認為語言中的氣勢能使得文風振立。

文氣的產生又與作者本身有極大的關係，氣勢可說是作者才情、氣質、生命力的表現。故知作品須灌注充沛的氣勢，才能嫵媚多姿，產生動人力量。而作者的志趣、品格、個性、才能等精神面貌，決定作品的生命力和感染力的強弱。作品的氣勢則可經由作品呈現的情感力量、說理力度、藝術形式等尋其端倪，以領悟作品的文氣。本節即就《莊子》散文的情感力量、說理力度、筆法力道論其文氣。

58 葉瑛，《文史通義校注》（臺北：仰哲出版社，未著出版年），〈史德〉，卷二，內篇三，頁二二〇。
59 【清】劉大櫆，《論文偶記》（清道光咸豐間黃氏本，臺北：中央研究院），頁一。
60 【南朝・梁】劉勰著、范文瀾註，《文心雕龍注》，〈風骨〉，頁五一三。
61 【清】姚鼐，〈答翁學士書〉，見《惜抱軒全集》（臺北：世界書局，一九六四年），卷六，頁六四。

一、《莊子》散文的情感力量

作者表現出的充沛而真實的情感，會產生作品的生命力，即藝術感染力。《雪心編》指出莊子所處時代與所述內容，對莊子寫作時心血及精神抑注，多有揣摩，可見其情感力量的表達。如〈駢拇〉總論，《雪心編》云：

> 外篇開手即痛駁仁義，而歸重道德。夫仁義之與道德，雖異其名，其源皆出於性命。莊子豈以仁義非性命中事哉？須知戰國時，功利紛華之習變亂王章，楊朱墨翟之言充塞天下，似仁非仁，似義非義，棼然雜亂，實為性命之憂。甚且竊仁義之名，蹈淫僻之實，夷惠其行而盜跖其心，仁義之流弊益甚。南華老人目擊心傷，發此奇快透闢之論，將仁義一齊抹煞，使之無可假託，反而求諸性命之情，真有蘆灰止水、鐵鎖橫江之妙。[62]

此說明外篇一開始即痛駁仁義、歸重道德，實因戰國時期，功利之習太重，楊朱、墨翟以似仁非仁、似義非義之言充塞天下，甚且竊仁義之名，行淫僻之事。南華老人「目擊心傷」，故將仁義一齊抹煞，使

62　【清】劉鳳苞撰、方勇點校，《南華雪心編》，卷三，外篇〈駢拇〉第一，頁二〇六。

之無可假託，而能反求性命之情。故此文以奇快透闢的論點，道出內心深沈的傷痛。又〈駢拇〉「天下盡殉也」一段，《雪心編》云：

首句沈痛，為大千世界當頭喝棒，直是冷眼覷破，無處躲藏。戰國時俠烈成風，多輕身蹈死以成其名，此世俗所謂君子，而殉貨忘身之輩，則斥之為小人。究之殉仁義亦殉也，殉貨財亦殉也，君子、小人無一非殘生損性之人也，夷、跖何分哉！頓筆冷絕！[63]

因戰國時期俠烈風氣盛行，君子為名、小人為財，皆不惜輕身蹈死，以至於殘生損性，故此段首句言「天下盡殉也」，出語「沈痛」，全文亦以「冷眼覷破」，道出對大千世界「當頭棒喝」之意。〈繕性〉總論，《雪心編》云：

戰國時，世衰道微，其病皆中於俗學俗思，莊子目擊世變，惠此一卷冰雪之文，作中流之砥柱，障百川而東之，真衛道之深心，迫而不能自已也。[64]

63 【清】劉鳳苞撰、方勇點校，《南華雪心編》，卷三，外篇〈駢拇〉第一，頁二一七。

64 【清】劉鳳苞撰、方勇點校，《南華雪心編》，卷四，外篇〈繕性〉第九，頁三五二－三五三。

稱此段寫戰國時世衰道微，世人皆陷溺於俗學俗思中，莊子「目擊世變」，以此篇表衛道之「深心」，迫切而不能自已，故出此文。〈秋水〉「河伯曰：若物之外」段，《雪心編》云：

春秋以後篡奪者多假名於揖讓征誅，莊子知後世必有曹莽之禍，故於前五項內添入爭讓一層，而此處又重言申明之憂世深心溢於言外。[65]

因春秋以後，篡奪者多以揖讓之名進行征誅之實，莊子知後世必有如曹莽之禍者，故在此段前五項內加入爭讓一事，以言其「憂世深心」。〈在宥〉「黃帝立為天子十九年」段，《雪心編》云：

黃帝問至道之精，本要在性命中尋出箇參天兩地、仁民育物功夫，病在兩「欲」字、一「為」字，便從治天下起見。開手即敘明「令行天下」四字，已伏病根。天地儲其精以佐五穀、養民人，陰陽司其職以育群生，皆運化於無聲無臭之中。一涉有心，便非自然妙用。唐虞五官平成天地，政教燦然修明，而中天景象已非復太古渾樸之風。《南華》為直揭道體之書，因後世功利紛乘，競趣於亂，推原致此之由，雖有創制顯庸之聖神，一齊抹煞，其行文全是辣手，其立言全是

65 【清】劉鳳苞撰、方勇點校，《南華雪心編》，卷四，外篇〈秋水〉第十，頁三七五。

> 苦心，如此篇駁倒黃帝，真足令治天下者嗒然自喪，不敢有所作為。[66]

此段藉黃帝問至道之精，言參天兩地、仁民育物功夫，須由性命中求。全段先由黃帝「令行天下」寫起，已先伏下治天下之病根。黃帝之「欲取天地之精」、「欲官陰陽，以遂群生」，「為之奈何」，兩「欲」字、一「為」字，即為其病，因其「有心」，故已非自然妙用。此篇為《莊子》見後世功利紛乘，競趣於亂，故以辣手之筆，「立言全是苦心」，藉著駁倒黃帝，以警示治天下者。

《雪心編》亦析論《莊子》因對世情多有感慨，故亦以議論寫其沈痛之心。如〈逍遙遊〉「北冥有魚，其名為鯤」段，《雪心編》云：

> 「彭祖」一句，來得突兀，若驚若訝，最得神情。人固有生氣常留，與天地河山而並壽者，彭祖以久特聞，雖不至於朝菌、蟪蛄之忽生忽滅，較之冥靈、大椿，則猶為小年，況眾人之僅相匹敵，展轉於百年之內者乎？此莊叟所以悲也。冷峭語以唱歎出之，絕妙文心！[67]

此段「彭祖以久聞」一句，言彭祖雖以長壽聞名，然比之冥靈、大椿也只能說是小年了，眾人相較於彭

66 【清】劉鳳苞撰、方勇點校，《南華雪心編》，卷三，外篇〈在宥〉第四，頁二五八。

67 【清】劉鳳苞撰、方勇點校，《南華雪心編》，卷一，內篇〈逍遙游〉第一，頁七。

祖，只是百年之內的歲壽，故稱此為莊叟「所以悲」之意，且以「冷峭語」唱嘆出之，可見其絕妙文心。〈駢拇〉：「彼至正者，不失其性命之情」段，《雪心編》云：

> 夫性命之憂，倍切於形體之憂。仁人憂民物而憂天下之憂，不仁之人饕富貴而憂一身之憂，憂不同而其為患於性命者無不同也。言仁而義更可思矣。天下非仁義不治，而仁義適足以擾天下，上下千古，悲感無端，筆亦奇橫恣肆。[68]

此段云仁人憂天下之憂，不仁之人憂一身之憂，二者皆患於性命。又云天下非仁義不治，而仁義適足以擾天下，故莊子以奇橫恣肆之筆，寫上下千古之「悲感無端」。〈天道〉總論，《雪心編》云：

> 末節推論書籍不足貴，并語言文字而掃除之。書以載道，而道之妙有不可以言傳者。執書籍以求道，亦猶執形色名聲而謂道在是也，道果在是乎哉？知者不言，不言而道自存也；言者不知，知之而道終晦也。莊子為天下後世深致悲痛，一腔心血，一副眼淚，信手揮來，正如秋夜寒碪，音傳空外。[69]

68 【清】劉鳳苞撰、方勇點校，《南華雪心編》，卷三，外篇〈駢拇〉第一，頁二一三。

69 【清】劉鳳苞撰、方勇點校，《南華雪心編》，卷四，外篇〈天道〉第六，頁三〇四。

此篇末段藉輪扁說明書籍不足貴，甚至連語言都要掃除。以莊子為後世「深致悲痛」，故將一腔心血、一副眼淚隨手寫來。〈達生〉總論，《雪心編》云：

末一段借孫休發出感慨，蓋歎高論不入於里耳，而款啟無聞之民，不絕於天下後世，一腔心血徒為是苦口鍼砭，俯仰低徊，真有側身天地，獨立蒼茫之感。[70]

此篇最後一段借孫休發出感慨，歎一般人無法接受高論，認為此乃「莊子冷眼熱心，洞達世情，深窺道妙，為沈迷忘返者惠此一卷冷雪之文，而苦口鍼砭究竟無補，故於此篇深致其慨焉。」[71]寫盡莊子「一腔心血」，雖苦口鍼砭卻於世無補，頗有立身天地，獨立滄茫之感。〈達生〉「祝宗人玄端以臨牢筴」段，《雪心編》云：

龜不願留骨於廟堂之上而曳尾泥塗，莊子以之自喻；彘不願加身於彫俎之間而棲形牢筴，莊子以之醒世。夢夢者迷而不悟，又莊子所大悲也。收句極冷峭，茫茫苦海中，安得此寶筏慈航，渡出

70 【清】劉鳳苞撰、方勇點校，《南華雪心編》，卷五，外篇〈達生〉第十二，頁四一四。

71 【清】劉鳳苞撰、方勇點校，《南華雪心編》，卷五，外篇〈達生〉第十二，頁四四五。

迷津邪！[72]

此段以烏龜不願留骨於廟堂之上，寧可曳尾泥塗，實為莊子以之自喻；又以犧不願被供奉於彫俎之上，為莊子用以醒世之語。稱莊子對於世人迷於夢境而不悟，而感到「大悲」，故末句以「所異犧者何也」之冷峭語，欲為世人指引迷津。

〈人間世〉「孔子適楚，楚狂接輿遊其門曰」段，《雪心編》云：

> 末段借楚狂之歌點醒正意，德如聖人猶慮其不免，則人間世危迫可知。漆園吏隱，閱歷世故，有慨乎其言之，以韻語結，極纏綿，尤極沈痛。「何如德之衰」，只增一「如」字，便與《論語》意境迥別。彼是歎其德之衰，此則歎其德之盛轉不如德之衰也。[73]

此段為孔子適楚，楚狂接輿遊其門，藉楚狂之歌點醒，即使像聖人一般的德行尚且不免於患，可見人間世之危迫。劉鳳苞認為莊子隱於漆園吏，必然閱歷各種世故，因此發於感慨之語，以韻語作結，極纏綿，「尤極沈痛」。〈徐無鬼〉「莊子送葬，過惠子之墓」，《雪心編》云：

72 【清】劉鳳苞撰、方勇點校，《南華雪心編》，卷五，外篇〈達生〉第十二，頁四三二。

73 【清】劉鳳苞撰、方勇點校，《南華雪心編》，卷二，內篇〈人間世〉第四，頁一一二。

> 寫匠石祇寫其技之入妙，寫郢人正寫其質之純全。匠石借以自喻，郢人借喻惠施，不……鍾期死而伯牙無復鼓琴，郢人死而匠石無復運斤，獨立蒼茫，百端交集，一種憂世深心流於言外，低徊俯仰，節短音長，桓伊鄰笛之悲無此寄託，子敬人琴之感無此纏綿，得是文而惠子亦可傳矣。[74]

此段藉郢人死而匠石無復運斤，道出其「憂世深心」，且語極其「纏綿」。

《莊子》對於世間情實有深刻體悟，方能加推推勘、剖析，其文字常表現出對世情的推勘，如〈齊物論〉「百骸、九竅、六藏，賅而存焉」段，《雪心編》云：

> 悲夫！以有涯隨無涯，古今來如出一轍也。作偽者心勞日拙，終身役役而不見成功；鶩外者迷途莫返，薾然疲役而不知所歸。彼固自以為樂此不疲，而使後人哀之，後人哀之而轉蹈其可哀，將使後人而復哀後人也。然當其沈溺恣睢之時，或憑藉甚厚而權力足以有為，或稟賦獨強而氣數未至遽盡，惘然得意，人且謂天道之無憑，而不知東陵之壽考，不及西山之餓夫，蜉蝣之衣裳，何異朝菌之晦朔，雖謂之不死，不死者特其形焉耳。形未死而心已先亡，形既化而心有不隨之俱化

74 【清】劉鳳苞撰、方勇點校，《南華雪心編》，卷六，雜篇〈徐無鬼〉第二，頁六一〇。

耶？哀莫大於心死，人之生也，固有若是之芒而無知者乎？芒者可哀，其不芒者，吾安得旦暮遇之乎？一路推勘世情，俱從「喪我」對面著筆，……舉世芒然，祇據其一息之形骸，爭勝逞能，生是生非，一經說到盡頭，可為心灰意冷，則物論之紛紜，其亦可以不必矣。[75]

此段描寫人生多以有涯隨無涯，作偽者日夜勞心而不見其成功，鶩外者迷途不返而不知所歸，誠為可哀。方其沈溺恣睢之時，自以為有足以依恃之權力與稟賦，卻不知人生短暫如蜉蝣、朝菌。形未死而心已先亡，則形既化而心有不隨之俱化的嗎？此實為「芒而無知」者。《雪心編》稱此段「一路推勘世情」，對於舉世芒然，僅據一息之形骸爭勝逞能者，感到心灰意冷，故從「喪我」對面著筆，希望物論得以止息。〈山木〉「孔子問於子桑雽曰」段，《雪心編》云：

此段勘透世情，是從「親交益疏」二句體驗出來。無故以合，無故以離，種種變態，直令人閉門謝客。《廣絕交論》，其實皆以利合焉耳。以利合者，旋合旋離，似不得謂之無故。……棄千金而負赤子，至性至情，動於天之不容已，以視見利故合、畏害故離者迥不侔矣。研究此理，世俗交遊直若浮雲之過太虛，廓然無累，何等胸襟！[76]

75【清】劉鳳苞撰、方勇點校，《南華雪心編》，卷一，內篇〈齊物論〉第二，頁三〇－三一。

76【清】劉鳳苞撰、方勇點校，《南華雪心編》，卷五，外篇〈山木〉第十三，頁四六〇－四六一。

此段從「親交益疏」二句可以看出莊子善「勘透世情」。以「無故以合」、「無故以離」，寫出人情的種種變態。世人多以利相合，故旋合旋離。由「棄千金之璧，負赤子而趨」，又可見其至性至情，與以利相合者絕不相同。若能了解此理，則對世俗之交遊即可以豁達之心對待，廓然無累。〈庚桑楚〉「券內者，行乎無名」段，《雪心編》云：

「猶之魁然」，作歇後語，使之自思，正見致飾於外者，其中一無所有也，為欺世盜名一等人揭出病根，讀之當啞然一笑。……兵莫憯於志，傷物而轉以自傷；寇莫大於陰陽，外乘而實由內召。二喻極沈痛，又極醒快，為居心深刻一等人揭出病根，言之悚然動聽。作者洞悉物情，乃有此澄徹晶瑩之境，行文亦如哀梨并翦，爽快絕倫，真可謂獨闢靈境。[77]

此段寫假託道德之名而行功利之私者的行徑。「猶之魁然」句，揭出欺世盜名之人的病根。「兵莫憯於志，鏌鋣為下；寇莫大於陰陽，無所逃於天地之間」，則以兵和寇兩喻，揭出居心深刻者的病根，此皆足見作者能「洞悉物情」，方能寫出澄徹晶瑩之境。〈庚桑楚〉「生，飆也」段，《雪心編》云：

[77] 【清】劉鳳苞撰、方勇點校，《南華雪心編》，卷六，雜篇〈庚桑楚〉第一，頁五六六。

末句疊用「同」字，妙緒環生。物與物同不足怪，人與物同則可悲也。上下千古，言之慨然。與〈齊物論〉借喻㲉音異曲同工，真勘透世情之語。[78]

此段末句「是蜩與學鳩同於同也」，疊用兩「同」字，言物與物同不足以為怪，人與人同才可悲，將上下千古以來之感慨一語道盡，實為「勘透世情之語」。

由此可見，《莊子》對於世情具細膩的觀察，故文章中多能道出其洞悉物情、勘透世情之語，也因此使其情感益為深刻。

清胡文英曾評論莊子，認為莊子具全副才情，才學醇正，只是眼界太高，眼極冷腸極熱，最是深情之人。」[79]由《雪心編》所論，莊子因目擊當時各種亂象，故以濃烈真摯之情為文，道出其內心的「沈痛」、「憂世深心」及「一腔心血」等，且用筆或「冷峭」，或「奇橫恣肆」，或「纏綿」，故能「氣形於言」，辭盈乎氣。既可見其熱腸與深情，亦使文章的生命力、感染力益為深刻。

78 【清】劉鳳苞撰、方勇點校，《南華雪心編》，卷六，雜篇〈庚桑楚〉第一，頁五七六。

79 【清】胡文英，《莊子獨見》，《無求備齋莊子集成初編》，第二一冊，〈莊子略論〉，頁五一三—五一七。

二、《莊子》散文的說理力度

散文的說理力度，在於以說理深刻取勝。作者若能將思想內容，形之於上下適當的語言，以嚴密的邏輯道出，則可產生文章沛然莫之能禦的文氣。散文的邏輯力度，或寓於強大說理深度中，以增進其說服力；或透過嚴密辯析，使說理無懈可擊；或借物說理，以豐富的聯想力，巧妙運用比喻、類比、寓言等敘事手法，即借助淺近的、具體的事物或物體來闡發深刻道理，使深奧的道理具體形象化。

《雪心編》對《莊子》散文說理力度的析論，如〈胠篋〉「將為胠篋」段，《雪心編》云：

前段喻意破空而來，甚為奇妙。守物之知，世俗以備巨盜，而巨盜即并其備盜者而盜之，借世俗共明之事發端，正為仁義聖知立竿見影。接手卸到正文上去，一氣相生，有嶺斷雲連之勢。天下國家例之以篋與囊匱，聖知之法比之於緘縢扃鐍。田成子一類人竊國而并竊其聖知之法，與負匱揭篋擔囊如出一轍，防不勝防，為之積而為之守，世俗所謂知，正盜跖之所謂愚也。下又再疊上文，追進一層，任你聖知造到極處，終為大盜假借之資。備聖知於一身，往往不能免禍。益盜跖以聖知，則能為禍於天下。五德之在聖人，所以經國家而防邪慝；乃盜跖公然據為己有，竊聖知之德以成大盜之名，奸雄篡奪，史不絕書，終其身以及其子孫晏然無患者，皆用此法也。說得利天下少害天下多，轉自聖人作俑，奇論快論，筆鋒凜若秋霜。[80]

此段先寫世俗人防備巨盜，巨盜反而連備盜者一併盜走，先為世俗之仁義聖知立竿見影。再推到正文，將天下國家比喻為篋與囊匱，聖知之法比喻為緘縢扃鐍，並寫田成子一類的人盜國並盜聖知之法，實與大盜之負匱揭篋擔囊如出一轍，《雪心編》稱此段說理至此，文氣「一氣相生」，具嶺斷雲橫的氣勢。以下又疊上文追進一層，言即使聖知造到極處，仍為大盜假借之資。最後言盜跖公然竊聖知之德以成大盜之名，聖人利天下少害天下多。全段皆出之以「奇論快論」，筆鋒犀利，自有氣勢。〈田子方〉總論，《雪心編》云：

> 第八段借喻不釣之釣，第九段借證不射之射，為「真」字立竿見影。而「伯昏無人」一段，議論警闢奇險，絕迹飛行，妙有真氣貫注其間，故能使正義分外醒透，非故作可驚可喜之文，逞其筆鋒舌巧也。[81]

此篇第八段借喻不釣之釣，第九段借證不射之射，為「真」字立竿見影。而「伯昏無人」一段，議論「警闢

80 【清】劉鳳苞撰、方勇點校，《南華雪心編》，卷三，外篇〈胠篋〉第三，頁二三一—二三二。

81 【清】劉鳳苞撰、方勇點校，《南華雪心編》，卷五，外篇〈田子方〉第十四，頁四七二。

奇險」，有如絕迹飛行，似有真氣貫注其間，能使正義分外醒透，可知其非故作可驚可喜之文，以逞其筆鋒舌巧。〈人間世〉「孔子適楚，楚狂接輿遊其門曰」段，《雪心編》云：

> 「天下有道，聖人成焉」，何等景慕？……「畫地而趨」，不知其殆。正文至此已盡，以下均是喻意，如聽三峽猿啼，哀音切響，使人淚下霑裳。迷陽，或以為薇蕨，或以為晦其明，總是天荊地棘，日暮途窮，悵悵何之景象。「吾行郤曲」，郤則不敢向前，曲則不敢直往，費盡許多轉折，極寫世途之危，幾於無可投足也。以下變調，乃莊子接續楚狂之歌而長言永歎之，化板為活，有崩雲裂石之音。物以有材者自累，人以有材者自窮，是有用之用終歸於無用，而無用之用乃真為大用也。二句結盡本文，亦結盡上三段，文勢如勁弩離絃，文心如懸巖勒馬，讀者須從高處著眼，切莫貪看海市蜃樓，轉錯過廬山面目也。[82]

此段由「天下有道，聖人成焉」段，到「畫地而趨」句為正文，以下以喻意興起。迷陽喻天荊地棘、日暮途窮，令人感到惆悵悲哀；「吾行郤曲」，極寫世途之危險，幾乎無可投足。接著為變調，化為活板，有如崩雲裂石之音，接續楚狂之歌以長言詠歎，寫山木、膏火之無用之用，以此方為大用，「人皆

82 【清】劉鳳苞撰、方勇點校，《南華雪心編》，卷二，內篇〈人間世〉第四，頁一一二。

知有用之用，而莫知無用之用也」為本文作結，亦為上三段作結。文章氣勢有如「勁弩離絃」，文心猶如懸巖勒馬。〈齊物論〉「物無非彼，物無非是」段，《雪心編》云：

以下乃即物論之不齊，想出一不齊而齊之法。……至天地並生，萬物為一，往古來今，大千世界，無一件物事可分得開，……。至是乃以折衷聖人，為一篇歸宿，勢若駿馬之下平川，文氣亦寬博有餘，透迤盡致。[83]

此段為物論不齊想出一不齊而齊之法，其文歸結於聖人，稱其氣勢如駿馬下平川，文氣亦寬博有餘，彎曲回旋，意致無窮。〈大宗師〉「夫道，有情有信」段，《雪心編》云：

提出「道」字，為大宗師立竿見影，以起下聞道者許多真人。文勢如赤城霞起，尺幅中氣象萬千，真足以開拓心胸，推倒豪傑。[84]

以段以提出「道」字，為大宗師立竿見影，開啟以下聞道的許多真人。稱其文勢如赤城霞起，尺幅中具

83 【清】劉鳳苞撰、方勇點校，《南華雪心編》，卷一，內篇〈齊物論〉第二，頁一九。
84 【清】劉鳳苞撰、方勇點校，《南華雪心編》，卷二，內篇〈大宗師〉第六，頁一五七。

萬千氣象，足以令人開拓心胸。〈刻意〉「刻意尚行，離世異俗」段，《雪心編》云：

此篇以聖人作提綱，以真人作結穴。聖人乃指其軼群絕類者而統屬之，真人則就其返虛入渾者而切指之，其實非有二也。本欲抬高聖人，從精神意象之間摹擬一番真境，卻先將五樣人排列在前，有野花爭發、溪水亂流之勢。[85]

此篇以聖人作提綱，以真人作結穴。又本欲抬高聖人，摹擬聖人之精神意象，卻先將山谷之士、平世之士、朝廷之士、江海之士、道引之士五樣人排列在前，稱此有「野花爭發、溪水亂流」之氣勢。由上述可知，《莊子》在說理上，能以奇快議論、精闢見解，且結合多樣的敘述手法、文法或修辭，使其議論的氣勢益為雄渾壯闊，說理力度亦更為強勁深刻。

三、《莊子》散文的筆法力度

文章的用筆，亦可使文氣具抑揚頓挫、變化莫測之風貌。《莊子》筆法多樣、靈活多變，清人宣穎與胡文英對莊子筆法已多有分析。劉鳳苞繼承他們的成果，亦認為莊子善用運用各種筆法，使文章氣勢

85 【清】劉鳳苞撰、方勇點校，《南華雪心編》，卷四，外篇〈刻意〉第八，頁三五一。

達到豐富多變的藝術效果。方勇在《南華雪心編・前言》提出《莊子》用筆主要表現為：妙用活筆、善用層波迭浪之筆及筆法靈活多變之特色。[86]本文則歸納《莊子》用筆的主要表現如下：

（一）深文曲筆

《莊子》慣用「曲筆」來寄託其深意，即以曲折的筆法來說理，如〈駢拇〉「駢拇枝指出乎性哉」段，《雪心編》云：

> 仁者愛之理，義者事之宜。從性命源頭髮出，則仁義即是道德，故列於五藏，以配五行。特一有仁義之名，緣飾多方，便非道德之正。離道德而祇求合乎仁義，亦猶駢枝贅疣之附於吾身，無所用之也。夫淫僻之與仁義兩不相侔，而仁義外之淫僻，世俗所易知；仁義中之淫僻，世俗所不及知。以淫僻加之仁義之上，合併寫來，漆園慣用此深文曲筆。[87]

86 方勇在《南華雪心編・前言》歸納《雪心編》對《莊子》散文藝術的分析，提到「筆法靈活，敘法多變」。認為《莊子》筆法多樣，用筆靈活多變，故文章抑揚頓挫，變化莫測。其中又歸納《莊子》用筆主要表現有（一）妙用活筆。即莊子用筆不著實，常喜用一些模擬兩可的句子，故作盪漾，讓人捉摸不定，使文章宕逸生姿。（二）善用層波迭浪之筆。在劉看來，莊子用筆不喜平鋪直敘，而是縱橫馳騁，有如波濤翻滾，文意疊出，他把這種筆法稱為「層波迭浪之筆」。（三）筆法靈活多變，善用相反的筆法。（方勇，《南華雪心編・前言》，頁二六—二八）。

87 【清】劉鳳苞撰、方勇點校，《南華雪心編》，卷三，外篇〈駢拇〉第一，頁二〇九。

此說仁者為愛之理，義者為事之宜。若從性命源頭發出，則仁義即是道德。然而一有仁義之名，即非道德之正。以下又分仁義外之淫僻，與仁義中之淫僻，前者為世俗所易知，後者為世俗所不及知。將淫僻加於仁義之上，合併寫來，稱此為莊子慣用的「深文曲筆」。〈胠篋〉「故曰：脣竭則齒寒」段，《雪心編》云：

> 承上文說來，愈出愈奇，愈轉愈妙。塞大盜之源，必先掊擊聖人，而其源自絕。行聖人之法，不如縱舍盜賊，而其法可除。非故作驚人之筆，正以大盜之所為已盡聖知之法而有之，盜國而兼盜其斗斛權衡符璽，猶其小焉者也。至於行盜賊之事以奪諸侯之國，即假仁義之名以守盜賊之身。弭盜者無其權，詰盜者並無其術。軒冕雖榮，何若享有宗社，將勸之而弗從，斧鉞雖嚴，豈能加於仁義，縱禁之而弗畏。然則啟大盜之憑陵恣睢，以與聖人抗衡者，聖人不得辭其過也。此段歸獄聖人，深文曲筆，刻摯非常，而議論雄快，體密氣疏，有天馬行空之概。[88]

此段承上文說來，有「愈出愈奇，愈轉愈妙」之勢。言大盜之所為實已盡聖知之法，其假仁義之名行盜

88 【清】劉鳳苞撰、方勇點校，《南華雪心編》，卷三，外篇〈胠篋〉第三，頁二三四。

賊之事，甚而奪諸侯之國，故欲堵塞大盜之源，必先掊擊聖人，方能塞之。此段亦為莊子「深文曲筆」之寫法，深刻真摯，且議論雄快、體密氣疏，有天馬行空之概。

（二）用筆跌宕生姿

《莊子》用筆常以模擬不定的句子，故作盪漾，使人捉摸不定，造成跌宕生姿之狀。如〈大宗師〉「子祀、子輿、子犁、子來四人相與語曰」段，《雪心編》云：

> 其敘子犁往問，正在喘喘將死，妻子環泣之時，情事倉皇，言詞急遽，只用「叱！避！無怛化」五字摹寫如生。「偉哉造化」四語，仍是相視莫逆意境，決不作尋常慰藉悲惋之詞。蟲臂鼠肝，一片化機，歸之造物，似摹擬未定，似宛轉商量，迴映前幅，引起下文，乃使通身筋節靈動，而用筆亦跌宕生姿。[89]

此段敘子犁往問，只用「叱！避！無怛化」五字摹寫倉皇、急遽之意。「偉哉造化」四語，為相視莫逆意之境，不作尋常慰藉悲惋之詞。蟲臂鼠肝，則「一片化機」，歸於造物，又像是摹擬未定，以宛轉商

[89]【清】劉鳳苞撰、方勇點校，《南華雪心編》，卷二，內篇〈大宗師〉第六，頁一六六－一六七。

量，呼應前文，引起下文，使全文筋節靈動，用筆亦具「跌宕生姿」之態。〈庚桑楚〉「南榮趎蹷然正坐曰」段，《雪心編》云：

> 中幅從南榮趎一番往復用作過文，遞入老聃，有嶺斷雲連之勢。……到此地位，一步深似一步，庚桑子不能限其所至，故欲其折衷於老聃。奔蜂、越雞，喻己之才小，不足以化南榮。卻承上越雞一邊添入魯雞，暗襯老子，詞意雋妙，筆亦跌宕生姿，文之逸品也。[90]

此段由南榮趎寫到老聃，寫為道之工夫；後又一步又一步加深，寫庚桑子欲折衷於老聃。以奔蜂、越雞，比喻己之才小，不足以教化南榮。卻又承上越雞添入魯雞，暗襯老子，詞意雋妙，用筆亦「跌宕生姿」，為文章之逸品。〈田子方〉「溫伯雪子適齊，舍於魯」段，《雪心編》云：

> 人心者，人而天者也。目擊道存，無言而自悟，何容贅一詞哉？描寫溫伯雪子真如藐姑射神人，冰雪肌膚，不食人間煙火。一結反照魯人，全在「無」字句處，凌空宕漾，絕妙文心。[91]

90 【清】劉鳳苞撰、方勇點校，《南華雪心編》，卷六，雜篇〈庚桑楚〉第一，頁五五二。

91 【清】劉鳳苞撰、方勇點校，《南華雪心編》，卷五，外篇〈田子方〉第十四，頁四七六。

此段描寫溫伯雪子之真，如藐姑射之神人，肌膚如冰雪，不食人間煙火。以「魯人」兩次請見對照，全在「無」字句處，亦具「凌空宕漾」，絕妙文心之態。

（三）筆法靈活多變

《莊子》筆法靈活多變，不拘一格，或用翻轉筆法，或用相反筆法、錯綜筆法、層波迭浪之筆，以達到不同的敘述效果。使用翻轉筆法，如〈應帝王〉「天根遊於殷陽」段，《雪心編》云：

> 「與造物為人」，便是無心成化妙境。「乘莽眇之鳥」，即乘雲氣御飛龍意。彼猶有象可名，此更無形可擬。出者化之運動，遊者化之流行，處者化之收斂，卻在空空洞洞中與天合撰，逐層領略，大含元氣，細入無間，治天下不外是矣。卻一筆翻轉迴應不豫意，正見治天下者，並無治天下之見存，不必規規於事為之迹也。天根再問，非故作疑義，正恐落在空虛，只解守寂冥心，於天下有何關涉？須知「遊心於淡」四句，全是運實於虛，與孟子「過化存神，上下天地同流」意，同一語妙。末句只輕輕一綰，有風行水面、月點波心之致。[92]

92 【清】劉鳳苞撰、方勇點校，《南華雪心編》，卷二，內篇〈應帝王〉第七，頁一九二－一九三。

此段言治天下，由「與造物為人」、「乘莽眇之鳥」，皆指治天下者無心成化、乘雲御氣之狀。到「出六極之外」、「遊無何有之鄉」、「處壙埌之野」，以「出」、「遊」、「處」，表現「化」的運動、流行、收斂，逐層說明，都是治天下之意。其後「筆意翻轉」，呼應「不豫」之意，說明治天下者不須規規於於事迹之中。以天根再問，點出治天下不應落在空虛中；「遊心於淡」以後四句，運實於虛；末句「而天下治矣」，輕輕綰合。使用相反筆法，如〈德充符〉總論，《雪心編》云：

> 通體照顧「德」字，卻處處借形體有虧之人著筆，……王駘之不言心成，申屠嘉之遊於形骸之內，叔山無趾之有尊足者存，哀駘它之和而不唱，無脤大癭之德有所長、形有所忘，皆命物之化而守其宗者。……。末用反掉之筆，見益形者適足以累其德。形全而德虧，視兀者、惡人、無脤大癭之獨成其天者，大小迥殊矣。通結上文，文勢如大海迴瀾，激得浪花無際。[93]

此段借王駘、申屠嘉、叔山無趾、哀駘它、無脤大癭等形體有虧之人，通體照顧一「德」字。最後又以「反筆」寫有形者反適足以累其德，形全而德虧，相較於兀者、惡人、無脤大癭之天然獨成者，大小迥然不同。此相反筆法，令全段的文勢「如大海迴瀾」，激起無限浪花。

93 【清】劉鳳苞撰、方勇點校，《南華雪心編》，卷二，內篇〈德充符〉第五，頁一一三－一一四。

使用錯綜筆法，如〈繕性〉「繕性於俗學」段，《雪心編》云：

俗學俗思冒起通篇，已定兩扇格局。前以「蔽蒙」二字雙綰俗學俗思，後以「倒置」二字單結俗思一邊，究竟俗學俗思同是一樣病根，蔽蒙者未有不倒置也。結一邊而兩邊都到，特筆意變化錯綜，使人莫測耳。[94]

此段寫俗學、俗思。先以「蔽蒙」綰合俗學、俗思，後以「倒置」單結俗思，雖結一邊，實兩邊都倒，此為筆意「變化錯綜」，使人莫測。

《莊子》用筆不喜平舖直敘，而是縱橫馳騁，有如波濤翻滾，文意疊出，他把這種筆法稱為「層波迭浪之筆」。如〈逍遙遊〉「奚以知其然也」段，《雪心編》云：

「奚以」句，空中一喝，緊接上二句來，卻只申明小年大年，引證朝菌、蟪蛄、冥靈、大椿，作層波疊浪之筆，年既有大小，則知之不相及，可知矣。至小年則隨手點出，大年則省卻閒文，不獨手法參差，亦使人於言外悟其神理也。[95]

94 【清】劉鳳苞撰、方勇點校，《南華雪心編》，卷四，外篇〈繕性〉第九，頁三五八。

95 【清】劉鳳苞撰、方勇點校，《南華雪心編》，卷一，內篇〈逍遙游〉第一，頁七。

此以「奚以」句，緊接上二句來，只申明小年、大年，引證朝菌、蟪蛄、冥靈、大椿，為「層波疊浪之筆」的表現。

（四）筆力雄大

《莊子》說理，或以千鈞之勢力、或以雄奇筆勢，造成行文氣勢。〈逍遙游〉「且夫水之積也不厚」段，《雪心編》云：

> 提筆特寫大風，卻借水力之能負大舟者，襯託而入，煙雲滅沒中自顯出廬山真面，此段結住風力，用「而後乃今」兩層跌落圖南，氣韻生動筆力千鈞。[96]

此段寫大風，卻藉水力能負大舟加以託出，後又以風力結住。後以「而後乃今」兩層寫「圖南」，稱此具氣韻生動，「筆力千鈞」之勢。〈齊物論〉「孰知不言之辯」段，《雪心編》云：

96 【清】劉鳳苞撰、方勇點校，《南華雪心編》，卷一，內篇〈逍遙游〉第一，頁五。

而辯者究不知也。果其能知，則淵默之中即為天府，出納無窮，迥非挈瓶小智所能測，不知其所由來，則亦行其所無事已矣。再就天府中推出葆光一層，截然收住，筆力千鈞。[97]

此段云如果真能知，那麼即使在淵默之中即為天府，後再從天府推出葆光，截然收住，為「筆力千鈞」之表現。〈田子方〉「肩吾問於孫叔敖曰」段，《雪心編》云：

此段言得失皆從外至，而不足以喪其真。「鼻端栩栩然」五字，不知從何處落想，細心體會，微乎其微，《大宗師》所謂「其息深深」，關尹子所謂「純氣之守」，正與此間語妙相符也。叔敖自寫其真，欣戚不涉，寵辱不驚，曠達鳴高，兩層意境，極平淡，又極精微，本色語天然入妙，真一卷冰雪之文。後幅引孔子語推開作結，只泛論真人而文情已足。死生無變，何況爵祿之微！較前更透過一層，何等靈快！末句推到與人，便處處皆真機充滿，卻用「己愈有」三字收轉，筆力崛強，有臨崖勒馬之勢。[98]

此段言得失皆是由外而來，然皆不足以喪其本真。其中孫叔敖「鼻端栩栩然」，描寫入微，與〈大宗

97 【清】劉鳳苞撰、方勇點校，《南華雪心編》，卷一，內篇〈齊物論〉第二，頁五一。

98 【清】劉鳳苞撰、方勇點校，《南華雪心編》，卷五，外篇〈田子方〉第十四，頁四九六。

師〉「其息深深」、關尹子「純氣之守」相合。又寫孫叔敖自述其寵辱不驚、曠達鳴高之真，既極平淡，又極精微，為天然本色之語。後文又以孔子之語推開作結，言真人能死生無變，較前文更透一層。末句推到「與人」，更顯處處生機。「已愈有」三字收轉，稱「筆力崛強」，更有懸崖勒馬之氣勢。

〈刻意〉「刻意尚行」段，《雪心編》云：「聖人與天地合德，檯出聖人，以天地作陪，抹煞上面五項人，筆力雄大無匹。」[99]此段寫聖人與天合德，抬出聖人，以天地作陪，抹煞山谷之士、平世之士、朝廷之士、江海之士、道引之士五種人，稱此為「筆力雄大無匹」之作。〈秋水〉總論，《雪心編》云：

末二句親切指點，極精極微。看他從大處落墨，接連七段文字，洋洋灑灑，如海波接天，浪花無際，卻只用「反其真」三字歸結通篇，筆力超絕橫絕。[100]

此稱文末以「反其真」三字歸結通篇，為筆力「超絕橫絕」之表現。〈田子方〉「列禦寇為伯昏無人射」段，《雪心編》云：

99 【清】劉鳳苞撰、方勇點校，《南華雪心編》，卷四，外篇〈刻意〉第八，頁三五一。
100 【清】劉鳳苞撰、方勇點校，《南華雪心編》，卷四，外篇〈秋水〉第十，頁三六〇－三六一。

此段從不射之射託出正文。一矢方行而二矢已注，二矢甫離而三矢又起，禦寇之技已極精能。措杯言其平，猶曲禮奉席如橋衡之義；象人言其定，猶程子端坐如塑之形，然皆不離乎射之迹，而非運化於無形也。惟躡險臨危，空所依傍，而揖步從容，乃有官止神行之妙。轉入至人，特顯出廬山面目，全是真宰內充，並非尋常本領。上闚青天，何有於登高履危？下潛黃泉，何有於臨淵百仞？揮斥八極，何有於垂足逡巡？愈唱愈高，愈險愈快，真有飛仙劍俠之能。[101]

此段從不射之射襯託出正文。先由列禦寇連發三箭寫其技術之精良，然他只能做到不動之定，尚離不開射之迹，並非運化於無形。再由伯昏無人登高山、臨百仞之淵，寫其無所依傍，而揖步從容之狀。最後轉入至人之描寫，更顯出其真宰內充，非尋常本領之狀。三層描寫，可謂愈唱愈高，愈險愈快，故說如有「飛仙劍俠之能」。

（五）筆法傳神、高妙

《莊子》用筆常出人意表，在敘事、說理上，有傳神及高妙之表現，如〈天地〉「門無鬼與赤張瞞

---

[101]【清】劉鳳苞撰、方勇點校，《南華雪心編》，卷五，外篇〈田子方〉第十四，頁四九三－四九四。

稽觀於武王之師」段，《雪心編》云：

「以天下惑」，再疊一筆，慨歎中有冀望神情。知不可得，則竟絕望矣。強大惑者而導之，天下之惑不可救，轉使天下笑其惑。厲者生子，惟恐似己而急欲取火視之，則益難掩其厲矣。憂天下之大惑而強之，有不同蹈於惑乎？無限期望，無限悲涼，到此一齊撇開，真傳神之極筆也。[102]

此段言天下之惑，以厲者生子，惟恐其子似己而急欲取火視之，反益加難掩其厲，本有無限期望、無限悲涼，到此則一齊撇開，故稱此為「傳神之極筆」。〈齊物論〉「齧缺問乎王倪曰」段，《雪心編》云：

後將知與不知一齊撇開，只寫其功用之神。「死生無變」一句，已暗暗逗出真知本領，卻並不自知其所以然。赤水元珠，象罔得之，不以形迹求也。末句答還他利害之間，可想見至人之知通於神明，究竟莫能指其知之所在，不如依舊還他一箇不知，其用意用筆全在無字句處著力，後人更從何處臨摹？[103]

102 【清】劉鳳苞撰、方勇點校，《南華雪心編》，卷三，外篇〈天地〉第五，頁二九九－三〇〇。
103 【清】劉鳳苞撰、方勇點校，《南華雪心編》，卷一，內篇〈齊物論〉第二，頁五四－五五。

此段撇開知與不知，只寫功用之神。「死生無變」一句，已暗暗逗出真知本領，卻不自知其所以然，此為不以形迹求之意。末句之答還他利害之間，以一個「不知」還於至人之知通於神明。稱此段用意用筆「全在無字句處著力」，使得後人無從臨摹。

由上述故知，《莊子》用筆或以深文曲筆，或以跌宕生姿、靈活變化、雄大、傳神高妙之筆法，使散文文氣盤旋貫注，語勢抗墜抑揚，鑄成文章精妙神化的風貌與氣勢。

第三節　《莊子》散文之意境

意境指文藝作品表現的境界，這種境界意味無窮，既能為吾人所感受與領悟，卻又難以具體把握，或難以語言文字明確表達，故常須藉有形表現無形，有限表現無限，或以實境表現虛境，進而使有形、無形相結合，有限、無限相統一，實境、虛境融為一體，使其似真實而自然，具直接可感與可想像性，卻又「可睹而不可取」、「可聞而不可見」。

意境之說濫觴於南朝劉勰的「擬容取心」[104]、「獨照之匠，闚意象而運斤。」[105]清王國維云：「文

104 【南朝・梁】劉勰著、范文瀾註，《文心雕龍注》，〈比興〉，頁六〇三。

105 【南朝・梁】劉勰著、范文瀾註，《文心雕龍注》，〈神思〉，頁四九三。

學之工不工，亦視其意境之有無與深淺而已。」[106]故知，文章意境中的悠長韻味，實來自於作品深遠的藝術底蘊和超遠的藝術空間。且文學作品意境之表現，關乎其藝術感染力，亦能使作品超越時空而長存，具不朽之生命力。

《莊子》散文藉著多樣的敘述手法、文法錯綜運用、奇特的說理議論等，營造出各種意境，《雪心編》亦多有析論[107]，如〈齊物論〉「今且有言於此」段，《雪心編》云：

> 下文忽轉入無物之初，直說到盡頭處，還他一箇無極太極。「俄而有無矣」，趁勢一跌，而「未知孰有孰無」，又極力一颺，「今我則已有謂矣」，從對面一照，下二句又極力一颺，總不肯著一實筆。文境在雲煙縹緲中迷離隱現，獨往獨來。[108]

此段先講我之齊物論不免有言，至下文忽然轉入無物之初，「俄而有無矣」，趁勢一跌；「未知孰有孰

---

106 【清】王國維，〈人間詞話附錄〉二二，見徐調孚，《校注人間詞話》（臺北：漢京文化公司，一九八〇年），頁七七。

107 方勇《南華雪心編‧前言》對莊子散文文境意境的揭示，主要表現在以下幾個方面：空靈縹緲、汪洋恣肆及以文為戲。（方勇，《南華雪心編‧前言》，頁三一－三八）。

108 【清】劉鳳苞撰、方勇點校，《南華雪心編》，卷一，內篇〈齊物論〉第二，頁四七。

無」，又極力一颺；「今我則已有謂矣」，從對面一照，下二句又極力一颺，不肯著一實筆。稱此段意境如雲煙縹緲，迷離隱現。〈繕性〉「繕性於俗學」段，《雪心編》云：

俗學不外乎文博，卻先引古之知恬交養者作兩層搖曳而來，反對文博之學；俗思不忘乎軒冕，卻先引古之存身得志者作三層跌宕而下，反對軒冕之思。借古傷今、遙吟俯唱、不獨文情綿邈，亦見風氣愈趨愈下，有心世道者尤當力挽狂瀾也。[109]

此段引古之知恬交養者，反對文博之學；引古之存身得志者，反對軒冕之思。借古以傷今、遙吟俯唱，稱此「文情綿邈」，具悠遠意境。〈庚桑楚〉總論，《雪心編》云：

庚桑楚為老聃高弟，故能得其一偏，南榮趎又為庚桑高弟，故問道而能通於衛生之經。問者答者均非尋常意境，是以翻出妙解，機趣環生。[110]

此篇以庚桑楚為老聃高弟，因此能得其一偏；南榮趎又為庚桑高弟，故其問道能通於衛生之經。在此，

109 【清】劉鳳苞撰、方勇點校，《南華雪心編》，卷四，外篇〈繕性〉第九，頁三五八。
110 【清】劉鳳苞撰、方勇點校，《南華雪心編》，卷六，雜篇〈庚桑楚〉第一，頁五四五。

以「翻出妙解，機趣環生」，表現問者與答者非尋常之意境。〈秋水〉「莊子與惠子遊於濠梁之上」段，《雪心編》云：

此段歸結反真意。濠梁觀魚，知魚之樂，即以濠上之樂印證得之，活潑潑地，物我同此真機。至惠莊問答，止就本詞捩轉機關，愈轉愈靈，愈折愈醒，絕妙機鋒，全身解數，真飛行絕迹之文！[111]

此段藉濠梁觀魚，言物我同此之真機。以惠施、莊周之問答，就其本詞捩轉機關，愈轉愈靈活，愈折愈醒豁，亦以絕妙機鋒，表達「飛行絕迹」之意境。〈天道〉「桓公讀書於堂上」段，《雪心編》云：

「輪扁」一段妙論，託出正意，事外逸致，絃外餘音，使人低徊不盡，當與庖丁對文惠君語，及「濠梁觀魚」一段，同為絕頂文心，絕妙機鋒，迥非尋常意境。[112]

此段藉「輪扁」一段妙論，點出正意，有「事外逸致，絃外餘音」之境，亦以絕妙機鋒表達絕頂文心，

111　【清】劉鳳苞撰、方勇點校，《南華雪心編》，卷四，外篇〈秋水〉第十，頁三九二。
112　【清】劉鳳苞撰、方勇點校，《南華雪心編》，卷四，外篇〈天道〉第六，頁三二一。

表現出不同尋常之意境。

《雪心編》亦以各種「奇」、「妙」表達《莊子》不凡的意境，如：〈人間世〉「首段以『心齊』二字揭出至人神化之功，先搜剔其所難，而後示以極則，為顏子立論，有行到水窮、坐看雲起之妙。」[113]稱此段先寫至人神化之難，再示以極則，立論有「行到水窮、坐看雲起之妙」。〈人間世〉「次段以命、義二層提出子臣忠孝之誼，先撇開其所難，而後怵以世情，為葉公設法，有移花接木、排雲出岫之奇。」[114]此段先撇開子臣忠孝之難，後以世情怵之，為葉公設法，亦有「移花接木、排雲出岫之奇」。〈達生〉「工倕旋而蓋規矩」段，《雪心編》云：

> 忘足、忘要，忽插二喻在中間，似乎另起奇峰，別開生面，……履之適、帶之適，不如心之適，要皆自適其所適焉，必求其適之故而不能忘情，惡在其能化也？忘適之適乃真化境矣。其行文渾脫瀏亮，天機湊泊，妙極自然，真有風行水上之致。[115]

此段以忘足、忘要，二喻插在中間，有另起奇峰、別開生面之妙。履之適、帶之適，不如心之適，其要

113【清】劉鳳苞撰、方勇點校，《南華雪心編》，卷二，內篇〈人間世〉第四，頁八〇。
114【清】劉鳳苞撰、方勇點校，《南華雪心編》，卷二，內篇〈人間世〉第四，頁八〇。
115【清】劉鳳苞撰、方勇點校，《南華雪心編》，卷五，外篇〈達生〉第十二，頁四四二。

皆歸於「自適其所適」，又後云「忘適之適」方為真化境。其中行文渾脫瀏亮，天機湊泊，意境則「妙極自然」，有風行水上之致。

另外，《莊子》意境亦多具汪洋恣肆之奇者，如〈駢拇〉「至其行文節節相生，層層變換，如萬頃怒濤，忽起忽落，極汪洋恣肆之奇。」[116]稱此篇行文節節相生，層層變換，極具汪洋恣肆之奇。尤妙在喻意層出疊見，映發無窮，莫測其用意用筆之神。[117]〈馬蹄〉評：

〈馬蹄〉、〈秋水〉，乃南華絕妙文心。須玩其操縱離合，起伏頓挫之奇。……一路夾議夾敘，恣肆汪洋，如萬頃驚濤，忽起忽落，真有排天浴日之奇。……再將伯樂聖人對寫一番，與前幅配合均勻，格局極為完密，而正意、喻意縈迴宕漾，在有意無意之間。微雲河漢，疏雨梧桐，可以想其逸致矣。」[118]

此云〈馬蹄〉、〈秋水〉篇，具「起伏頓挫之奇」，《雪心編》於〈秋水〉篇即稱此為「一篇體大思

116 【清】劉鳳苞撰、方勇點校，《南華雪心編》，卷三，外篇〈駢拇〉第一，頁二〇七。
117 【清】劉鳳苞撰、方勇點校，《南華雪心編》，卷三，外篇〈駢拇〉第一，頁二〇七。
118 【清】劉鳳苞撰、方勇點校，《南華雪心編》，卷三，外篇〈馬蹄〉第二，頁二二六—二二七。

精，文情恣肆。」[119]在此，又稱〈馬蹄〉以夾議夾敘手法，表現恣肆汪洋之奇姿。後文對寫伯樂、聖人，使正意、喻意，在有意無意之間縈迴宕漾，亦具飄逸情致。

由上述故知，《莊子》綜合文法、筆法、煉句、修辭等各種寫作技巧的運用，營造出各種意境，其文章意境或縹緲迷離，或悠遠、或妙趣橫生、或奇肆、或飄逸，不僅有智的凝煉，情的含蘊，亦有趣的韻味，可謂豐富多變，美不勝收。

[119] 【清】劉鳳苞撰、方勇點校，《南華雪心編》，卷四，外篇〈秋水〉第十，頁三六〇－三六一。

第六章　劉鳳苞《南華雪心編》論《莊子》之義理思想

劉鳳苞註《莊》，主要是藉由文章評論的方式詮解其義理思想，因此其對《莊子》義理的詮釋幾乎是伴隨他對《莊子》章法、文法的評析而道出。雖是如此，仍可看出劉鳳苞對《莊子》義理的詮解。本章僅就《莊子》的修道工夫與次第、《莊子》的養生論、《莊子》的修道境界、《莊子》的治國之道，論《南華雪心編》對《莊子》義理的闡述。

第一節　《莊子》的修道工夫與次第

一、《莊子》的修道工夫

《莊子》主要的修道工夫為心齋、坐忘與虛靜，《雪心編》有詮解。關於心齋，〈人間世〉「顏回曰：端而虛」段，《雪心編》云：

齋則齊其思慮之不齊，人也而游於廣漠之天矣。無聽以耳聽以心，已為道之妙境；無聽以心聽以氣，更為道之化境。……用「唯道集虛」一句拍合心齋，如皎月之湧於波心，極指與物化之妙。未始有回，忘乎己，即能忘乎人，惟虛乃有此悟境也。以後文法步步都從心齋上理會，靈奧異常。「入遊其樊而無感其名」，是遊於無有、返虛入渾境界，為萬物所託而不為萬物所乘。[1]

本段一開始即說：「夫子憑空著一『齋』字，聚氣凝神，便知不是尋常境界」，極稱歎此「齋」字非尋常境界。「齋」之義為齊思慮之不齊，從「無聽以耳聽以心」到「無聽以心聽以氣」，乃是由道之妙境，到道之化境。「唯道集虛」則極指與物化之妙；「入遊其樊而無感其名」，則是遊於無有、返於虛而進入渾淪的境界，一層一層說明心齋之功用。又說：

以下乃詠歎「虛」字之妙。徇耳目則使之內通，是即無聽以耳，聽以心之靈境也；外心知則屏除意見，是即無聽以心，聽以氣之化境也；鬼神來舍，是即唯道集虛之功效也；萬物俱化，是即虛而待物之感通也。[2]

1 【清】劉鳳苞撰、方勇點校，《南華雪心編》，卷二，內篇〈人間世〉第四，頁九一。
2 【清】劉鳳苞撰、方勇點校，《南華雪心編》，卷二，內篇〈人間世〉第四，頁九二。

此以徇耳目使之內通，即上「無聽以耳而聽以心」之靈境表現；外心知乃是摒除意見，即上「無聽以心而聽之以氣」的化境表現；鬼神來舍，即是「唯道集虛」的功效；最後到萬物俱化，即是「虛而待物」之感通。以上皆須處於「虛」，方能達致。

關於坐忘，〈大宗師〉「顏回曰：回益矣」段，《雪心編》云：

> 坐忘者萬象俱忘，渾然無我，全是從仁義禮樂入手，有一番刻苦工夫用在前面，漸漸融化入微，方能到此地步。……墮枝體，黜聰明，外忘其形骸，內屏其神知，即視聽言動，而守之以歸於一，化之以復其天，非別有所謂坐忘，空洞無物也。同於大通，徹上徹下，徹始徹終，皆元氣渾淪氣象。雖有形而與無形者俱化，雖無形而與有形者相通，方是坐忘本領。[3]

「坐忘」乃是能達到萬象俱忘、渾然無我的境界，而此境界必須由仁義禮樂入手，經過一番刻苦工夫，逐漸融化入微而能達到。從墮肢體，黜聰明，由外忘記形骸，再到往內摒除神知，即在視聽言動，能「守之以歸於一」、「化之以復其天」，而後同於大通，上下始終，皆為元氣渾淪氣象。唯有有形能與

3 【清】劉鳳苞撰、方勇點校，《南華雪心編》，卷二，內篇〈大宗師〉第六，頁一八四—一八五。

無形俱化，無形又與有形相通，稱此方為坐忘的本領。同段，《雪心編》云：

> 第七段是顏回學聖希天工夫。仁義驗之於性功，顏回本在三月不違上用功，忘仁義則不獨化仁義之迹，并其不違之意境而忘之；禮樂形之於履蹈，顏回本在克己復禮上用功，忘禮樂則不獨化禮樂之迹，并其克復之功能而忘之。即此已是化不可為境界。[4]

此段為顏回學聖希天的工夫。顏回忘仁義，不僅將仁義之跡化去，連三月不違的意境也忘去；忘禮樂不僅將禮樂之迹化去，連克復之功能也忘去。說明他已達到神化不可為的境界。

由上述故知，「心齋」的工夫乃是將不齊之思慮齊一，由道之妙境，到道之化境，達到遊於無有，返於虛而入於渾淪之境界。此工夫之樞要，又在於能處於「虛」，「唯道集虛」，故鬼神來舍；「虛而待物」，而可與萬物俱化。「坐忘」則是由外忘形骸，再往內摒除神知，使視聽言動都能專一，而後能貫通上下始終，處於大化渾淪之中。

以上「心齋」、「坐忘」工夫，前者重在「虛」，後者重在「靜」。「虛」與「靜」在其他篇章亦被提及。關於「虛」，〈山木〉「市南宜僚見魯侯」段，《雪心編》云：

---

4 【清】劉鳳苞撰、方勇點校，《南華雪心編》，卷二，內篇〈大宗師〉第六，頁一八四。

此段只「虛己遊世」一句，括盡通篇奧義。魯侯憂其不免於患，不能遊於虛也。學道修業、敬鬼尊賢，全是著迹以求，所謂有人之累、見有於人之憂也。前面豐狐文豹，以喻土地人民易啟鄰封之窺著賦斂之述，而民與我相忘，直行所無事焉已矣。一之間，無敢設，以之處世何所不宜？正虛之妙用也。一結醒出正意，著墨無多，自有官止神行之樂。[5]

這一則，藉由魯侯問為政，講「虛己遊世」。言入世之學道修業、敬鬼尊賢等，皆是「著迹以求」，都有所負累，也會帶來憂患。因此強調入世應以「一」，能以「一」處世則無所不宜，此「一」即是「虛」之妙用，能以「虛」入世，則可達至官知止神欲行之樂。

關於「靜」，〈庚桑楚〉「宇泰定者，發乎天光」段，《雪心編》云：

宇者，空闊清虛之宇，以之屬胸次言，正見其與天為一。「泰定」二字形容心境，以至靜而蘊至明，即為天光所由發。照之於天，而不欲自炫於外，人見其人，而已則獨成其天，由泰定而修身凝命，受之以恒，任天而不任人，故人舍之；見人即以見天，故天助之。[6]

5 【清】劉鳳苞撰、方勇點校，《南華雪心編》，卷五，外篇〈山木〉第十三，頁四五五－四五六。

6 【清】劉鳳苞撰、方勇點校，《南華雪心編》，卷六，雜篇〈庚桑楚〉第一，頁五六四。

此以「泰定」二字形容至靜的心境，至靜者可蘊含至明之心境，「天光」乃由此而發。若胸次達到空闊清虛，則是與天為一之境，如此則能「照之於天」，不欲自炫於物，自己獨成其天，以至靜來修身凝命，則可任天不任人，見人即見天。又，〈天道〉「天道運而無所積，故萬物成」段，《雪心編》云：

> 「運而無所積」，揭出無為本體，即抉出無為而有為妙用，天行健，至誠無息，皆其運動而無停滯者也。運處是動，所以運處是靜。「靜」字要還他著落。「萬物無足以撓心」，試之萬變而不動，所謂命物之化而守其宗也。……聖人只是一靜，而天地萬物畢照焉。寫得晶瑩洞澈，全是道體，全是化機。[7]

此段有「天地之鑒也，萬物之鏡也」，講「靜」的作用，天道本是運動不息，此運動不息即是動，而之所以能運動不息者，則是由於有「靜」。聖人因能處於靜之中，「萬物無足以撓心」，在萬變之中而不動，故能畢照天地萬物。故「靜」即是道體，又全是化機。

由上述故知，能處於「虛」者，不僅能達於道之化境，且用於處世，亦可免除負累與憂患。能以

7　【清】劉鳳苞撰、方勇點校，《南華雪心編》，卷四，外篇〈天道〉第六，頁三〇六。

「虛」入世者，可以不為形軀所累，而達到精神的快樂。能處於「靜」者，可蘊含至明心境，胸次空闊清虛，與天為一；甚而不為萬物所擾心，足以將天地萬物，纖毫畢照於心，此皆為有道者之境。故知，「心齋」、「坐忘」、「虛」與「靜」皆為達道、體道之重要工夫。

二、《莊子》的修道次第

循著一定的工夫修養，則能逐步達到一定的成效。關於修道次第，〈大宗師〉「南伯子葵問乎女偊曰」段，《雪心編》云：

> 三日、七日、九日，自是功候次第，無聖人之才者，不能如是之速，有聖人之才者，亦不能更速於此。外者遺也，忘世忘物忘我，脫然無累於中，所謂與物皆冥也。朝徹乃知之徹上徹下，見獨乃知之獨往獨來，無古今乃知之無始無終，由是以入於不死不生，萬化而未始有極，雖與天地並存可也。[8]

這一段說明修道的次第，以為三、七、九日的功候次第，唯有聖人之才方能達到。其中「外」字乃遺之

8 【清】劉鳳苞撰、方勇點校，《南華雪心編》，卷二，內篇〈大宗師〉第六，頁一六一。

意，前所說忘世、忘物、忘我，將世間、物我皆遺忘，才能脫然無累，與物冥合。後之「朝徹」，乃言知可以徹上徹下，「見獨」言知可以獨往獨來，「無古今」則言知可以無始無終，最後「入於不死不生」，則可以達到與天地並存之境。故知，有道者的境界，亦是其知見不斷提升的過程。其表現的功效則有：

「殺生者不死」，以道存而物莫能傷；「生生者不生」，以直養而物莫能助。其為物無不將，無不迎也，而非有意於將迎；無不毀，無不成也，而非有意於成毀。千錘百鍊，攖其外而歷試艱危，攖其中而歷經憂患，攖之久而後得玉汝於成，是聖人動心忍性之功也，知之能登假於道者，此也。[9]

有道者因為大道已存，所以外物不能傷害之；且可以直養而成，外物亦莫能助之。於物不迎不拒，不毀不成，經過千錘百鍊，歷經攖其外、攖其中的歷程，而後有動心忍性之功，方能使其知見登假於道。文中稱此為「攖甯」，《雪心編》極推崇「攖甯」旨意之高妙[10]，註中引宣穎說：「不從世道中鍛鍊出

9　【清】劉鳳苞撰、方勇點校，《南華雪心編》，卷二，內篇〈大宗師〉第六，頁一六一。

10　《南華雪心編》云：「『攖甯』二字，括盡通篇妙旨，匪夷所思。入後撰出許多名目，語語皆從體會而來。」（卷二，內篇〈大宗師〉第六，頁一六一）。

來，不是第一種學問，於世途擾攘中而得吾心之大定，故名為嬰甯。」[11]故此強調欲登假於道，須在世道中加以鍛鍊，方能得心之大定。

《莊子・大宗師》「南伯子葵問乎女偊曰」段，亦接著論修道次第，《雪心編》云：

> 副墨、洛誦，影照講學誦讀之功；瞻明、聶許，影照收視返聽之詣；需役、於謳，影照言行相顧之實；玄冥、參寥，影照反虛入渾之旨。末以疑始作結，正以大道之運行似有始而實未嘗有始，其功由疑而生悟，參寥乃其化境，疑始則並化境而忘之，渺不知其所自始也。天地皆有始，而生天生地者無始，又何古今死生之妄為分別哉？後段似乎以文為戲，而由淺入深，皆從體會而出，與相如《子虛賦》杜撰人名、徒工夸麗者，固自不同也。[12]

此解「副墨、洛誦」，乃相應講學誦讀之功；「瞻明、聶許」，相應收視返聽之旨；「需役、於謳」，相應言行相顧之實；「玄冥、參寥」，相應反虛入渾之旨。最後以「疑始」作結，說明大道的運行，似乎有開始其實未嘗有開始，其功用乃由疑而生悟。「參寥」為大道的化境，「疑始」則連此化境都忘除，不知開始於何者。故知生天生地者實為「無始」，亦即無古今死生之分別。劉鳳苞認為此段由淺入

11 【清】劉鳳苞撰、方勇點校，《南華雪心編》，卷二，內篇〈大宗師〉第六，頁一六〇。

12 【清】劉鳳苞撰、方勇點校，《南華雪心編》，卷二，內篇〈大宗師〉第六，頁一六一－一六二。

深，卻都是莊子由體會而來，實非杜撰者可比。又，〈應帝王〉「鄭有神巫曰季咸」段，《雪心編》云：

列子至是始悟道與世亢者之未學，而三年不出，去其雕琢之迹，以復還渞樸之天。「為妻執爨」，以自為韜晦之資；「食豕如食人」，與物相忘而無彼此貴賤之分。……萬象紛紜，一概封住，其所造者亦不可測。御風而行，旬有五日而後反，超然於塵壒之外，其明徵矣。卻只將「一以是終」四字作結，諸天變相，一齊收拾，只有皓月當空，照徹大千世界。道之化境，亦文之神境也。[13]

這一段則以列子為例，言修道的經過，由一開始三年不出，去除雕琢的痕跡，回復天然之淳樸；而後為其妻執爨，以表示其韜光養晦；到食豕如食人，表示能與物相忘而無彼此貴賤之分別。列子已經達到不可測的境地，其御風而行，表現其超然於塵垢之外，最後「一以是終」，表明已達至道的化境。

以上三則論修道次第，強調修道者須由外而內，一層一層地遺忘、超越；由淺而深，一層一層地提升，最後達至無終始、無死生、無貴賤分別之境，方為道之化境，而後連化境也須忘除。

13　【清】劉鳳苞撰、方勇點校，《南華雪心編》，卷二，內篇〈應帝王〉第七，頁二〇二。

第二節 《莊子》的養生觀

養生觀為《莊子》的重要論點，本節僅就養形重於養神、守氣以全神、養生之主、與道合一論之。

一、養神重於養形

養生包括養形與養神，《莊子》的養生觀則強調神重於形。〈達生〉總論：

此篇與內篇〈養生主〉參看，各具妙境。養生者不以無涯之知傷其生，重在緣督為經，《孟子》所謂「以直養者」此也；達生者不以無益之病養其生，重在純氣之守，《中庸》所謂「達天德者」此也。形依神而立，養則尚有存生之迹，達則並此而忘之，蓋遺其形而獨運以神也。[14]

此段比較〈養生主〉與〈達生〉兩篇養生之理，認為前者重在不以追求無涯際之知識以傷其生，強調「緣督以為經」；後者則以為達生者不應以無益之病以養其生，強調「純氣之守」。又，形依神而立，

14 【清】劉鳳苞撰、方勇點校，《南華雪心編》，卷五，外篇〈達生〉第十二，頁四一三。

真正達生者，在於遺形而獨運其神。〈達生〉總論又云：

> 開手達生達命雙提，生者天理之自然，而實原於天命，達生達命祇是與天為一而已。理之全受全歸者，無可為增益，導引延年之士欲以人助天，而轉失其真；數之忽生忽滅者，不可為強留，貪戀迷惘之徒欲以人勝天，而徒形其苦，皆達者所不為也。以物養形，養之而適以戕之；以形存身，存之而不啻亡之。其來也不自知，其去也不自止，風馳電驟，皆聽造化之推移，而我無所與。彼備物以養形者，一轉瞬而不知何往，富貴豢餌，危如朝露，餌丹服朮，妄冀長生，夢夢者竟何為也？[15]

〈達生〉篇講養生，將「生」與「命」並重。「生」是自然的天理，乃原於天命，所以達生、達命的目的，在於與天合一。人本來即具有全受全歸的天理，因此導引延年及餌丹服朮之士，欲以人為強助於天理，反而失天理之真。故這裏批判養形者，反而足以戕害本真，實為危殆之事。又〈達生〉「達生之情者」段，《雪心編》云：

15 【清】劉鳳苞撰、方勇點校，《南華雪心編》，卷五，外篇〈達生〉第十二，頁四一三。

> 達生達命，自聖賢言之，則為殀壽不貳、修身俟命工夫。此篇卻另有深意，為兩種人痛下鍼砭：一是備物養形，轉為伐性戕生之具；一是鍊丹餌藥，自矜延年駐景之方，皆所為務生之所無以為，務知之所無奈何也。物有餘而形不養，見憑籍雖厚，痼疾深中於膏肓；形不離而身已亡，見軀殼雖存，生理早為之澌滅，寫得貪生惡死一等人全無把握，醒快異常。來不能卻，去不能止，生死皆非我之所得自主，則養形存身者秖是誤用精神，急須罷手。[16]

此則亦是對備物養形、鍊丹餌藥二者痛下鍼砭，強調養形者只是誤用精神，須早日罷手。

二、守氣以全神

養生之道又重在守氣，〈達生〉「桓公田於澤」段，《雪心編》云：

> 此段借證桓公之病以明養生之道在守氣而全神。神虛則心志瞀亂，正氣不能作主，邪氣遂乘虛而入，無形者恍惚有形，誤詒為病，乃精魂喪失，譫語狂言，非真有鬼物憑依作祟也。[17]

16 【清】劉鳳苞撰、方勇點校，《南華雪心編》，卷五，外篇〈達生〉第十二，頁四一八。

17 【清】劉鳳苞撰、方勇點校，《南華雪心編》，卷五，外篇〈達生〉第十二，頁四三四。

此段強調養生之道在「守氣而全神」。假若心神虛弱則志氣雜亂，以至於正氣不能作主，邪氣則乘虛而入。故知守氣則能長養「正氣」，氣與神又互為影響。又，〈達生〉「桓公田於澤」段，《雪心編》云：

「公則自傷」二語，……隨手拈出「氣」字，妙解入微。忿滀者氣盛有餘，如潮湧波翻，滀之久而勃發難遏，迨既散以後，氣漸餒而不復其初。有餘者乃形為不足，當其有餘也，氣上升而善怒，是病之眦於陽也；當其不足也，氣下降而善忘，是病之眦於陰也。然雖有致病之由，尚未顯呈其象，惟不上不下，既不能洩之於怒，又不能與之相忘，中身當心，是上下關格，火水未濟之形，一團邪氣聚於中焦，是以神不守舍，驚悸而病狂也。[18]

此段進一步說明「氣」的重要，並認為情緒的起伏會影響身上的氣，如生氣者氣過盛，久之則勃發而難以遏止，迨及氣散之後則不再回到原來狀態。氣過盛或不足皆為有病，過盛則氣易上升而善怒，不足則氣下降而善忘。倘若氣不上又不下，則是水火未濟，一團邪氣聚在中焦，造成魂不守舍，驚悸而病狂。此皆說明氣的調養對於養神的重要性。〈達生〉「梓慶削木為鐻」段，《雪心編》云：

18 【清】劉鳳苞撰、方勇點校，《南華雪心編》，卷五，外篇〈達生〉第十二，頁四三四。

> 成一器而驚猶鬼斧神工，非專恃乎知巧之術也。梓慶之言深入道妙。未嘗敢以耗氣，氣運於虛，則氣與神合，外物不足滑其心，專精之至，眾妙皆呈，而何有於一鐻？看他說得齋心祓慮，寵利名譽一切俱忘，至於神化之極，則並四枝形體而亦忘之，何等超脫！化工之肖物也，運化於無形，而眾形畢具，所謂大可為，化不可為也。器也而疑神，可知全神之妙用矣。[19]

這一則乃藉梓慶削木製器，說明其因能運氣於虛，氣與神合，故外物不足以擾亂其心，而能運化無形，深得大道之妙。足見有道者，亦即能使氣與神相合，如此則可產生無窮之妙用。

三、養生之主

養生更重要的在於養「生之主」，〈養生主〉總論說明此篇旨意：

> 養生之書，修鍊家各持一說，莊子於〈大宗師〉篇內已極力掃除，蓋惡夫專重養生而不知養其所以生之主也。此篇全從大處著論，不落邊際，方是養其大體之大人。主者何？即前篇之「真君」、「真宰」，而本文之「緣督為經」也。蓋人之一身，有主宰乎中者。神全而德備，死生無

19 【清】劉鳳苞撰、方勇點校，《南華雪心編》，卷五，外篇〈達生〉第十二，頁四三八。

> 變於己，乃為修身凝命工夫。若養其小體，不過攝生以終其天年而已。至於方寸之地，智巧迭生，內傷其神，外傷其形，畢竟無涯之知，隨有涯之生以俱盡，其悲痛又當何如也？莊子命篇之意，不曰「養生」，而曰「養生主」，早在有生之後尋出一箇主宰來，不以心捐道，不以人助天，即孟子所謂「直養無害」者也。[20]

一般的修鍊家對於養生，都只專重養「生」，即專重養形體之「小體」，然此養形者不過可以保養其形體以終其天年，卻無法照顧其方寸之心，而任其智巧迭生，以致形神俱傷。故莊子提出養「生之主」，此方是養「大體」。此生之「主」即是〈齊物論〉所說的「真君」、「真宰」，亦即本文說的「緣督為經」。強調在有生之後找出一個「主宰」，保養此主宰，不做無謂的向外追逐，這才是養生的真正道理。

世人因不知真宰，於是生出各種紛紜的物論，〈齊物論〉「百骸、九竅、六藏，賅而存焉」段，《雪心編》云：

> 古今來一切知覺形骸，皆處於必盡，而惟無形之真宰常存，舉世芒然，祇據其一息之形骸，爭勝

20 【清】劉鳳苞撰、方勇點校，《南華雪心編》，卷一，〈養生主〉第三，頁六七。

逞能，生是生非，一經說到盡頭，可為心灰意冷，則物論之紛紜，其亦可以不必矣。[21]

此云相對於知覺形骸的有限，則另有一無形的真宰是恆常存在的，世人不知，常在形骸之中爭勝逞能，生出各種是非，而有紛紜之物論。〈齊物論〉「大知閑閑，小知閒閒」段，《雪心編》云：

人生不過百年，人心道心之蘊於方寸者，各隨稟賦以俱來。閱世生人，閱人成世，旦暮間不能離此各種情態以為生機，既生我，即有彼之相代者，以與我俱生，非彼則我無以為生，非我則亦無取乎彼之相代，從彼此對待之形取證萬有不齊之致，其變態亦非遠而難知，而究不知所以致此者，誰實使然也？此殆非我自主之矣。意者有真宰存乎其間而特不能得其端倪耳，自信為可行可行者實宰於無形，惟無形乃謂之真宰，信乎真宰之隱而難窺矣。[22]

此亦云自有人生以來，即有各種彼我之對待，以至萬有不齊，變態橫生，然推究其背後之因，乃因不知有一「真宰」為所有有形之主宰，又此真宰沒有形象，且隱而難窺。

何謂「真宰」？〈齊物論〉「百骸、九竅、六藏，賅而存焉」段，《雪心編》云：

---

21 【清】劉鳳苞撰、方勇點校，《南華雪心編》，卷一，內篇〈齊物論〉第二，頁三一。

22 【清】劉鳳苞撰、方勇點校，《南華雪心編》，卷一，內篇〈齊物論〉第二，頁二八。

真君者，即有情無形之真宰，存乎朕兆未萌之先，而貫乎百骸九竅六藏之中，求得其情，至人之神明默契也，不得其情，凡民之日用不知也，於真君初無益損，而但有真宰以為之主，則形合於神，必有不待生而存，不隨死而盡者矣。[23]

真宰又稱為真君，有情而無形，在朕兆未萌之先即已存在，且貫通於百骸、九竅、六臟之中。如能得到真宰作為主人，則可使形與神相合，可不待生而存，不隨死而亡。同段，《雪心編》又云：

蓋真君皆具於人心，以心悟道，以道成心，觸處可為師資，大道不煩辭說，彼以口舌爭勝者，是妄生是非而無關於道妙者也。[24]

每個人心中皆有一真宰，由此心之真宰以悟道，再由道以成此心，則觸處皆可為師資。

由上述可知，在人有限的知覺形骸之外，另有一恆常存在的「真宰」，真宰有情而無形，在朕兆未萌之先即已存在，且貫通於百骸、九竅、六臟之中。世人不識此真宰，故常在形骸之中爭勝逞能，生出

23　【清】劉鳳苞撰、方勇點校，《南華雪心編》，卷一，內篇〈齊物論〉第二，頁三〇。

24　【清】劉鳳苞撰、方勇點校，《南華雪心編》，卷一，內篇〈齊物論〉第二，頁三一—三二。

各種彼我之對待，以至於有紛紜之物論。須知「真」字乃學道人的「傳心妙諦」[25]，故養生者須由此心之真宰以悟道，再以道成心，悟得真宰者，則可形神相合，不為生死所拘限。

四、與道合一

養生的最終目的，在於與道合一。〈養生主〉總論說：

> 譬如善刀而藏，刀非不用也，而鋒刃若新發於硎，則以其游於空虛，為緣督之妙用也。督之在中，原無定所，兩物相際之處謂之中。中者，虛而無物之地。游於無物之地，乃不為物所傷，然而其際亦甚微矣。悟得此理，則以至虛之用。還至虛之體，神與天游，何至以無涯之知相尋危殆乎？[26]

此篇的要點在於「緣督以為經」，「督」處於「中」，為兩物相際之處，故此「中」並沒有一定的定

25 〈田子方〉「田子方侍坐於魏文侯」段，《雪心編》云：「內篇〈大宗師〉處處提出真人，發揮盡致，則『真』字乃是學道人心傳妙諦。無處不是真宰，卻無一件可以名言。」此直指「真」字乃學道人的傳心妙諦，又無處不是真宰。（【清】劉鳳苞撰、方勇點校，《南華雪心編》，卷五，外篇〈田子方〉第十四，頁四七四）。

26 【清】劉鳳苞撰、方勇點校，《南華雪心編》，卷一，內篇〈養生主〉第三，頁六七。

所。又「中」，是「虛而無物之地」，游於無物之地，方能不為物所傷，因此必須悟得此理，方有「至虛之用」。故此篇乃藉著「緣督以為經」，說明養生的道理在於回歸「至虛之體」，方能達到神與天游的境地。又，〈達生〉「仲尼曰：無人而藏」段，《雪心編》云：

> 引聖人之言揭出養生之旨。無入而藏，即藏舟於壑、藏山於澤之義。養生者與天地萬物為一，鳶飛魚躍，處處皆生機流露，無容藏也。……無出而陽，即「以陽為充孔揚，采色不定」之義。無使出乎中央，乃是存神守氣工夫。柴立者，立乎出入之界，樞機轉運，與造化同其根柢，所謂黃庭之宇，渾沌所棲，無思慮，無作為，如槁木然，則養生之妙在是矣。三者一是靜中有動，一是動中有靜，一是動靜兩忘。失之則為旁門外道，得之則為大宗師。[27]

養生在於達到與天地萬物為一，處處皆是生機流露，無可隱藏。如此可達到「靜中有動」，即無出而陽；動中有靜，即「無使出乎中央」，以存神守氣為工夫；以及動靜兩忘，即可「柴立」，棲於混沌之地，無思慮、無作為，此乃為養生之妙。能得此三者，即是為「大宗師」。

以上所述，無論說養生的目的在於回歸「至虛之體」，使神與天游，或與天地萬物為一，皆是與道

27 【清】劉鳳苞撰、方勇點校，《南華雪心編》，卷五，外篇〈達生〉第十二，頁四三一。

合一境地，此亦為真正的「大宗師」，即「真人則渾天人為一，遊於物之所不得遯而皆存，萬事萬物未始出吾宗也。」[28]此亦為養生的最高妙境界。

第三節 《莊子》的修道境界

經由一定的修道工夫及養生方法等，最後可以達到某種境界。《莊子》屢言修道境界，本節則以齊平物論、洞徹生死之理及至人、神人、真人的境界，論《雪心編》的詮釋。

一、齊平物論

達道者，為能了解「齊物」之旨者。〈齊物論〉「夫言非吹也」段，《雪心編》云：

言之理存乎未言之先，而無言勝於有言，至有言則是非各持一說，果可為定論邪？其有無皆不足據也。小鳥啁啾，何關緊要？比之鷇音，微乎其微矣。況道以真偽之未分者為極至，言以是非之未判者為最真。真偽分而道隱，人且取偽以亂真；是非判而言隱，人且飾非以淆是。大道渾於無

28 【清】劉鳳苞撰、方勇點校，《南華雪心編》，卷二，內篇〈大宗師〉第六，頁一三五—一三六。

言，何處不可見道，而豈待辯論？眾人各持一說，隨言皆可存道，而何煩較量？二者本無所隱，其至於隱者，大抵小成之人，得其偏而遺其全，道愈辯而愈晦，榮華之言，襲其文而去其實，言愈多而愈夸，於是生是生非，遂啟天下辯論之端，而矯其弊者，乃有儒墨之是非，各立一說以成名，亦各挾一說以相敵，是其所非，安知吾說之果是？非其所是，安知彼說之果非？是不若渾吾說之是非而置之不辯，因彼說之是非而曉之以明，明者何？即道與言之本無所隱，而兩相忘於無言之境者也。一語透宗。[29]

此則從道角度來看，認為大道乃以真偽未分時為其極致，言說則以是非未判時為最真，大道渾然無言，無處不可見；然世人常各執持一之說以立言，不知此已偏於一之說而失其全體；又以華美的言辭來掩飾情實，殊不知此舉實已生出各種是非，開啟天下辯論之端，因此有儒墨之是非，各以己為是而非難他人，使得是非淆亂。故唯有「明」者方能明白道與言本無所隱藏，而兩相忘於無言之境。〈齊物論〉「古之人，其知有所至矣」段，《雪心編》云：

大道以渾淪為至，一著是非，則有所成，即有所虧。所成者，道之一端；所虧者，道之全體。於

29 【清】劉鳳苞撰、方勇點校，《南華雪心編》，卷一，內篇〈齊物論〉第二，頁三四。

道有虧，於愛遂有所成。所虧者本然之道，所成者私心之愛。試思未始有物之初，渾然漠然，道且不可形容，安有成虧之迹？有成有虧，道非其道矣。[30]

只要一分是非，就有所成也有所虧，成者只是道的一部分，虧者則為本然的道，「成」與「虧」皆不是道的全體。有物之初，渾淪未辨、不可形容的狀態方為大道，故知有成有虧，已不是道了。〈齊物論〉「物無非彼，物無非是」段，《雪心編》云：

人己相對謂之物。無非彼之見存，則我無所用其辯也；無非此之見存，則彼亦無所用其辯也。自據為彼，則衹見己而不見人，易地對觀，我亦彼也，以我觀彼，猶是以我觀我也，知我則知彼矣。故彼之名由此而出，此之名亦因彼而稱，彼此乃相生無窮之說也。雖然，彼此皆不足據也。萬物有生即有死，彼此不能長留，萬物隨死亦隨生，彼此皆非故我，而乃以天地之幻形爭此無端之閒氣，此以為可，彼即以為不可，此以為不可，彼又將以為可，方以彼說為是，而彼又轉出於非之說，則因其是者，即因其非，方以此說為非，而此又轉出於是之說，則因其非者，旋因其是，彼此之轉變無窮，言心之坐觀有定，是以聖人不由是非之塗而與之辯論，惟照之於天，則因

30 【清】劉鳳苞撰、方勇點校，《南華雪心編》，卷一，內篇〈齊物論〉第二，頁四三。

物付物之說也。[31]

人與己相對稱為「物」，因為有「彼」與「我」之分別，才生出各種論辯。實則「彼」與「我」僅為相對關係，易地而觀，則彼亦我，我亦彼，兩者相生且無窮盡。且萬物有生必有死，因此彼與此的關係亦無法長久保存；又萬物隨生隨死，彼此、是非亦變化不已，轉變無窮，因此有道之聖人不隨是非而與之辯論，且能「照之於天」，因物付物。〈齊物論〉「是亦彼也，彼亦是也」段，《雪心編》云：

此段承上彼此之意而申言之。彼此易位，有何分別？乃生是生非，辯論不已，自造物者觀之，曷嘗分箇彼此哉！泯其對待之迹，兩而化者一而神，無所謂偶也。化偶為奇，乃屬圓神之妙用，周迴轉運，如環無端，而總以大道為樞紐。有此道樞，居中應外，任是非之紛乘，而吾道自立於無窮之地。彼生是生非者，亦將有轉圜之境也，是即本然之明而寓於道中也。[32]

此從造物者的角度來看，何嘗有彼此的分別，故泯除彼此之對待，將彼此之「兩」化而為「一」，化偶為奇，是為圓神之妙用，如此就如同無端之環，周迴運轉，稱此為「道樞」。能掌握此道樞，則可居

31 【清】劉鳳苞撰、方勇點校，《南華雪心編》，卷一，內篇〈齊物論〉第二，頁三五—三六。

32 【清】劉鳳苞撰、方勇點校，《南華雪心編》，卷一，內篇〈齊物論〉第二，頁三七。

於中而應於外，任憑是非紛乘，亦能立於無窮之地，亦即得以把握本然之明而居於「道」之中。〈齊物論〉「以指喻指之非指」段，《雪心編》云：

> 凡物之不齊，分者即為成之始，成者即為毀之機，物不能一而道通之，則成亦非成，毀亦非毀，強為辯者不知也，而唯達者知之。是以是非不用己見，而寓諸平庸。庸者，用也，不用之用，妙用存焉。所謂通也，道通為一，則彼此相忘，適合乎環中之理，而大道得矣。然非有心於得也，適然得之，並其所得而化之，則庶幾與道渾合焉。然則因之為用神矣。33

物論之不齊，「分」即是「成」之始，「成」又即為「毀」之機，如果不能「一」而以道通之，那麼成不是成，毀亦不是毀。只有通達的人可以了解這個道理，能不以己見來斷定是非。明了道通為一，才能彼此相忘，合於環中之理。

由上述可知，大道實為有物之初，渾淪未辨、不可形容的狀態。而「物論」之產生，乃因世人各執持一說以立言，而有「彼」與「我」之分別，因此使得大道有所虧損。實則所有的對立關係都只是暫時性的，「彼」與「我」、「分」與「成」，既是對立，又是相生相成的。故有道之聖人能「照之於

33 【清】劉鳳苞撰、方勇點校，《南華雪心編》，卷一，內篇〈齊物論〉第二，頁三九。

天」，不隨是非而與之辯論，且將彼此之兩兩對待化而為「一」，「以大道為樞紐」，如居於環中，任憑是非紛乘，亦能立於無窮之地。

二、洞徹生死之理

有道者又在於能洞徹生死之理，《雪心編》對《莊子》的生死觀有深刻析論，如：〈齊物論〉「老聃死，秦失弔之」段，《雪心編》云：

> 命繫於天，其生也，若或縣之；其死也，若或解之。天數之適然，亦天理之自然，安時處順，無所謂溢情之哀樂也。人之生也，雖有修短之不齊，而同歸於縣解，勘透此理，乃能外生死而不為所攖，譬猶薪然指刻而可盡，以火相傳，不知其盡也。……要之，火之傳無盡期，薪雖窮而有不窮者在矣；生之理無止境，身雖死而有不死者存矣。百年猶旦暮，彭殤壽夭皆火之傳於薪耳，而何哀樂之攖心哉？[34]

由此則可知，生死皆有命，「天數之適然」也就是「天理之自然」，只要能「安時處順」，則哀樂之情不能入於胸中。能勘透此理，也就不為生死所困，知薪盡火猶傳，即了解「生之理」，則此身雖死仍有

---

34 【清】劉鳳苞撰、方勇點校，《南華雪心編》，卷一，內篇〈養生主〉第三，頁七八－七九。

一不死者在，自可不為哀樂擾亂其心。此段文末又云：「莊子洞徹生死之理，遁天、縣解，奇創語未經人道，薪火一喻，尤為親切指點，匪夷所思，若僅付之達觀，猶未悉此間語妙也。」[35]認為莊子以各種奇創語道出生死之理，並以薪火喻親切指點，此不僅是達觀之情而已。可見莊子對生死之理實具深刻洞見。〈大宗師〉「子桑戶、孟子反、子琴張三人相與語曰」段，《雪心編》云：

死生先後，數之一定者也。自方外者視之，百年猶旦暮也，一息猶終古也。孰死孰生，孰先孰後，孰知其所以然，亦任其化焉而已。[36]

此段亦說生死有其定數，死生先後，皆「任其化」，即能順應生死之變化。〈大宗師〉「顏回問仲尼曰：孟孫才，其母死」段，《雪心編》云：

生死皆造化之自然，生不知其所以生，有生之者，而何必據之以為樂？死不知其所以死，有死之者，而何必感之以為哀？不以偶然之生為可樂，則就其先而並無成心；不以偶然之死為可哀，則就其後而亦泯成見。況大化本無停機，現在已化之形，將來又不知化為何物，吾惟順其所以化，

35 【清】劉鳳苞撰、方勇點校，《南華雪心編》，卷一，內篇〈養生主〉第三，頁七九。
36 【清】劉鳳苞撰、方勇點校，《南華雪心編》，卷二，內篇〈大宗師〉第六，頁一七一。

而其所不知之化，亦聽命於化機之自來而已。……吾與母特委心以任化，又安所用其涕慼哀痛邪？[37]

此段云生死乃造化之自然，故生者不必樂，死者不必哀。大化本無停止之時，現在已化的形體，將來又不知化為何物，因此惟有隨順所化，聽命化機之自來，如能委心以任化，自能安於生死，不為哀樂所亂。〈在宥〉「黃帝立為天子十九年」段，《雪心編》云：

死者，生之始，而天下皆以為終，不知道之循環不已者終而無終也；無者，道之原，而天下皆尋其迹，不知道之變化無方者極而無極也。得道者無古無今，皆被其化；失道者倏生倏滅，不能常存。朝菌之晦朔、蟪蛄之春秋，皆生於土而反於土也。人不得道，亦只在隙駒影裏、石火光中，與物俱盡而已。[38]

此云「死」乃生之始，天下人皆以死為終，卻不知生死本是循環不已，看似有終止其實無終期；又「無」乃大道之原，天下皆只知尋求其迹，而不知其變化無方，似有極其實無極。唯有得道者方能達

37 【清】劉鳳苞撰、方勇點校，《南華雪心編》，卷二，內篇〈大宗師〉第六，頁一七八。
38 【清】劉鳳苞撰、方勇點校，《南華雪心編》，卷三，外篇〈在宥〉第四，頁二六〇。

於無古今之境，天下皆為其所化；反之，人若不得道，將只是在隙駒影裏、石火光中與物俱盡而已。由此可知，只有達於「道」，才能真正了解生死之理。〈至樂〉「莊子妻死，惠子弔之」段，《雪心編》云：

> 妻死不哭，繩以同居生育及爾偕老之義，豈獨無所感觸於中？看他說到無生之初何曾有物，一落形氣之中，則生機運行，便與陰陽之消息相通。自無而有者生之始，自生之死者生之終，有始即有終，有生即有死，一如四時之迭起循生而終古流行焉。參透此理，哀樂不能入乎中，覺黃門《悼亡》諸詩猶為不達也。莊子此篇全是知命工夫，非外生死而墮入空虛者可比。[39]

此段乃就莊子妻死，說明生死之理。因無生之初即不曾有物，落於形氣則有生機之運行，且與陰陽消息相通。故從「無」到「有」為生之始，從「生」到「死」為生之終，只要有開始就有結束，有生就有死，就如同四時的循環變化，如果能參透這個道理，則心中不為哀樂所困。《雪心編》稱莊子此篇乃全是知命之工夫，並非教人外生死而墮於空虛之中。

〈大宗師〉「子祀、子輿、子犁、子來四人相與語曰」段，《雪心編》云：

39 【清】劉鳳苞撰、方勇點校，《南華雪心編》，卷四，外篇〈至樂〉第十一，頁四〇一。

人無百年不敝之身，執而不化，哀樂之所由生也。化則隨處可以見道，即隨在可以忘形。化為雞，因以求時夜；化為彈，因以求鴞炙？化為輪與馬，因以乘之而不更駕。一體之微，天賦之而天化之，在造物不妨移步以換形，在真人正可委心而觀化，況乎寄吾身於天地之間，生則縣而死則解！蜉蝣之旦暮，蟪蛄之春秋，皆可作如是觀也。[40]

此說人之所以有哀樂，乃因「執而不化」之故，如果能「化」，則可以隨處忘道、隨處忘形。無論化而為雞、為彈、為輪與馬，皆能安於所化，故知真人可以委心觀化，對於生死亦安於其中，以生為懸，以死為解，生命之倏短，亦能化而隨之。

由上述所論，《莊子》以各種「奇創語」，深刻道出他對生死之理的洞見。《莊子》認為生死之理即是「天理之自然」，生死即是造化之自然，自有其定數，且是循環不已的，故不須以生為樂，以死為哀，只要「任其化」、「順其所以化」、「聽命於化機」即可，那些因生死而哀樂的人，即是「執而不化」之故，故唯有「化」方能安於生死。而只有達於「道」，方能真正了解生死之理。

40　【清】劉鳳苞撰、方勇點校，《南華雪心編》，卷二，內篇〈大宗師〉第六，頁一六六。

三、至人、真人、神人的境界

《莊子》書屢以至人、真人、神人等稱修道有成者。〈大宗師〉「古之真人，其狀義而不朋」段論「真人」，《雪心編》云：

真人……與天為徒，純一不二，即天道之無始無宗；與人為徒，體物不遺，即人道之成始成終。天與人合，惟不分天分人者，乃不至於相勝。兩而化者一而神，是之謂真知，是之謂真人也。[41]

此說真人的境界，能與天合一、與人合一，而至天與人合一。與天合一，則可遊於天地之一氣，合於天道之無始無終；與人合一，則可體於物而不遺，即人道之成始成終。最後天人不分，兩者化而為一，此乃所謂真知，亦即為真人。〈田子方〉總論論「真」云：

第四段是老聃自寫其真。遊心於萬物之初，乃遊於無物之地，而遇道之真也。真者至美至樂，大道之所宗也，萬物之所一也，天地之大全也。體此而行，則通乎萬化而未始有極，是以謂之真人。[42]

41 【清】劉鳳苞撰、方勇點校，《南華雪心編》，卷二，內篇〈大宗師〉第六，頁一五〇。

42 【清】劉鳳苞撰、方勇點校，《南華雪心編》，卷五，外篇〈田子方〉第十四，頁四七一。

這裏描寫「真」的境界。「真」是至美至樂，為大道所宗、萬物歸一之處，能體道之真，則可遊心於萬物之初，且遊於無物之地，達此境界的人，則可稱為「真人」。

至人的心境，〈庚桑楚〉「徹志之勃，解心之繆」段，《雪心編》云：

> 無為無不為，語意渾成，寫至人心境一片化機，有自在遊行之樂。履道則自然尊貴，全生則自著光輝，循性則自全本質。有為者擾其性，為而偽者失其性，皆知之為害也。交於外而知識周徧，謀於中而知慮精詳，以察為明，必有所不知之處。睨而視之，得其一偏，或轉遺其全體，何若知止其所不知者之為至也？動以不得已，民日遷善而不知所為；動無非我，己雖有為而自完其分，無為也而無不為，名相反而實相順，呼應處一片靈機，有風水相遭之趣。[43]

至人心境乃純於「一片化機」，有「自在遊行之樂」。實踐道時則自然尊貴，保全其生則自著光輝，循其本性則能自全本質。與外相交則知識周徧，胸中的謀略能知慮精詳，不精察、不睨視，以止於所不知為至。凡有所動皆因於不得已，一有所動亦全然無我，故雖無為而實無所不為。

[43] 【清】劉鳳苞撰、方勇點校，《南華雪心編》，卷六，雜篇〈庚桑楚〉第一，頁五七九－五八〇。

〈在宥〉「世俗之人，皆喜人之同乎己，而惡人之異於己也」段，《雪心編》云：

惟不物於物者，乃可以物物而為之經綸。超乎天下之外，而天下可不必言治；斯入乎天下之中，而天下亦無不受治，彌天際地，皆真氣之所往來。有形者措置於廟堂之上，無形者潛通於冥漠之中。率其性，則為人人所共有；盡其性，則為至人所獨有。獨有者，含眾妙而無所不有，即斂神功而一無所有。獨往獨來之境，有至貴者存焉，絕頂工夫，絕高身分。帝王之所謂大物，同於微塵矣。[44]

此說至人不為物所役，方能主宰萬物。既超乎天下之外，又入乎天下之中。至人能包含眾妙而無所不有，又能收斂神功，表現出一無所有，處於獨往獨來之境，其中有「至貴者」存，即使帝王之「大物」，亦視之如塵埃。

由上述故知，至人、神人、真人皆為有道者的不同表述。有道者能不為物所役，達於與人合一、與天合一、與萬物合一的境地。因其處於獨來獨往之境，故可以自在遊行，既可遊心於萬物之初，又可遊於無物之地，無入而不自得。

44 【清】劉鳳苞撰、方勇點校，《南華雪心編》，卷三，外篇〈在宥〉第四，頁二六八。

第四節　《莊子》的治國之道

《莊子》書重在「內聖」的精神超脫之道，同時亦語及「外王」的治國之道。本節論《莊子》的治國之道，以去除仁義禮樂聖知、以無心無為治國，論《雪心編》之詮解。

一、去除仁義禮樂聖知

《莊子》論治國，對儒家的仁義禮樂聖知，多有鄙薄，尤其表現在外篇，如〈駢拇〉總論說：

夫仁義之與道德，雖異其名，其源皆出於性命。……蓋仁義皆從性命中發見，而當其未發之時，無可名也。即偶然流露，率其性命之所不容已，渾漠相忘，亦復誰別之為仁為義者？仁義之名出而性命之實已虧，此駢拇枝指、附贅縣疣之喻，所為與仁義聰明互相發明，而概以無用斥之也。[45]

45 【清】劉鳳苞撰、方勇點校，《南華雪心編》，卷三，外篇〈駢拇〉第一，頁二〇六。

說明仁義與道德，名稱雖然不同，但都源出於「性命」。性命的源頭本是渾然相忘，沒有分別的狀態，然一旦有仁義之名時，性命之實即已虧損，故此篇以駢拇枝指、附贅縣疣，比喻仁義聰明之無用。〈繕性〉「繕性於俗，俗學以求復其初」段，《雪心編》云：

> 仁、義、忠、信、禮、樂皆從性命中推勘而出，而仁、義、忠、信乃其內蘊之精華，禮、樂特其聲容之外著。……夫民也，自率其真，無所加於外也。必繩以我之禮樂，舍彼之不識不知者而強從乎我，何如並遊於渾芒之世而相安於淡漠之天也？[46]

此亦言仁、義、忠、信、禮、樂都是從「性命」中推勘出來的，仁、義、忠、信為內蘊之精華；禮、樂則為聲容之顯於外者。治理人民，應該使其順從自然本性，若強以禮樂規範之，則人民無法遊於渾芒之世，安於淡漠之天。〈在宥〉「聞在宥天下」段，《雪心編》云：

> 古之善治天下者莫如堯，能使天下樂其性；不善治天下者莫如桀，能使天下苦其性。樂則不能恬靜而相忘，苦則不能愉快而自適，均之失性也，不必譽堯而非桀。因苦樂之殊而成為喜怒，因喜

46 【清】劉鳳苞撰、方勇點校，《南華雪心編》，卷四，外篇〈繕性〉第九，頁三五八－三五九。

> 怒之過而偏毗陰陽。人心之陰陽失其平，則天地亦乘以患氣；天地之陰陽愆其令，則萬物愈蹙其生機。主治者不準乎天道之自然，適以啟人心之乖戾。[47]

此則云古之善治天下者如堯，不善治天下者如桀，雖堯使天下樂其性，舜使天下苦其性，二者實則皆使民「失性」。因苦樂不同故有喜怒，一有喜怒則偏於陽或偏於陰，陰陽不平，則使天之氣失其均衡，萬物之生機亦有所阻窒。因此說主治者若不以天道自然為準，則易啟人心之乖戾，此皆非善治之人。故莊子認為治天下的人，如果引起人心的各種情緒，都不是善治天下者。又說：

> 聰明仁義禮樂聖知，治天下離不開此八者，而八者各具病根。天下將安其性命之情，不靠定八者作主，可存可亡，與天下無所利，亦無所害；若不安其性命之情，全靠定八者用事，臠卷傖囊競起而治天下，治之適以亂之也。[48]

後世用以治天下的聰明仁義禮樂聖知，實則各具病根，因此若不能安人民的「性命之情」，只以八者治天下，實則適足以亂天下而已。〈在宥〉「世俗之人，皆喜人之同乎己，而惡人之異於己也」段，《雪

47 【清】劉鳳苞撰、方勇點校，《南華雪心編》，卷三，外篇〈在宥〉第四，頁二四七。
48 【清】劉鳳苞撰、方勇點校，《南華雪心編》，卷三，外篇〈在宥〉第四，頁二四八。

心編》說：

> 為人之國，正指挾策干時之輩，高談仁義，仰鼓三王，……推其受病之由，皆以天下為大物，看得天下最關緊要，即覺得治天下別有作為，而不知大物橫據於胸中，即不足以主宰乎萬物。[49]

此段進而指斥高談仁義、三王的治國者，將天下視為「大物」，以為治天下即是要別有作為，這些皆為其不足以主宰萬物的病由。〈在宥〉「崔瞿問於老聃曰」段，《雪心編》云：

> 至於戰國之世，治刑名者有專家，天資薄而持論益刻；施慘毒者有酷吏，法網密而奸宄益多。而儒墨乃自鳴得意，謂是仁義聖知之救敝補偏，乃為刑章所不及，而離跂攘臂以言之。不知有形之桎梏在刑章，無形之桎梏轉在仁義，以仁義拘攣其身心，出乎桎梏之外，而自炫其長，實入乎桎梏之中，而恬不知恥也。夫桀跖之乘人而肆其虐也，以嚆矢為之先聲，吾安知曾、史之不為桀跖嚆矢也？曾、史欲以聖知仁義治天下，夫安知聖知之不為桁楊接槢，仁義之不為桎梏鑿枘乎？痛詆曾、史，並其所託之聖治仁義而斥之，嬉笑怒罵之文，惟莊子發揮盡致也。[50]

49 【清】劉鳳苞撰、方勇點校，《南華雪心編》，卷三，外篇〈在宥〉第四，頁二六八。

50 【清】劉鳳苞撰、方勇點校，《南華雪心編》，卷三，外篇〈在宥〉第四，頁二五二－二五三。

這裏稱戰國之時因多有治刑名者，致使持論益刻、奸宄益多，又有儒墨欲以仁義聖知救弊補偏，卻不知刑章實乃有形之桎梏，仁義實乃無形之桎梏，曾、史之徒欲以仁義聖知治天下，卻不知此實為桁楊、桎梏之行。故莊子藉由各種嬉笑怒罵之文加以痛斥。〈馬蹄〉「馬，蹄可以踐霜雪」段，《雪心編》云：

> 乃今之治天下者吾惑焉。蹩躠為仁，勉為行而猶形為傾側；踶跂為義，強為至而益苦其形神。而且澶漫為樂，而無聲之樂不存；摘僻為禮，而無形之禮安在？示民以共信，信者不及疑者之眾也；使民以自合，合者不及分者之多也。彼末世之聖人，何以拂民性若是哉？夫政教之日繁也。至德之世，祇相忘於道德，其後遂有仁義之名，仁義興而道德始廢；至德之世祇相遇以性情，其後遂有禮樂之名，禮樂合而性情始離。[51]

此則以為當世以仁、義、樂、禮治天下，乃是「拂民性」的作為，只會導致政教日繁。至德之世，只「相忘於道德」、「相遇以性情」，興仁義則使得道德廢滅，合禮樂則使得性情相離，此皆非治國者所取。〈胠篋〉「聞在宥天下」段，《雪心編》云：

51 【清】劉鳳苞撰、方勇點校，《南華雪心編》，卷三，外篇〈馬蹄〉第二，頁二二六。

下文乃歷指攖人心之患而極言之。黃帝、堯、舜同以仁義治天下，即皆以仁義攖人心，仁義所不能勝，則繼之以流放，而仁義幾窮矣。降及三王，治天下之法愈多，攖人心之禍亦更烈。桀、跖甘下流之實，不仁不義，尚可援刑法以治之。曾、史竊上哲之名，行仁行義不能執刑法以繩之，倡之者曾、史，和之者儒、墨，而喜、怒、愚、知、善、否、誕、信之各持一說以相攻擊者，天下舉莫識從違。出乎仁義之外，即入乎刑法之中，皆此攖人心者階之厲也。賢士高蹈，而人主孤立而抱憂慄之心，此可以觀世變矣。[52]

此則以仁義治國者乃是「攖人心」，黃帝、堯、舜，以至三國，治天下之法愈多，攖人心之禍愈烈，曾、史又倡以刑法，對於人心的桎梏益為重大。關於「知」，〈胠篋〉總論云：

此「知」字，在仁義聖知之外另具一種深心。……盜之大者，莫如仁義。盜其國則無所不盜，於是盜賊其行而仁義其名，啟盜賊之聰明而資以防守之利器，皆好知者職為厲階也。[53]

52 【清】劉鳳苞撰、方勇點校，《南華雪心編》，卷三，外篇〈在宥〉第四，頁二四八。
53 【清】劉鳳苞撰、方勇點校，《南華雪心編》，卷三，外篇〈胠篋〉第三，頁二二七。

這一段說盜國者往往藉仁義之名而行，因此一旦強調「知」，則開啟其以聰明之心作為防守的利器，所以好「知」更為竊盜者所資借。又：

> 「絕聖棄知」以下，屏除一切誨盜之資，將聖人當作利器，醒快異常。聖人生而大盜起，欲利國適以利盜，誠不如渾其仁義聖知之用，立乎不測而遊於無有，如利器之不以示人，則大盜失其憑藉之具而無隙可乘矣。[54]

言仁義聖知等一切誨盜之資都應摒除，「渾其仁義聖知之用」，站在渾然不可測之地，所有的利器不示以人，則大盜無所憑藉，亦無隙可乘。

由上述可知，仁義、忠信、禮樂等，與道德皆源出於「性命」。性命的源頭本是渾然相忘，沒有分別的狀態，然一旦有仁義等之名的標榜時，即已遠離性命之實。故治國者應以天道自然為準，重在使人民順從自然本性，若使人民失其自然本性，皆非治國之要。即使如堯使天下樂其性，或舜使天下苦其性，二者皆使民「失性」，故都不是善治天下者。至戰國之時儒墨之徒欲以仁義聖知挽救時弊，此更是「拂民性」、「攖人心」的作為；甚而盜國者藉仁義之名行盜國之事，這些皆非善於治國者所取，故說

54　【清】劉鳳苞撰、方勇點校，《南華雪心編》，卷三，外篇〈胠篋〉第三，頁二二七。

「絕聖棄知」，並「渾其仁義聖知之用」，不以利器示人，方為善治者。

二、以無心、無為治國

上段言治國者應棄絕仁義、忠信、禮樂等，此說治國者應以無心、無為來治國。〈應帝王〉「肩吾見狂接輿」段，《雪心編》云：

> 二段引接輿之言，以「欺德」二字抉出治天下病根。「正而後行」二句，極有精神，盡己之當為而無心於成化，任德之所至而自斂其神功。一切出經式義，操之於己而不勝其繁重，責之於民而相避於文法，民之畏此思逃，如鳥之高飛，鼠之深穴，是相率而為欺也。治天下者治以神，則順而易達、輕而易舉，治以迹則徒勞罔效。[55]

這裏以「迹」、「神」對舉。先說治天下最忌諱「欺德」，所謂「欺德」即在治理國家時有過度的政令、文法，使人民不堪其擾，心生逃避，認為這些都是以「迹」治國。故說治國要以「神」，即「無心於成化」、「自斂其神功」，如此治國則順而易達、輕而易舉。〈在宥〉「蔣閭葂見季徹曰」段，《雪

55 【清】劉鳳苞撰、方勇點校，《南華雪心編》，卷二，內篇〈應帝王〉第七，頁一九一。

心編》云：

> 此段駁倒治己用人一番見解，見治天下者總在無心成化，人己兩忘。忘乎己，則聲色俱泯，何從窺其恭儉？忘乎人，則才能俱斂，何從顯其公忠？若有心表暴以飾觀瞻，是觀臺雖高，已形危峻之勢；有心拔擢以要賢哲，是投迹雖眾，已開奔競之風。漢文帝躬行節儉，不同於垂拱之朝；唐太宗駕馭群雄，遠遜於明良之治，可以觀世變矣。[56]

說明治天下者重在「無心成化」、「人己兩忘」，沒有人己之分別心，則下位者無法窺測上意；不表露其心思意見，則能避開各種危難與奔競之心，又舉漢文帝躬行節儉，唐太宗駕馭群雄之例，認為這些人皆已遠離明良之治。〈應帝王〉「無為名尸，無為謀府」段，《雪心編》云：

> 事本無窮，體而盡之，隨處皆有帝王之功；理本無朕，返而遊之，無處可見帝王之功。盡其所受於天，確是真實工夫，而仍無得之見存，此至人之冥心任化，而不自知其所以然也。明鏡無物在中，故能屢照而不疲；帝王無物在中，故能泛應而曲當。無物則我能應物，而物莫能藏；無物則

56　【清】劉鳳苞撰、方勇點校，《南華雪心編》，卷三，外篇〈天地〉第五，頁二八八－二八九。

我能勝物，而物莫能傷。運實理於清虛，無有者乃其無所不有也。[57]

此則言帝王之功，因其能體無窮之事，故隨處可見；又能反遊於無朕之理，故又無處可見。因其達於至人般的「冥心任化」，而不自知其所以然。就如明鏡因其中無物，故能照物而不疲；帝王亦「無物在中」，所以能勝物而無傷。能運實理於清虛，雖「無有」其實「無所不有」。劉鳳苞認為此意與六祖悟道禪語：「菩提本無樹，明鏡亦非臺。本來無一物，何處著塵埃？」[58]相合。〈在宥〉「雲將東遊，過扶搖之枝，而適遭鴻蒙」段，《雪心編》云：

在物則為無妄，在我則貴無為，我不化物而物自化，我與物各適其天而已。墮形骸而祇存其神，吐聰明而復還其質，與物平等，無分畛域，大同溟涬，莫測津涯，心境解其倒懸，神明釋其束縛，莫然無魂，斂之又斂，出乎有者入乎無，皆無為之精義也。[59]

此強調「無為」的精神，能無為的人，即使我不化物，物亦能自化，我與物皆「各適其天」。能達到無

57 【清】劉鳳苞撰、方勇點校，《南華雪心編》，卷二，內篇〈應帝王〉第七，頁二〇三－二〇四。

58 【清】劉鳳苞撰、方勇點校，《南華雪心編》，卷二，內篇〈應帝王〉第七，頁二〇四。

59 【清】劉鳳苞撰、方勇點校，《南華雪心編》，卷三，外篇〈在宥〉第四，頁二六四－二六五。

為的人，隳形骸、黜聰明，與物平等，沒有畛域的分別，與天地冥合，出乎有而入於無。

由上述故知，治天下忌諱過度「有為」，凡法令、制度等，都會擾亂民性，是為「欺德」，唯有無心成化，人已兩忘，如至人般「冥心任化」，才是善治者。也就是，只有達道者能秉持著無心、無為以治國，此方為真正的善治者。

第七章　王先謙《莊子集解》論《莊子》章旨及章法結構

第一節　《莊子》各章章旨

王先謙《莊子集解》在篇題下有對各章章旨提挈要義，但主要限於內七篇，於外、雜篇則另有看法，以下即分述之。

一、內七篇章旨

（一）〈逍遙遊〉

〈逍遙遊〉章旨為：「言逍遙乎物外，遊任天而無窮者也。」[1]言此篇主要在說明逍遙物外的道

1 【清】王先謙，《莊子集解》，卷一，〈逍遙遊第一〉，頁一。

理，能遊任於自然而達至無窮的境地。

（二）〈齊物論〉

〈齊物論〉章旨曰：

> 天下之物之言，皆可齊一視之，不必致辯，守道而已。蘇輿云：「天下之至紛，莫如物論。是非太明，足以累心。故視天下之言，如天籟之旋怒旋已，如鷇音之自然，而一無與於我。然後忘彼是，渾成毀，平尊隸，均物我，外形骸，遺生死，求其真宰，照以本明，游心於無窮。皆莊生最微之思理。然其為書，辯多而情激，豈真忘是非者哉？不過空存其理而已。」[2]

言天下之言，只要「守道」，便可齊一視之，毋須過多言辯。又舉蘇輿之言，指出天下物論紛紛，造成是非太明，勞累心神，故應視天下之言如天籟及鷇音之自然，皆與我無關，如此可以忘卻彼我之別，渾一成毀之分，泯去尊卑關係，不為物我、形骸、生死所困，才能求得「真宰」，照見本明，游心於無窮。並認為此義當為莊生「最微之思理」。王先謙在篇中註「天下莫大於秋毫之末」段，亦曰：

---

2 【清】王先謙，《莊子集解》，卷一，〈齊物論第二〉，頁九。

案：此漆園所謂齊彭、殤也。……我能與天地無極，則天地與我並生；我不必與萬物相競，則萬物與我為一也。漆園道術精妙，喚醒世迷，欲其直指最初，各葆真性。俗子徒就文章求之，止益其妄耳。[3]

此段旨在說明我與天地無極，與萬物為一，並肯定莊子的道術精妙，為了喚醒世迷，「欲其直指最初，各葆真性」。這裏所說的「最初」，應即「守道」之事，亦即蘇輿所說「最微之思理」，雖然蘇輿認為莊生有太多辯論與激詞，然王先謙認為此「最初」之把握，亦為莊子思想最值得重視之處，如同〈序〉中肯定莊書有益「衛生之經」，指示世人如何全道葆真，方為漆園道術精妙之所在。

（三）〈養生主〉

〈養生主〉章旨曰：「順事而不滯於物，冥情而不攖其天，此莊子養生之宗主也。」[4]說明莊子養生的宗旨在於順於事而不為物所滯，冥合於情而不為天所擾。

3 【清】王先謙，《莊子集解》，卷一，〈齊物論第二〉，頁一九－二〇。

4 【清】王先謙，《莊子集解》，卷一，〈養生主第三〉，頁二八。

（四）〈人間世〉

〈人間世〉章旨曰：

人間世，謂當世也。事暴君，處汙世，出與人接，無爭其名，而晦其德，此善全之道。末引接輿歌云：「來世不可待也，往世不可追也。」此漆園所以寄慨，而以〈人間世〉名其篇也。[5]

說明人處於世間，亦即在當世暴君主政的污濁時代，與人交接時須「無爭其名」、「晦其德」，方是善全之道。此篇末引接輿歌，王先謙認為此為莊周所以寄託感慨之處，因為來世既不可待，往世又不可追，也只有將目光注視於當世了。

（五）〈德充符〉

〈德充符〉章旨曰：「德充於內，自有形外之符驗也。」[6]通篇在說明：內德充滿時，自有外形與

5 【清】王先謙，《莊子集解》，卷一，〈人間世第四〉，頁三二。

6 【清】王先謙，《莊子集解》，卷二，〈德充符第五〉，頁四七。

之符合的道理。

（六）〈大宗師〉

〈大宗師〉章旨云：「本篇云：『人猶效之。』效之言師也。又云：『吾師乎！吾師乎！』以道為師也。宗者，主也。」[7]解釋「宗」為主，人以師為主，故通篇在說明「以道為師」的道理。

（七）〈應帝王〉

〈應帝王〉章旨曰：「郭云：『無心而任乎自化者，應為帝王也。』」[8]此引郭象注，云應帝王者，即是能無心且任意自化的人。

二、外、雜篇

關於外篇，王先謙引蘇輿的觀點，說：

〈駢拇〉下四篇，多釋《老子》之義。周雖悅老風，自命固絕高，觀〈天下篇〉可見。四篇于申

7 【清】王先謙，《莊子集解》，卷二，〈大宗師第六〉，頁五四。

8 【清】王先謙，《莊子集解》，卷二，〈應帝王第七〉，頁七〇。

> 《老》外，別無精義，蓋學《莊》者緣《老》為之。且文氣直行，無所發明，亦不類〈內篇〉汪洋俶詭。王氏夫之、姚氏鼐皆疑〈外篇〉不出莊子，最為有見。即如此篇，首云『淫僻于仁義之行』，末復以『淫僻』『仁義』平列，踳駁顯然。且云『余媿乎道德』，莊子焉肯為此謙語乎？[9]

此段以為：外篇之〈駢拇〉、〈馬蹄〉、〈胠篋〉、〈在宥〉[10]四篇，多闡釋《老子》之義，並無精義可見，且文氣直衍，不似〈內篇〉之汪洋恣肆、奇詭怪異，前人王夫之、姚鼐等人都懷疑〈外篇〉非出於莊周。又就〈駢拇〉一篇來說，開頭云：「淫僻于仁義之行」，其後又將「淫僻」與「仁義」平列，可見其駁雜；又有「余媿乎道德」之句，認為莊子應不會道出此謙虛之語。可知，王先謙亦遵從前人之說，以為此四篇應是學《莊》者緣《老》之說，而非出於莊周之手。

《莊子集解》外篇僅於〈山木〉篇道出篇旨，王先謙引蘇輿云：「此亦莊徒所記，旨同於〈人間

---

9 【清】王先謙，《莊子集解》，卷三，〈駢拇第八〉，頁七七。

10 〈在宥〉篇的篇旨，在釋「聞在宥天下，不聞治天下也。」句，引《文選》謝靈運〈從宋公戲馬台詩〉注引司馬云：「在，察也。宥，寬也。」又引蘇輿所說：「在不當訓察，察之則固治之矣。在，存也。存諸心而不露是善非惡之跡，以使民相安於渾沌，正〈胠篋篇〉含字之旨。」（【清】王先謙，《莊子集解》，卷三，〈在宥第十〉，頁九〇。）這裏王先謙應是從蘇輿所說，以「在」為存，旨在說明存諸心而不露是非之痕跡。

世〉，處濁世、避患害之術也。」[11]說明此篇主旨在於處濁世的避患之術。

又，〈讓王〉以下四篇，王先謙云：「古今學者多以為偽作。」[12]應是贊同〈讓王〉、〈盜跖〉、〈說劍〉、〈漁父〉四篇為偽作。

由上述可知，王先謙對於外、雜篇重視程度不高。

第二節 《莊子》的寫作手法及修辭

一、《莊子》的寫作手法

《莊子集解》對《莊子》寫作方法及修辭有加以說明，如：

（一）先說明主旨，再舉例說明

王先謙提出《莊子》在寫作時，常先說明主旨，再加以舉例說明，如：

〈逍遙遊〉「故曰：至人無已，神人無功，聖人無名」，王案曰：「不立功名，不以己與，故為獨

11 【清】王先謙，《莊子集解》，卷五，〈山木第二十〉，頁一六七。

12 【清】王先謙，《莊子集解》，卷八，〈讓王第二十八〉，頁二五一

絕。此莊子自為說法，下又列四事以明之。」[13]說明此段主旨在於神人不立功名，至人不以己與。又提出以下四件事，說明莊子自為之說。

〈養生主〉「吾生也有涯」段，王云：「天所與之年，任其自盡，勿夭折之，則有盡者無盡。從正意說入，一篇綱要，下設五喻以明之。」[14]說明此段是從正面意義切入，為一篇綱要，以下又設五種譬喻加以說明。

以上指出，《莊子》在說理時，常先提挈主旨要義，再以事件或譬喻說明。

（二）說明字句、上下文間的呼應

《莊子》為文，上下文常具聯貫性，有時由上文字句就可知下文所指，或者下文乃在呼應上文，如下數例。

〈齊物論〉「夫吹萬不同，而使其自已也」，王案曰：「此文以吹引言。……『怒者其誰』，使人言下自領，下文所謂『真君』也。」[15]說明此段是以「吹」字當引言，又「怒者其誰」，雖為問句，但觀者言下自可了解所指其實為下文之「真君」。

---

13 【清】王先謙，《莊子集解》，卷一，〈逍遙遊第一〉，頁四。

14 【清】王先謙，《莊子集解》，卷一，〈養生主第三〉，頁二八。

15 【清】王先謙，《莊子集解》，卷一，〈齊物論第二〉，頁一〇。

〈齊物論〉「其遞相為君臣乎？其有真君存焉」，王案曰：「謂役使之也。……即上『真宰』也。此語點醒。」[16]說明此段在指出「役使」之意；又此段所說實為上文之「真宰」，在此點明。

〈齊物論〉「以指喻指之非指」段，王注云：「為下文『物謂之而然』立一影子。」[17]說明此段為下文「物謂之而然」立下一影子。

〈齊物論〉「道行之而成」，王案曰：「行之而成，《孟子》所云：『用之而成路』也。為下句取譬，與理道無涉。」[18]說明「行之而成」，乃是《孟子》所說的「用之而成路」，是為下取譬用，與道理無關涉。

〈齊物論〉「而不知其所為使」，王案曰：「與上『怒者其誰邪』相應。」[19]說明這句與上文「怒者其誰邪」相應。

由上述可知，《莊子》的敘述文句，上下文之間多具聯絡呼應之關係。

16 【清】王先謙，《莊子集解》，卷一，〈齊物論第二〉，頁一二。
17 【清】王先謙，《莊子集解》，卷一，〈齊物論第二〉，頁一五。
18 【清】王先謙，《莊子集解》，卷一，〈齊物論第二〉，頁一五。
19 【清】王先謙，《莊子集解》，卷一，〈齊物論第二〉，頁一二。

（三）說明議論的層次表現

《莊子》在議論或說理時，常以層次性的方式說明，如下例：

〈齊物論〉「此之謂葆光」，引成云：「葆，蔽也。韜蔽而其光彌朗。言藉言以顯者非道，反復以明之。」[20]引成玄英之解，說明藉言說以顯者並不是道，因此須反復加以說明，下文引用五個例證：「故昔者堯問於舜曰」，王注曰：「堯舜一證」[21]；「齧缺問乎王倪曰」，王注曰：「齧缺、王倪二證」[22]；「瞿鵲子問於長梧子曰」，王注曰：「瞿鵲、長梧三證」；[23]「罔兩問景曰」，王注曰：「罔兩、景四證」[24]；「昔者莊周夢為胡蝶」，王注曰：「周蝶必有分，而其入夢方覺，不知周、蝶之分也，謂周為可，謂蝶為周亦可。此則一而化矣。現身說法，五證。齊物極境。」[25]以上五個例證，由堯、舜；齧缺、王倪；瞿鵲、長梧；罔兩、景；到第五證周莊夢蝶，周莊夢蝶乃夢中無周、蝶之分，周與蝶一而化之，以此為莊周現身說法，稱此為「齊物極境」。可見這五證乃莊子漸次說理之表現。

20 【清】王先謙，《莊子集解》，卷一，〈齊物論第二〉，頁二一。
21 【清】王先謙，《莊子集解》，卷一，〈齊物論第二〉，頁二二。
22 【清】王先謙，《莊子集解》，卷一，〈齊物論第二〉，頁二三。
23 【清】王先謙，《莊子集解》，卷一，〈齊物論第二〉，頁二六。
24 【清】王先謙，《莊子集解》，卷一，〈齊物論第二〉，頁二六。
25 【清】王先謙，《莊子集解》，卷一，〈齊物論第二〉，頁二七。

〈養生主〉「為善无近名，為惡无近刑」，引王夫之云：「聲色之類，不可名為善者，即惡也。」王先謙評論這兩句為：「二語淺說」[26]；又「緣督以為經，」引李頤云：「緣，順。督，中。經，常也。」李楨云：「人身惟脊居中，督脈並脊而上，故訓中。」王夫之云：「身後之中脈曰督。緣督者，以清微纖妙之氣，循虛而行，自順以適得其中。」王先謙評論這此句為：「深說」。[27]故知，王先謙以為《莊子》此段章法，乃先淺說，再到深說，具層次性。

〈人間世〉「名也者，相軋也；知也者，爭之器也。二者兇器，非所以盡行也。」王案：

> 言皆凶禍之器，非所以盡乎行世之道。蘇輿云：「瘳國，美名也；醫疾，多智也。持是心以往，爭軋萌矣，故曰兇器。」此淺言之，下復深言。雖無用智爭名之心，而持仁義繩墨之言以諷人主，尚不可遊亂世而免於菑，況懷兇器以往乎！[28]

說明此段乃：先說想救國的「名」與想醫疾的「智」都是凶器，此為「淺言」，以下說明即使沒有用智與爭名之心，但欲以仁義來進諫國君，亦不能免於災害，此為「深說」。

26 【清】王先謙，《莊子集解》，卷一，〈養生主第三〉，頁二八。

27 【清】王先謙，《莊子集解》，卷一，〈養生主第三〉，頁二八。

28 【清】王先謙，《莊子集解》，卷一，〈人間世第四〉，頁三二－三三。

由上述可知，《莊子》在說明道理時，常以由淺至深的方式表現，說明《莊子》議論是具層次性的。

二、《莊子》的修辭

王先謙在注解《莊子》時，對《莊子》使用的修辭，特別注意譬喻之法，故本節僅就譬喻法敘述。

《莊子》文章本多譬喻的使用，前人已多有指出，如唐代成玄英（約六〇一－六九〇）在《南華真經注疏》已提到《莊子》文章譬喻的特色，對於「起譬」、「合喻」也都有分析。[29]南宋林希逸（一一九三－）亦說：「《莊子》一書，譬喻處件件奇特。」[30]又說：「鑄金之喻，亦自奇絕。」[31]稱讚《莊子》譬喻之用為「奇特」、「奇絕」。吳世尚《莊子解》亦重視此部分，他說：「天地間，凡物有盡而道無窮，無窮之道，不可以言語形容之，莊子有見於此，而難以名言，而又不肯如聖賢之質言之也，故託言於鯤鵬，以自達胸中之所見。」[32]因為無窮之道，難以語言形容，故託言具體之物，來抒發胸中所見，這也是莊子喜用譬喻的緣故。

---

29 如注「夫水之積也不厚……」云：「此起譬也」；注「風之積也不厚」云「此合喻也」（【清】郭慶藩，《莊子集釋》，臺北：華正書局，一九八七年八月，頁七）。

30 【宋】林希逸，《莊子口義》，影印《文淵閣四庫全書》本，卷五，〈天運〉，頁三一。

31 【宋】林希逸，《莊子口義》，卷三，〈大宗師〉，頁一九。

32 【清】吳世尚，《莊子解》（臺南：莊嚴文化出版公司，一九九六年，《四庫全書存目叢書》本），卷一，〈逍遙遊〉第一，頁一七（總頁四一八）。

王先謙指出《莊子》譬喻之使用，其例如：

〈逍遙遊〉「又何知」，王注云：「借人為二蟲設喻。」[33] 此說人「又何知」，其實是藉人為蜩、鳩二蟲設喻。

〈逍遙遊〉「小知不及大知，小年不及大年」，王注云：「上語明顯，設喻駢列，以掩其迹。」[34] 這裏設兩個並列的譬喻，以掩飾上文顯說之迹。

〈齊物論〉「未成乎心而有是非」，王注云：

> 「未成凝一之心，妄起意見，以為若者是道，若者非意，猶未行而自夸已至。……〈天下篇〉「今日適越而昔來」，惠施與辯者之言也，此引為喻。」[35]

這裏以〈天下篇〉「今日適越而昔來」，惠施與辯者的言論來作譬喻，說明尚未形成凝一之心的人，常常妄起意見，任意評論，實為自誇之極。

〈應帝王〉「南海之帝為儵，北海之帝為忽，中央之帝為渾沌」，引簡文云：「儵、忽，取神速為

---

33 【清】王先謙，《莊子集解》，卷一，〈逍遙遊第一〉，頁二。

34 【清】王先謙，《莊子集解》，卷一，〈逍遙遊第一〉，頁二。

35 【清】王先謙，《莊子集解》，卷一，〈齊物論第二〉，頁一三。

名。渾沌，以合和為貌。神速譬有為，合和譬無為。」[36]說明此段以「神速」譬喻有為，以「合和」譬喻無為。

以上譬喻，或以物為喻，或以言為喻，在《莊子》書中皆常見之。《莊子》又有通篇連用數個譬喻的，如下例：

〈養生主〉篇談養生之道，共用了五個譬喻：「文惠君曰：善哉！吾聞庖丁之言，得養生焉。」王注云：「牛雖多，不以傷刃，物雖雜，不以累心，皆得養之道也。一喻。」[37]以牛雖多，卻不傷刀刃；物雖雜亂，卻不累心，二者皆已得養生之道，為第一喻。「公文軒見右師而驚曰」，王注云：「形殘而神全也。知天則處順。二喻。」[38]這一段藉右師雖形體殘缺，卻能保全精神，可見其明白順隨自然以處順的道理，為第二喻。「澤雉十步一啄，百步一飲，不蘄畜乎樊中」段，王注云：「鳥在澤則適，在樊則拘；人束縛于榮華，必失所養。三喻。」[39]藉著澤雉在野則適意，在樊籠中則拘迫，說明人若困於榮華之中，必會失其所養。為第三喻。「老聃死」段，王案：

36 【清】王先謙，《莊子集解》，卷二，〈應帝王第七〉，頁七五。
37 【清】王先謙，《莊子集解》，卷一，〈養生主第三〉，頁二九－三〇。
38 【清】王先謙，《莊子集解》，卷一，〈養生主第三〉，頁三〇。
39 【清】王先謙，《莊子集解》，卷一，〈養生主第三〉，頁三〇。

〈大宗師篇〉云：「得者時也，失者順也。安時而處順，哀樂不能入也，此古之所謂縣解也。」與此文大同。來去得失，皆謂生死。〈德充符〉郭注亦云：「生為我時，死為我順；時為我聚，順為我散也。天生人而情賦焉，縣也。冥情任運，是天之縣解也。」言夫子已死，吾又何哀！四喻。[40]

藉著老聃死，說明順應生死，則哀樂不能入其心。為第四喻。「指窮於為薪」段，王注云：「形雖往，而神常存，養生之究竟。薪有窮，火無盡。五喻。」[41]藉著薪有盡，火常存，說明形體雖已往，但精神常存，為養生之究竟。此為第五喻。

〈人間世〉亦藉三個譬喻說明處世的道理，「汝不知夫螳蜋乎？」段，王注云：「美不可恃，積汝之美，伐汝之美，以犯太子，近似螳蜋矣。一喻。」[42]藉著螳蜋以臂擋車為喻，說明處於世間，美不可恃的道理。為第一喻。「汝不知夫養虎者乎？」段，王注云：「虎逆之則殺人，養之則媚人。喻教人不可怒之。再喻」[43]，藉著養虎為喻，說明虎逆則殺人，順養則媚於人，說明處於世間不可使怒之的道理，為第二喻。「夫愛馬者，以筐盛矢，以蜄盛溺」段，王注云：「欲為馬除蚉虻，意有偏至，反以愛

40 【清】王先謙，《莊子集解》，卷一，〈養生主第三〉，頁三〇—三一。

41 【清】王先謙，《莊子集解》，卷一，〈養生主第三〉，頁三一。

42 【清】王先謙，《莊子集解》，卷一，〈人間世第四〉，頁四〇—四一。

43 【清】王先謙，《莊子集解》，卷一，〈人間世第四〉，頁四〇—四一。

馬之故，而致亡失，故當慎也。三喻。」[44]藉著愛馬者欲為馬除蚉虻，因愛馬反而招致滅亡，說明處於世間當謹慎的道理，為第三喻。〈人間世〉「人皆知有用之用，而莫知无用之用也」，王注云：「喻意點清結局，與上接輿歌不連，歌有韻，此無韻。」[45]說明此段亦是藉「桂可食，故伐之；漆可用，故割之」的喻意，來點明無用之用的道理，為全篇結局所在。

《莊子》亦有藉一完整寓言作譬喻的，如：〈應帝王〉「日鑿一竅，七日而渾沌死」，引郭云：「為者敗之。此段喻意」。[46]認為此段也是譬喻用法，藉渾沌死來說明為者敗之的道理。

《莊子》又有全篇藉一物為譬喻的，如〈馬蹄〉引蘇輿云：「老子云：『無為自化，清靜自正。』通篇皆申此旨，而終始以馬作喻，亦《莊子．內篇》所未有也。」[47]此依蘇輿注，說此篇申明老子「無為自化，清靜自正」的道理，全篇以馬作譬喻，為《莊子．內篇》所沒有的。

由上述可知，譬喻為《莊子》書常用的修辭法，亦為王先謙特別關注者，他指出《莊子》用喻，或以物為喻，或以言為喻，或以寓言為喻；有時單用一喻，亦有通篇連用數喻，或有全篇以一寓言為喻，或有全篇藉一物為喻的。可見《莊子》用喻之頻繁與多樣。

---

44 【清】王先謙，《莊子集解》，卷一，〈人間世第四〉，頁四〇─四一。
45 【清】王先謙，《莊子集解》，卷一，〈人間世第四〉，頁四五。
46 【清】王先謙，《莊子集解》，卷二，〈應帝王第七〉，頁七五。
47 【清】王先謙，《莊子集解》，卷三，〈馬蹄第九〉，頁八二。

第八章　王先謙《莊子集解》論《莊子》之義理思想

第一節　《莊子》的「天」

王先謙在〈逍遙遊〉篇旨開章明義說：「言逍遙乎物外，任天而遊無窮者也。」[1]指出「逍遙」之意乃在於逍遙於物外，能任天以遊於無窮。又注「生物以息相吹也」句，說：「言物之微者，亦任天而遊。入此義，見物無大小，皆任天而動。」[2]言物無論大小，皆可任天而動。故知，「天」乃為《莊子》書中重要的核心概念。

《莊子》書中「天」的意涵主要有：自然義、天即道、天即理等。

1 【清】王先謙，《莊子集解》，卷一，〈逍遙遊第一〉，頁一。
2 【清】王先謙，《莊子集解》，卷一，〈逍遙遊第一〉，頁一。

一、「天」即自然

「天」字在《莊子集釋》中有自然之義，〈馬蹄〉「一而不黨，命曰天放」，引成注：「天，自然也。」引宣云：「渾一無偏，任天自在。」[3]又，〈徐无鬼〉「古之真人，以天待之」，引成云：「用自然之道，虛其心以待物。」「不以人入天」，引成云：「不以人事變天然之知。」[4]在此將「天」解釋為自然、天然。〈大宗師〉「知天之所為者，天而生也」，王注：「凡物皆自然而生，則當順其自然。」[5]既然「天」是自然，萬物皆由自然而生，因此也當順其自然。可見順其自然，也就是順應天，此應為《莊子》學說之核心宗旨。

天與人常常被並舉，一是自然義，一是人為義，如〈庚桑楚〉「聖人工乎天而拙乎人」，引郭云：「任其自然，天也；有心為之，人也。」[6]此以天人相對，能任其自然的稱為「天」；有心為之的，則為「人」。

又，〈達生〉：「不開人之天，而開天之天」，引郭云：「不慮而知，開天也；知而後感，開人

3 【清】王先謙，《莊子集解》，卷三，〈馬蹄第九〉，頁八三。
4 【清】王先謙，《莊子集解》，卷六，〈徐　鬼第二十四〉，頁二二二。
5 【清】王先謙，《莊子集解》，卷二，〈大宗師第六〉，頁五五。
6 【清】王先謙，《莊子集解》，卷六，〈庚桑楚第二十三〉，頁二〇六。

也。然則開天者，性之動；開人者，知之用。」「開天者德生」，引郭云：「性動者，遇物而當，足則忘餘，斯德生也。」「開人者賊生」，引郭云：「知用者，從感而求，倦而不已，斯賊生也。」[7]由上述可知，此以「不慮而知」解釋「天」；「知而後感」解釋「人」，一是自然的不慮之知，一是人為的知而後感。進而說如能「開天」，即是本性之動，遇物自然能有恰當反應；「開人」則是有為的用知，因有感而求，故常倦怠不已。故知：「天」乃自然的本性之動，以此自然天性處世，自然能表現恰到好處的反應；「人」則是人為的有意用知，因此，有道者須：「常守天德，不厭天也；智能燭物，不忽人也。」[8]守住自然的天德，又能以智慧燭照萬物，則能合於天又能合於人。

〈大宗師〉：「所謂人之非天乎？」引成云：「知能運用，無非自然。是知天之與人，理歸無二，故謂天即人，謂人即天。所謂吾者，莊生自稱。此則泯合天人，混同物我也。」[9]當人為的知能運用也能一派自然時，天與人的界線也將泯除，故天與人的極致是天即人、人即天，也就是能泯合天人、混同物我。

「天」之所以為「自然」，乃是效法天地之謂，〈知北遊〉：「天地有大美而不言，四時有明法而不議，萬物有成理而不說。」故「聖人者，原天地之美而達萬物之理。」王先謙注云：「原，本也。

7 【清】王先謙，《莊子集解》，卷五，〈達生第十九〉，頁一五八。
8 釋「不厭其天，不忽於人」句。【清】王先謙，《莊子集解》，卷五，〈達生第十九〉，頁一五八。
9 【清】王先謙，《莊子集解》，卷二，〈大宗師第六〉，頁五五。

以覆載為心，其本原與天地同，又萬物各有生成之理，因而達之。」[10]言聖人之心能覆載萬物，與天地同，因此可以通達萬物生成之理。正因其「以天地為法」[11]，故能「達其本根，可與觀自然之天矣」[12]，可見自然之天，乃就法天地而說。

又，天地自然「以覆載為心」，並非一無作為，〈知北遊〉「萬物皆往資焉而不匱，此其道與！」引蘇輿云：「運量萬物，猶有治化之迹，故曰外。萬物往資，猶《易》『資生資始』之資，此天地自然之功用也，故曰道。」[13]故知天地萬物有運量萬物的功用，此為其「自然之功用」。

二、天即道

《莊子集釋》解釋「天」，亦為「道」之義。

〈列禦寇〉「自是，有德者以不知也，而況有道者乎！」王案：「德之為言得也。言知得之為德，而自是其德，已為不智，況於有道之人，而可不因任其天乎！」[14]云有道之人「因任其天」，故

10 【清】王先謙，《莊子集解》，卷六，〈知北遊第二十二〉，頁一八六。
11 【清】王先謙，《莊子集解》，卷六，〈知北遊第二十二〉，頁一八六。
12 【清】王先謙，《莊子集解》，卷六，〈知北遊第二十二〉，頁一八七。
13 【清】王先謙，《莊子集解》，卷六，〈知北遊第二十二〉，頁一八九。
14 【清】王先謙，《莊子集解》，卷八，〈列禦寇第三十二〉，頁二八〇。

天即是道。

對於道體的描述，〈大宗師〉「夫道，有情有信，无為无形」段，《集解》引：

宣云：「情者，靜之動也；信者，動之符也。」

成云：「恬然寂寞，無為也；視之不見，無形也。」

郭云：「古今傳而宅之，莫能受而有之。」

成云：「方寸獨悟，可得也。離於形色，不可見也。」

宣云：「道為事物根本，更無有為道之根本者，自本自根耳。」[15]

由此可知，道的特質有：道因靜而動，故「有情」；道之動有符驗可徵，故「有信」；道的表現為恬然寂寞，故「無為」；道視之不見，故「無形」；道流傳古今卻又莫能受之，故「可傳不可受」；道只能獨悟於方寸，離開形色則不可見，故「可得而不可見」；道又為萬事萬物的根本，無論鬼或帝，皆有道「神」之，故曰：「神鬼神帝」。[16]又道在陰陽未判的「太極」，亦不為高遠；在天地四方之「六

15 【清】王先謙，《莊子集解》，卷二，〈大宗師第六〉，頁五九。

16 王先謙注曰：「下文堪坏、馮夷等，鬼也；豨韋、伏羲等，帝也。其神，皆道神之。」故他認為鬼與帝都實有所指。（【清】王先謙，《莊子集解》，卷二，〈大宗師第六〉，頁五九—六〇）。

極」，亦不為深邃。[17]〈則陽〉「是故天地者，形之大者也；陰陽者，氣之大者也；道者為之公。」段，引：

宣云：「道者，天地陰陽所公共，不可指之為形，不可指之為氣，是其大更為無偶也。」「道之大更無可指稱，亦借一道字約略號之耳，豈真有一事一物可名為道哉！」[18]

此則云道的特點是「大」，故不可指為形，亦不可指為氣，道之大本不可指稱，僅能藉一「道」字約略稱號之，實無一事一物可名為道。〈則陽〉「萬物殊理，道不私，故無名」句，引宣云：「道渾同，不得而名。」「無名故無為，無為而無不為」句，郭云：「名止於實，故無為；實各自為，故無不為。」[19]亦論道的特性，因其渾同為一，所以不得命名；名與實相符，故無為；道又各自為，故無不為。

又，〈庚桑楚〉「出无本，入无竅。」段，王云：

---

17 〈大宗師〉「太極之先而不為高，在六極之下而不為深。」王注：「陰陽未判，是為太極。天地四方，謂之六極。」又成云：「道在太極之先，不為高遠；在六合之下，不為深邃。」（【清】王先謙，《莊子集解》，卷二，〈大宗師第六〉，頁六〇）。

18 【清】王先謙，《莊子集解》，卷七，〈則陽第二十五〉，頁二三四。

19 【清】王先謙，《莊子集解》，卷七，〈則陽第二十五〉，頁二三三。

「道之流行無本根。道之斂藏無竅隙。」

「道有實在，而不見其處所。」

「言道之源流甚長，而不見其本末。」

「有所出而無竅隙者，自非無實；雖有實而終無處所者，處乎四方上下之宇也。」

「雖有長而不見本末者，以古往今來之宙為之本末也。」[20]

以上言道的流行源遠流長卻無本無根；道的斂藏則無竅無隙，卻非不真實的存在；道既實存卻無處所、源遠流長卻不見本末，遍在於上下宇宙之間。

〈則陽〉「凡道不欲壅，壅則哽，哽而不止則跈」，王云：「道乃人所共由，不欲壅滯，壅滯則必至梗塞，梗塞而不止，則妄行而相騰踐矣。」[21]言道是人所共同行走之路，故不能壅塞，否則必至阻礙難行。

道又為萬事萬物的根本，天地萬物皆隨之而生，〈大宗師〉「覆載天地、刻雕眾形而不為巧」句，

20 【清】王先謙，《莊子集解》，卷六，〈庚桑楚第二十三〉，頁二〇三。

21 【清】王先謙，《莊子集解》，卷七，〈外物第二十六〉，頁二四二。

引成云：「天覆地載，以道為原，眾形雕刻，咸資造化，同稟自然，故巧名斯滅。」[22]此云眾形能雕刻形成，皆以道為原，且同稟於自然。

道與德亦常並舉而論，〈庚桑楚〉「道者，德之欽也」句，王注：「道無可見，見其德之流行，則共仰為有道之人，故曰道者德之欽。」[23]故知，因道不可見，故必須藉德之流行見之，故說「道者德之欽」。又，〈天地〉「故形非道不生，生非德不明」句，引成云：「道能通生萬物，故非道不生；德能鑒照本原，故非德不明。《老經》云『道生之，德畜之』也。」[24]云天地萬物由道而生，然必須由「德」來鑑照本原，即《老子》所說「道生之，德畜之」之義，故知「德」乃為道的體現。

三、天即理

王先謙另有解釋「天」為天理。〈山木〉「仲尼曰：有人，天也；有天，亦天也」，引宣云：「人與天，皆天為之。天即理也。」[25]這一則取宣穎注，以天即理。又〈人間世〉「若然者，人謂之童子，

22 【清】王先謙，《莊子集解》，卷二，〈大宗師第六〉，頁六八。
23 【清】王先謙，《莊子集解》，卷六，〈庚桑楚第二十三〉，頁二〇五。
24 【清】王先謙，《莊子集解》，卷三，〈天地第十二〉，頁一〇一。
25 【清】王先謙，《莊子集解》，卷五，〈山木第二十〉，頁一七四。

是之謂與天為徒」，王注：「依乎天理，純一無私，若嬰兒也。」[26]此則亦以「天」為天理，並說依乎天理的表現，在於純一無私，就像嬰兒一樣。〈大宗師〉「是之謂不以心捐道，不以人助天。是之謂真人」句，引郭云：「物之感人無窮，人之逐欲無節，則天理滅矣。真人知用心則背道，助天則傷生，故不為也。」[27]此說人因無窮盡的追逐欲望，故「天理」澌滅，因此真人不「用心」，不以人助天。故知，此亦以天為理。

天亦常與「性」並舉，如〈山木〉「人之不能有天，性也」，引宣云：「人或不能全有其天，以性分有所加損故也。」[28]此解釋「性」為性分，人常常因性分有所增減，所以不能保全天理。又〈天運〉「夫鵠不日浴而白，烏不日黔而黑」句，引宣云：「喻本質自然如此。」「黑白之朴，不足以為辯」句，亦引宣云：「出於本質者，不足分別妍媸。」[29]故知，「性」應是本質之自然如此的狀態，只要是出於本質的，即不足以去分別美醜，這也是前所言之「性分」。又「名譽之觀，不足以為廣」句，王云：「名譽之觀美，亦不能于本性有所增廣。」[30]亦云天然的本質不會因為外在的美名而有所增減。

---

26 【清】王先謙，《莊子集解》，卷一，〈人間世第四〉，頁三四。
27 【清】王先謙，《莊子集解》，卷二，〈大宗師第六〉，頁五六。
28 【清】王先謙，《莊子集解》，卷五，〈山木第二十〉，頁一七四。
29 【清】王先謙，《莊子集解》，卷四，〈天運第十四〉，頁一二八。
30 【清】王先謙，《莊子集解》，卷四，〈天運第十四〉，頁一二八。

又，〈庚桑楚〉「性者，生之質也」句，引成云：「質，本也。自然之性，是稟生之本。」亦以「性」為自然之性，乃是稟生之本；又「性之動謂之為」句，引郭云：「以性自動，故稱為耳，此乃真為，非有為也。」由自然之性發動的，才是「真為」，然此並非有為；「為之偽謂之失」句，引成云：「感物而動，性之欲。偽情，分外有為，謂之喪道。」[31]性之所欲，乃是感於外物而動，如果不是出於自然之性的「有為」，即為喪道。

由上述可知，性為自然之性，理為自然之理，由自然之性發動的，才能合於自然之理，〈大宗師〉曰：「畸人者，畸於人而侔於天」句，引成云：「率其本性，與自然之理同。」[32]即言「人」與「天」相合，在於其本性與自然之天理相合。

綜上所論，《莊子集解》注解「天」為自然、道、天理，其實意涵幾乎是相同的。天為「自然」，主要強調法天地自然之義，又自然的「天」與人為的「人」相對，天人關係的極致表現在於能泯合天人、混同物我。言天為「道」，主要強調道的無形無象、不可名，又遍在於天地宇宙之間，為天地萬物之根本。言天為「理」，亦強調自然之理，並指出人性須與自然之理相合，出於自然之性的為，才是真正的有為。

31 【清】王先謙，《莊子集解》，卷六，〈庚桑楚第二十三〉，頁二〇五。
32 【清】王先謙，《莊子集解》，卷二，〈大宗師第六〉，頁六六。

第二節 《莊子》的修養工夫

《莊子》書所說的聖人境界，可藉由修養工夫，一步一步達成，以下敘述《莊子》書的主要修養工夫。

一、虛

「虛」為《莊子》重要的修養工夫之一，描述此工夫最著名的為「心齋」，此說見於〈人間世〉「仲尼曰：若一志」段，王先謙引：

宣云：「不雜也。」

成云：「耳根虛寂，凝神心符。」

成云：「心有知覺，猶起攀緣；氣無情慮，虛柔任物。故去彼知覺，取此虛柔，遣之又遣，漸階玄妙。」

宣云：「止於形骸。」俞云：「當作『耳止於聽』，傳寫誤倒也。此申說無聽之以耳之義，言耳之為用，止於聽而已，故無聽之以耳也。」

俞云：「此中說無聽之以心之義，言心之用，止于符而已，故無聽之以心也。符之言合，與物合也，與物合，則非虛而待物之謂矣。」

俞云：「此中說氣。」宣云：「氣無端，即虛也。」

成云：「唯此真道，集在虛心。故虛者，心齊妙道也。」[33]

故知：心齋的要點在於心志不雜，「无聽之以耳而聽之以心」，使耳根歸於虛寂，使心符凝神專一；進而「无聽之以心而聽之以氣」，因心有知覺，仍會起攀緣，不如氣無情慮，可以虛柔任物。又，「聽止於耳」，取俞注作「耳止於聽」，耳朵僅止於形骸之聽的功能；「心止于符」，心知之用，在於與物相合，即不能虛以待物，故「氣也者，虛而待物者也」，言氣之所以能虛，乃在於「無端」，指氣為無端無緒，闊達空靈，故「唯道集虛」，處於「虛」，才能使心與妙道相齊。

又，〈人間世〉「瞻彼闋者，虛室生白」，引司馬云：「闋，空也。室，喻心。心能空虛，則純白獨生也。」成云：「彼，前境也。觀察萬有，悉皆空寂，故能虛其心室，乃照真源。」[34]此則取司馬氏說，解心能空虛，所以純白獨生；又成氏以觀察前境空寂，故能虛其心，而能返照真源。前者說空虛的

33 【清】王先謙，《莊子集解》，卷一，〈人間世第四〉，頁三五－三六。
34 【清】王先謙，《莊子集解》，卷一，〈人間世第四〉，頁三六－三七。

妙用，後者進一步說明之所以能虛其心，乃是觀察到前境空寂。〈外物〉「胞有重閬」句，引郭云：「閬，空曠也」、成云：「人腹內空虛，故容藏胃；藏胃空虛，故通氣液。」「心有天遊」句，引宣云：「心必有閑處以適天機。」[35]此說人的腹內空虛，才能通氣液；心也必須有閒處，才能合於天機，此閒處即是虛的表現。

又，〈說劍〉「莊子曰：夫為劍者，示之以虛，開之以利，後之以發，先之以至。願得試之」，引成云：「忘己虛心，開通利物，感而後應，幾照物先，莊子之用劍也。」[36]此亦以「虛」來比喻用劍，言用劍者必須忘記自己，虛心待物，才能開通利物，有感而後應，照物以先幾。

由上述可知，「虛」是一種開放的、沒有滯著的心靈狀態，心能處於「虛」的狀態，則可以返照本源，與妙道相合；同時開通利物，以先幾照物，足見「虛」的妙用無窮。

二、靜

「靜」也是《莊子》重要的修養工夫之一。〈人間世〉「吉祥止止」，引成云：「吉祥善福，止在凝靜之心，亦能致善應也。」[37]言止於凝靜之心，吉祥善福才會來集。又，〈庚桑楚〉：「欲靜則平

35【清】王先謙，《莊子集解》，卷七，〈外物第二十六〉，頁二四二。

36【清】王先謙，《莊子集解》，卷八，〈說劍第三十〉，頁二七一。

37【清】王先謙，《莊子集解》，卷一，〈人間世第四〉，頁三七。

氣，欲神則順心」，引郭云：「平氣則靜理足，順心則神功至。」[38]言氣平則靜理充足，順心則神功到來。

〈德充符〉「平者，水停之盛也」段，引：

郭云：「天下之平，莫盛於停水。」

郭云：「無情至平，故天下取正焉。」

蕩，動也。內保其明，外不動於物。

宣云：「修太和之道既成，乃名為德也。」

含德之厚，人樂親之。[39]

此段言靜的工夫，只有內在保持光明，外不為物所動，才能修太和之道，此太和之道又名為德，修養厚德的人，人亦樂於親近。

〈天道〉「聖人之心靜乎，天地之鑒也，萬物之鏡也。」王注云：「果能靜，雖天地之精，萬物之

38 【清】王先謙，《莊子集解》，卷六，〈庚桑楚第二十三〉，頁二〇七。

39 【清】王先謙，《莊子集解》，卷二，〈德充符第五〉，頁五二－五三。

理，皆莫能遁。」[40]言心若能安靜，則如鏡子一般，天地之精、萬物之理皆莫能遁逃。〈外物〉「靜然可以補病」段，引宣云：「靜則神氣來復，故可以補病。」「寧可以止遽」，引宣云：「寧定則心閑泰，可以止迫遽也。」[41]說明寧靜可以使神氣修復，也可以使心閒泰；可以補病，也可以止急迫，對於身心都有助益。

〈達生〉「梓慶削木為鐻，……臣將為鐻，未嘗敢以耗氣也，必齊以靜心。齊三日，而不敢懷慶賞爵祿；齊五日，不敢懷非譽巧拙；齊七日，輒然忘吾有四枝形體也。當是時也，无公朝，其巧專而外骨消。」段，引：

李云：「氣耗則心動，心動則神不專也。」
宣云：「忘利。」
宣云：「忘名。」
《釋文》：「輒然，不動貌。」宣云：「忘我。」
宣云：「忘勢。若非為公家削之。」

---

40 【清】王先謙，《莊子集解》，卷四，〈天道第十三〉，頁一一三。

41 【清】王先謙，《莊子集解》，卷七，〈外物第二十六〉，頁二四三。

成云：「滑，亂也。」宣云：「外而滑心之事盡消。」[42]

此段藉由梓慶為鐻之喻，講靜心齋戒的工夫，靜心可以使氣不過度耗費，保持精神專一，故能進一步忘利、忘名、忘我、忘勢，凡所有外在足以擾亂心神之事盡皆消弭，故其所成之鐻，才能使見者「驚猶鬼神」。

又，虛與靜常是不可分的，〈天道〉「夫虛靜恬淡，寂漠無為者，天地之平而道德之至，故帝王聖人休焉。」段，王注云：

> 休其心則與虛合德，與虛合德則萬理俱涵，萬理俱涵則無不井然有倫。必虛方能靜，靜則可以動，動則得其宜矣。靜觀無為，不擾群下，則任事者各自責矣。[43]

此段直言「虛靜」，心要靜才能與虛合德，虛靜合則能萬理俱涵；反過來，要虛才能靜，靜之後才能動；又，靜觀才能無為，上位者無為則能不擾群下，群下任事可以自我責成。

42　【清】王先謙，《莊子集解》，卷五，〈達生第十九〉，頁一六三－一六四。

43　【清】王先謙，《莊子集解》，卷四，〈天道第十三〉，頁一一三－一一四。

由上述可知，保有寧靜之心的人，心就如鏡子一般，足以鑑照天地萬物之理；又心不為外物所動，亦可以使神氣修復、精神專一、心靈閒泰，有助於身心，且吉祥善福來集，太和之氣充足。又，虛與靜須相合，才能萬理俱涵，靜觀無為。

三、忘

《莊子》論到「忘」的工夫，主要有「坐忘」。〈大宗師〉「回坐忘矣」，引司馬云：「坐而自忘其身。」其後，顏回曰：「墮肢體，黜聰明，離形去知，同於大通，此謂坐忘」，引成云：「墮，毀廢。黜，退除。」成云：「冥同大道。」[44]故知，「坐忘」的工夫主要為坐而忘其身，此身包括形體和聰明知識，能坐忘者，則能冥同於大道。

〈大宗師〉有一段描述修道的過程，「參日而後能外天下；已外天下矣，吾又守之，七日而後能外物；已外物矣，吾又守之，九日而後能外生；已外生矣，而後能朝徹；朝徹，而後能見獨；見獨，而後能无古今；无古今，而後能入於不死不生。殺生者不死，生生者不生。其為物，无不將也，无不迎也；无不毀也，无不成也。其名為攖寧。攖寧也者，攖而後成者也。」段，王先謙引注云：

成云：「心既虛寂，萬境皆空。」

44 【清】王先謙，《莊子集解》，卷二，〈大宗師第六〉，頁九五－九六。

郭云：「物者，朝夕所需，切己難忘。」

成云：「天下疏遠易忘，資身之物親近難忘，守經七日，然後遺之。」

成云：「隳體離形，坐忘我喪。」

成云：「死生一觀，物我兼忘，豁然如朝陽初啟，故謂之朝徹。」

宣云：「朝徹，如平旦之清明。」

王注：見一而已。

成云：「任造物之日新，隨變化而俱往，故無古今之異。」

宣云：「生死一也。至此，則道在我矣。」

蘇輿云：「『殺生』二語，申釋上文。絕貪生之妄覬，故曰殺生；安性命之自然，故曰生生。死生順受，是不死不生也。」

成云：「將，送也。道之為物，拯濟無方，迎無窮之生，送無量之死。」

成云：「不送而送，無不毀滅；不迎而迎，無不生成。」

「《孟子》趙注：『攖，迫也。』物我生死之見迫於中，將迎成毀之機迫於外，而一無所動其心，乃謂之攖寧。置身紛紜蕃變、交爭互觸之地，而心固寧焉，則幾于成矣，故曰『攖而後成』。」45

45【清】王先謙，《莊子集解》，卷二，〈大宗師第六〉，頁六一—六二。

依注說明：「參日而後能外天下」，三日後，心已虛寂，故能體會萬境皆空；「七日而後能外物」，物乃是朝夕所需，因切於己故難忘懷，經七日後方能遺忘；「九日而後能外生」，到了第九日則能忘記形體，坐忘喪我。「已外生矣，而後能朝徹」，指經過視生死為一、兼忘物我的狀態後，便如朝陽初啟，如平旦之清明，故稱為「朝徹」；「朝徹，而後能見獨」，「見獨」，王先謙解為見一；「見獨，而後能无古今」，能夠見獨，則能隨造物之日新，隨變化而俱往，無古與今之別；「无古今，而後能入於不死不生」，至此已達到生死一如，故曰「道在我矣」！其後「殺生者不死，生生者不生」，不再有貪生之念，且能安於性命之自然，無論生或死都能順受，即是不死不生之境。

上述所言，由「外天下」、「外物」、「外生」、「朝徹」至「見獨」，即是一層一層「忘」的過程，由忘天下、忘資身之物、坐忘喪我，至死生一觀，物我兼忘，而後能入於不死不生的境地，最後成於「攖寧」，即置身在各種紛紜變化及交爭互觸之地，其心能夠守住安寧，如此道業已幾近成功。由此可見，「忘」的工夫在《莊子》修養中的重要。

〈庚桑楚〉「忘人，因以為天人矣」句，王云：「能忘人，即可以為天人，以其近自然也。」[46]指出能「忘人」，因其近於自然，故可以為天人；又「故敬之而不喜，侮之而不怒者，唯同乎天和者為

46 【清】王先謙，《莊子集解》，卷六，〈庚桑楚第二十三〉，頁二〇七。

然。」句，引成云：「忘其逆順。」[47]只有將順逆之境忘記，才能同乎天和。

〈天地篇〉有「忘乎物，忘乎天，其名為忘己」，王注云：「忘物矣，並其自然之天而亦忘之，是之謂忘己」，「忘己」者，必須忘物，連自然之心亦應忘之。「忘己之人，是之謂入於天。」引宣云：「與天為一。」[48]忘己之人，才能與天為一。

〈人間世〉「夫支離其形者，猶足以養其身，終其天年，又況支離其德者乎！」成云：「忘形者猶足免害，況忘德者乎！」[49]言忘記形體的人尚且足以養生，更何況是忘德的人。

由上述故知，忘的工夫應在於不被障礙與影響，就己身來說，內不被形軀、智識、道德、順逆之境、生死等所障礙與影響；外不被天下、外物、他人等障礙與影響，回到最自然的狀態，也就是精神的逍遙狀態，進入此狀態者則能「朝徹」、「見獨」，而與天地同和。

四、超越是非對待

《莊子》書中對於經驗世界之種種是非分別之對待，乃持以否棄的態度，如〈齊物論〉「因是因非，因非因是」，王注云：「有因而是者，即有因而非者；有因而非者，即有因而是者。既有彼此，則

47 【清】王先謙，《莊子集解》，卷六，〈庚桑楚第二十三〉，頁二〇七。
48 【清】王先謙，《莊子集解》，卷三，〈天地第十二〉，頁一〇五。
49 【清】王先謙，《莊子集解》，卷一，〈人間世第四〉，頁四四。

是非之生無窮。」[50]此言只要有「是」依之而生，便有一「非」依之而生，反之亦是，故一旦有彼此的分別，就會有無窮的是非產生。王又說：「別立是非，彼我皆疑，隨人是非，更無定論，不能相知，更何待邪？極言辯之無益。」[51]此說辯論時若別立是非，則彼我皆疑；若隨人而是非，則更無定論，因此極言辯論之無益。辯論乃立基於彼此之是非，既然是非無定，那麼辯論也就沒有意義可言了。

既然是非分別不可恃，那麼如何才能超越是非對待？〈齊物論〉「故曰莫若以明」，王注：「惟本明之照，可以應無窮。此言有彼此而是非生，非以明不能見道。」[52]這裏提出以本然之明觀照，才能因應無窮之是非。又，〈齊物論〉「樞始得其環中，以應無窮。」王引郭嵩燾云：

> 是非兩化，而道存焉。故曰道樞，以游乎環中。中，空也。是非反復，相尋無窮，若循環然。游乎空中，不為是非所役，而後可以應無窮。」[53]

能夠掌握「道樞」的人，才能游於「環中」。因為環是空虛的，是非反復之相尋無窮，就像環中之空虛

50 【清】王先謙，《莊子集解》，卷一，〈齊物論第二〉，頁一四。
51 【清】王先謙，《莊子集解》，卷一，〈齊物論第二〉，頁二五。
52 【清】王先謙，《莊子集解》，卷一，〈齊物論第二〉，頁一五。
53 【清】王先謙，《莊子集解》，卷一，〈齊物論第二〉，頁一五。

一樣，因此有道能夠遊於空虛，不為是非所役，故能因應無窮。

由上述可知，世俗所分判之是非關係，本就是一無窮變化的對立狀態，實不足依恃，故須加以超越，其方法乃是以本然之明觀照，如此則可以處於道之樞，以因應無窮之是非。

五、養氣、形神相守

養氣亦為《莊子》的修道工夫之一。〈刻意〉「吹呴呼吸，吐故納新，熊經鳥申」段，引：

成云：「吹冷呼而吐故，呴暖吸而納新，如熊攀樹而自懸，類鳥飛空而伸脚。」

李云：「導氣令和，引體令柔。」[54]

「吹呴呼吸」講的是呼吸的吐納，藉由呼吸的導引，使氣調和，再配合身體的鍛鍊，令身體柔軟。

〈知北遊〉被衣曰：「若正汝形，一汝視，天和將至」，引宣云：「體靜神凝，則和氣自復。」「攝汝知，一汝度，神將來舍」，王案：「言心斂形正，神明自歸。」[55]由此可知，形體端正能使心神

54 【清】王先謙，《莊子集解》，卷四，〈刻意第十五〉，頁一三二。

55 【清】王先謙，《莊子集解》，卷六，〈知北遊第二十二〉，頁一八七。

集中專注，使自身的和氣修復。

〈在宥〉「慎守女身，物將自壯。我守其一，以處其和，故我修身千二百歲矣，吾形未嘗衰。」引：

宣云：「物即道也。守身則道得其養，將自成也。」

宣云：「二氣之和也。」

宣云：「形神相守，長久之道。」[56]

此言養生之道在於使「身」得其養，養「身」之道又在於使陰陽二氣和合，以使形神相守，而能得長久之壽。

〈達生〉篇有「關尹曰：是純氣之守也，非知巧果敢之列」，引成云：「是保守純和之氣，非心智巧詐、勇決果敢而得之。」[57]這裏亦提到「純氣之守」，即在於保住純和之氣，但此氣並非由心智的巧詐及勇敢果決之力可得。

56 【清】王先謙，《莊子集解》，卷三，〈在宥第十〉，頁九四。

57 【清】王先謙，《莊子集解》，卷五，〈達生第十九〉，頁一五七。

〈外物〉「物之有知者恃息」，引宣云：「息所以通一身之氣。」[58]如果可以令氣息通達全身，就可以使身體強健，甚至與道相合，如〈大宗師〉所描寫的「古之真人，……其息深深。真人之息以踵。」注引李云：「內息之貌。」宣云：「呼吸通于湧泉。」[59]言有道者的內息可以直通湧泉，故由呼吸的長短，亦可以觀知修道的淺深。〈應帝王〉「而機發於踵」，引宣云：「一段生機，自踵而發。」[60]亦是同義。〈在宥〉「大同乎涬溟」句，引司馬云：「涬溟，自然氣也。」宣云：「與浩氣同體。」[61]亦說有道者可與大自然之浩氣同為一體。

由上述可知，養氣工夫可藉由呼吸吐納，使氣調和；又形體端正，亦可以使心神集中專注，幫助和氣的修復。善於養氣者，主要在於陰陽二氣和合，守住純和之氣，可使形神相守。古來修道者都能內息充足，進而與「與浩氣同體」，足見養氣工夫之重要。

六、去除利欲之心

修道者又必須將利欲之心去除，〈大宗師〉「其耆欲深者，其天機淺」，王注：「情欲深重，機神

58【清】王先謙，《莊子集解》，卷七，〈外物第二十六〉，頁二四二。
59【清】王先謙，《莊子集解》，卷二，〈大宗師第六〉，頁五五－五六。
60【清】王先謙，《莊子集解》，卷二，〈應帝王第七〉，頁七三。
61【清】王先謙，《莊子集解》，卷三，〈在宥第十〉，頁九六。

淺鈍」[62]，故知，情欲深重之人，其機神易淺鈍，不利於修道。

〈外物〉「有甚憂兩陷而无所逃」段，引：

> 王注：「人亦有甚憂者，利害是也。害固害，利亦害也，故常兩陷而無所逃。
>
> 王案：言人視外物過重，雖怵惕恐懼，卒無所成。
>
> 王注：「眾皆溺於利害，是自焚其心中太和之氣也。」
>
> 王注：「人心之清明，譬猶月也，豈能勝此火乎？」
>
> 宣云：「於是乎頹然隳壞，天理盡而生機熄矣。」[63]

此段云利害之心過重的人，猶如自焚心中的太和之氣；視外物過重的人，也容易陷於恐懼之心，皆有害人心之清明，使天理斲喪而天機滅絕。

〈盜跖〉「今富人耳營鐘鼓管籥之聲，口嗛於芻豢醪醴之味，以感其意，遺忘其業，可謂亂矣；侅溺于馮氣，若負重行而上也，可謂苦矣。」王案曰：「貪欲既多，侅塞沈溺于盛氣，如負重上行，其苦

62 【清】王先謙，《莊子集解》，卷二，〈大宗師第六〉，頁五六。

63 【清】王先謙，《莊子集解》，卷七，〈外物第二十六〉，頁二三七—二三八。

甚矣。」[64]故知，過多的貪欲，將使自己阻塞沈溺於盛氣中，如同負重上行，甚為辛苦。

〈讓王〉「能尊生者，雖貴富不以養傷身，雖貧賤不以利累形。養形者忘利」王注：「有養者不以嗜養傷身，無利者不以求財累形。」[65]引成云：「攝衛之士，不以利傷生。」[66]故知，善於養生的人，不會以嗜欲傷害其身，也不會為了求財利而勞累形體。

〈山木〉「市南子曰：少君之費，寡君之欲，雖无糧而乃足」，郭云：「所謂知足則無所不足也。」[67]去除欲望最好的方式就是知足，能知足的人則無不充足。

由上述可知，利欲之心過重的人，容易陷於恐懼之心，或將自己阻塞沈溺於盛氣之中，故其機神淺鈍、天理滅喪，因此修道者必須去除利欲之心，常保知足。

藉由各種修養工夫，則可以逐步完成修道的歷程，《莊子》對於修道的過程，亦有次序性的介紹，除上文〈大宗師〉「參日而後能外天下，……无古今，而後能入於不死不生」的敘述外，另有〈寓言〉篇，藉顏成子游與東郭子綦的對話，云修道的順序為：「一年而野，二年而從，三年而通，四年而物，五年而來，六年而鬼入，七年而天成，八年而不知死、不知生，九年而大妙。」王先謙引：

64 【清】王先謙，《莊子集解》，卷八，〈盜跖第二十九〉，頁二六八。
65 【清】王先謙，《莊子集解》，卷八，〈讓王第二十八〉，頁二五二。
66 【清】王先謙，《莊子集解》，卷八，〈讓王第二十八〉，頁二五六。
67 【清】王先謙，《莊子集解》，卷五，〈山木第二十〉，頁一六九。

成云：「野，質樸也。聞道一年，學心未孰，稍能樸素去浮華耳。」

成云：「順於俗也。」

成云：「不滯境也。」

成云：「與物同也。」，

成云：「為眾歸也。」

成云：「神會物理。」

成云：「合自然成。」

成云：「不覺死生聚散之異。」

成云：「妙，精微也。知照宏博，故稱大也。」[68]

依上注，聞道一年，已可稍稍去除浮華而能素樸；第二年可以順從世俗；第三年可以不滯於外境；第四年可以與物同一；第五年眾人歸附；第六年可以神會物理；第七年合於自然天成；第八年已不覺生死聚散之異；第九年能知照宏博，稱此為「大妙」。故知，只要循著一定的工夫方法，欲臻至於道的境界，

68 【清】王先謙，《莊子集解》，卷七，〈寓言第二十七〉，頁二四八。

是可循序以至的。

第三節　《莊子》的修養境界

在《莊子》書中，將修道有成的人稱為聖人、真人、至人、神人等，並說「至人無己，神人無功，聖人無名」（〈逍遙遊〉），即指出有道者沒有自我的偏執，不執取於建立功業，亦不求顯赫的名聲。《莊子集解》亦對此部分有所發揮，以下將修養境界歸納分述如下：

一、形體表現

有道者之形體與一般人不同，〈大宗師〉「古之真人，其寢不夢」段，引：

成云：「絕思想，故寢寐寂泊。」
成云：「不耽滋味。」
李云：「內息之貌。」
宣云：「呼吸通于湧泉。」

宣云：「止於厭會之際。」[69]

由此段注解可知，有道者因為沒有過多思慮，故睡覺時能安穩沈寂；在飲食上不耽溺滋味；眾人之息只能到厭會之處，真人的內息則可以直通湧泉。

二、心志表現

有道者的心志表現亦與常人不同，〈大宗師〉「若然者，其心志」段，注引：

宣云：「志當作忘。無思。」

宣云：「無為。」

宣云：「喜怒皆無心，如四時之運。」[70]

由上可知，有道者的心志表現為無思、無為，喜怒非出於有心，如四時之運行。〈應帝王〉「无為名尸」段，引：

---

69 【清】王先謙，《莊子集解》，卷二，〈大宗師第六〉，頁五五－五六。

70 【清】王先謙，《莊子集解》，卷二，〈大宗師第六〉，頁五六。

成云：「……無為名譽之主。」
王云：「無為謀慮之府。」
郭云：「付物使各自任。」
成云：「不運智以主物。」
王云：「體悟真源，冥會無窮。」
成云：「……晦跡韜光，故無朕。」
王云：「全所受於天，而無自以為得之見。」
郭云：「不虛，則不能任群實。」
郭云：「鑒物而無情。」
成云：「將，送也。物感斯應，應不以心，既無將、迎，豈有情於隱匿哉！」
成云：「用心不勞，故無損害。」[71]

綜括上述，有道之人能不主名譽、不營謀慮，不運智以主宰萬物，而使物各付物；因其能體悟真源，故

71 【清】王先謙，《莊子集解》，卷二，〈應帝王第七〉，頁七五。

能冥會無窮，韜光晦跡，無有朕兆可尋；並能以虛心鑑物，感物而應，不出之以有心，故能用心不勞，勝於物而無所損傷。

〈列禦寇〉「夫免乎外內之刑者，唯真人能之」，成云：「心若死灰，內不滑靈府，形同槁木，外不掛桎梏，唯真人哉！」[72]此說有道者的心就像死灰一樣，內不為精神所拘，外不為桎梏所限。

三、隨遇而安

真人處於世上能隨所遭遇而安住，〈大宗師〉「與物有宜，而莫知其極。」王注：「隨事合宜，而莫窺其際。」[73]指真人在行事上能隨事合宜。又，〈大宗師〉「其覺無憂」，郭云：「隨所寓而安。」[74]亦說真人在處世上能隨其所寓止而安住。

〈應帝王〉「因以為波流，故逃也。」引成云：「因任前機，曾無執滯，千變萬化，非相者所知，故季咸逃逸也。」，又王案曰：

> 《列子》注引向云：「至人其動也天，其靜也地，其行也水流，其湛也淵嘿。淵嘿之與水流，天

72 【清】王先謙，《莊子集解》，卷八，〈列禦寇第三十二〉，頁二八三。
73 【清】王先謙，《莊子集解》，卷二，〈大宗師第六〉，頁五六。
74 【清】王先謙，《莊子集解》，卷二，〈大宗師第六〉，頁五五－五六。

行之與地止，其於不為而自然，一也。今季咸見其尸居而坐忘，即謂之將死；見其神動而天隨，即謂之有生。苟無心而應感，則與變升降，以世為量，然後足為物主，而順時無極耳，豈相者之所覺哉！」[75]

這一段以季咸為壺子相為喻，言壺子能因任前機，沒有執著滯礙，因此能千變萬化，無法為觀相者所窺知。王先謙又引《列子》注補充，言至人無論動或靜，都能無心應感，任隨自然，因應變化，故能順時無極，無法為相者所覺。

又，〈天地〉「不樂壽，不哀夭；不榮通，不醜窮；壽夭俱忘，窮通不足言矣。不拘一世之利以為己私分」段，引：

郭云：「皆委之萬物。」

郭云：「忽然不覺榮之在身。」

成云：「忘於物我。」

成云：「冥於變化。」[76]

75 【清】王先謙，《莊子集解》，卷二，〈應帝王第七〉，頁七四。

76 【清】王先謙，《莊子集解》，卷三，〈天地第十二〉，頁一〇〇。

故知有道者，能將已身委之萬物，沒有榮利在身的感受，忘記物我的分別，與變化相冥合。

〈達生〉「至人潛行不窒」段，引成云：「潛伏行世，不為物境障礙」、成云：「冥於寒暑，故火不能災；一于高卑，故心不恐懼。」[77]云至人潛伏行世，不為物境所障礙；又冥合寒暑，故火不能使其災；齊一高卑，故心不生恐懼。

〈列禦寇〉「聖人安其所安，不安其所不安」，引成云：「安，任也。任群生之性，不引物從己，性之無者，不強安之，此所以為聖人也。」[78]言聖人能隨順群生之性，不會強引外物來順從自己，也不強安己性以合於外物。

由上述故知，有道者因能「因任前機」、「委之萬物」、「任群生之性」，也就是不覺有「身」，沒有自我的執取，故能無心以應物，而能「與物有宜」、「忘於物我」、「冥於變化」，寒暑、災害皆不能為之所動，也「不為物所障」，此便是有道之自在與逍遙。

77 【清】王先謙，《莊子集解》，卷五，〈達生第十九〉，頁一五七。
78 【清】王先謙，《莊子集解》，卷八，〈列禦寇第三十二〉，頁二八〇。

四、泯除是非對待

有道者亦表現於對是非對待的泯除及超越，〈齊物論〉「化聲之相待，若其不相待」，引郭嵩燾云：

> 言隨物而變，謂之化聲。若，與也。是與不是，然與不然，在人者也。待人之為是為然，而是之然之，與其無待於人，而自是自然，一皆無異於其心，如下文所云也。[79]

此言是與不是、然與不然，皆出於人為的對待，若能隨物而變，泯去人為的對待，而「無待於人」，那麼一切都是自然，在聖人的心中一切都沒有絕對的差別對待。

〈齊物論〉「是之謂兩行」，王案：「言聖人和通是非，共休息於自然均平之地，物與我各得其所，是兩行也。」[80]指出聖人能泯除是非對待的關係，處於自然均平之地，使物與我皆能各得其所。

〈大宗師〉「故其好之也一，其弗好之也一」，引成云：「既忘懷於美惡，亦遺蕩於愛憎。故好與弗好，出自凡情，而聖智虛融，未嘗不一。」[81]此解釋「一」乃是摒去凡情的是非對待，以虛融通達的

79 【清】王先謙，《莊子集解》，卷一，〈齊物論第二〉，頁二五。
80 【清】王先謙，《莊子集解》，卷一，〈齊物論第二〉，頁一七。
81 【清】王先謙，《莊子集解》，卷二，〈大宗師第六〉，頁五八。

智慧，忘懷美與惡、愛與憎。

又，〈天地〉「无為為之之謂天」段，引：

成云：「率性而動，天機自張。」

成云：「應答無方，物來斯應。」

成云：「心無偏執，措其性命。」

郭云：「萬物萬形，各止其分，不引彼以同我，乃成大耳。」

宣云：「和光同塵。」[82]

此亦云有道者能率性而動，故天機自張，內心沒有偏執，隨物之來以任應，沒有一定的方式，與物同和，無對待、無分別，而達到和光同塵的境界。

由上述可知，是非對待乃出於人為，有道的聖人能泯除凡情的是非對待，則能處於「自然均平」之地，以自然之天機率性而動，則心無偏執，得以「和光同塵」。

82 【清】王先謙，《莊子集解》，卷三，〈天地第十二〉，頁一〇〇。

五、超越生死

有道者亦表現為對生死的超越，〈大宗師〉「若然者，登高不栗，入水不濡，入火不熱。是知之能登假於道也若此」，王注云：「危難生死，不以介懷。其能登至於道，非世之所為知也。」[83]說明真人對於生死危難，不會介懷，故能登至於道。

〈大宗師〉「孰能以无為首，以生為脊，以死為尻，孰知生死存亡之一體者，吾與之友矣。」引：

> 成云：「人起自虛無，故以無為首；從無生有，生則居次，故以生為脊；死最居後，故以死為尻。死生離異，同乎一體。能達斯趣，所遇皆適，豈有存亡欣惡於其間，誰能知是，我與為友也。」[84]

此說人生於虛無，「無」就如同人身上的頭；從無生有，「生」就如同人身上的脊梁；死居於最後，就如同人身上的臀尾。故知死與生本是一體，能了解這個道理，就能適應於各種境遇，不會對存亡懷有歡欣或厭惡之情。

83 【清】王先謙，《莊子集解》，卷二，〈大宗師第六〉，頁五五。

84 【清】王先謙，《莊子集解》，卷二，〈大宗師第六〉，頁六二—六三。

〈庚桑楚〉「將以生為喪也，以死為反也」，引成云：「俗人以生為得，以死為喪。今欲反於迷精，故以生為喪，以其無也，以死為反，反於空寂。雖未盡於眾妙，猶可齊於死生。」[85]此亦云俗人常以為生就是得，死就是失，實則，生其實是失，因為生本是虛無；死其實為反，可以反於空寂，如能了解此一道理，雖未盡眾妙，仍可齊一生死。

〈天道〉「故曰：知天樂者，其生也天行，其死也物化」，引成云：「其生也同天道之四時，其死也混萬物之變化。」[86]此則說生之時，則混同天地四時；死之時，則隨順萬物之變化。

〈大宗師〉「忘其肝膽，遺其耳目」段，引宣云：「外身也，視死偶然耳。」王云：「往來生死，莫知其極。」[87]此說能將死亡視為偶然，才能真正忘身，也能往來生死，無有其極。

由上述可知，王先謙引成玄英注，以人生於「無」，死反於「空寂」，生與死就如同人身的首與尾之一體，亦即生死都只是自然大化的一部分，因此有道者對於生死不會介懷於心，生時就混同天地四時，死時就隨順萬物的變化，將生死看作是偶然，而能忘身，往來生死，自在逍遙。

85 【清】王先謙，《莊子集解》，卷六，〈庚桑楚第二十三〉，頁二〇三－二〇四。
86 【清】王先謙，《莊子集解》，卷四，〈天道第十三〉，頁一一四。
87 【清】王先謙，《莊子集解》，卷二，〈大宗師第六〉，頁六五。

六、「遊」的精神狀態

《莊子》所描述的有道者，常常表現出「遊」的精神狀態，如〈德充符〉「故聖人有所遊」，王注云：「遊心於虛。」[88]故知，聖人所遊，主要因其能遊心於「虛」，以虛靈之心應世。

〈人間世〉「且夫乘物以遊心，託不得已以養中，至矣。」引宣云：「隨物以遊寄吾心，託於不得已而應，而毫無造端，以養吾心不動之中，此道之極則也。」[89]言有道者能隨物以寄遊吾心，託於世間之種種不得已，以養吾心之「不動之中」，此方為「道之極則」。

又，〈大宗師〉「故聖人將游于物之所不得遯而皆存」，引宣云：「聖人全體造化，形有生死，而此理已與天地同流，故曰皆存。」[90]此解「游於物」，說聖人雖然形體有生死，但能全體造化，與天地同流。

〈德充符〉「使之和豫通而不失於兌，使日夜无郤而與物為春」，引宣云：「使和豫之氣流通，不失吾怡悅之性，日夜無一息間隙，隨物所在，同游於春和之中。」[91]言體道者能使和豫之氣流通，時時

---

88 【清】王先謙，《莊子集解》，卷二，〈德充符第五〉，頁五三。

89 【清】王先謙，《莊子集解》，卷一，〈人間世第四〉，頁三九—四〇。

90 【清】王先謙，《莊子集解》，卷二，〈大宗師第六〉，頁五九。

91 【清】王先謙，《莊子集解》，卷二，〈德充符第五〉，頁五二

保持怡悅之性，能隨物之所在，同游於春和之中。

〈在宥〉「故餘將去女，入无窮之門，以遊无極之野。」引成云：「反歸冥寂之本，入無窮之門；應變天地之間，遊無極之野。」[92]言有道者能反於冥寂之本，入於無窮之門，並應變於天地之間，遊於無窮之野。

〈在宥〉「挈汝適復之撓撓，以遊无端」，俞云：「……惟大人能提絜世俗往復撓亂之人，與之共游於無端。」[93]言大人能淨潔世俗撓亂之人，共游於無端。

又〈外物〉「大林丘山之善於人也，亦神者不勝」，引宣云：「夫心有天遊，則方寸之內，逍遙無際，何假清曠之處而後適哉！今人見大林丘山之曠，而喜以為善者，亦由平日胸次逼狹，神明不勝故也。」[94]言心能「天遊」，能於方寸之內逍遙的人，即使不假藉清曠之地，亦能所在皆自得。

由上述可知，有道者因其心能「虛」，故能「遊」，無論「遊於物」、「遊於春和」、「遊無極之野」、「遊無端」、「天遊」，在在都表現出有道者以虛心待物，而能隨物宛轉，逍遙無待。

---

92 【清】王先謙，《莊子集解》，卷三，〈在宥第十〉，頁九四。

93 【清】王先謙，《莊子集解》，卷三，〈在宥第十〉，頁九七。

94 【清】王先謙，《莊子集解》，卷七，〈外物第二十六〉，頁二四二。

七、「明」的內在光照

有道的聖人，經過修養之後，能將內在本來的光明展現出來，〈庚桑楚〉：「宇泰定者，發乎天光」，引郭云：「德宇泰然而定，則其所發者天光耳，非人耀。」[95]故知，一個有德者，能夠寬泰定靜，自能將內在的「天光」引發出來，此天光又不同於「人耀」。〈齊物論〉「則莫若以明」，王先謙案曰：「莫若以明者，言莫若即以本然之明照之。」[96]亦稱人人皆有一「本然之明」，可以以觀照萬事萬物。又〈齊物論〉「是故滑疑之耀，……此之謂明。」王先謙案曰：

> 雖亂道，而足以眩耀世人，故曰：「滑疑之耀」。聖人必謀去之，為其有害大道也。為是不用己智，而寓諸尋常之理，此之謂以本然之明照之。以上言求道則不容有物，得物之一端以為道，不可謂成。[97]

95【清】王先謙，《莊子集解》，卷六，〈庚桑楚第二十三〉，頁二〇一。
96【清】王先謙，《莊子集解》，卷一，〈齊物論第二〉，頁一四。
97【清】王先謙，《莊子集解》，卷一，〈齊物論第二〉，頁一八。

聖人必須將用以眩耀世人的「滑疑之耀」去除，讓一切寓於平常之理，這就是以本然之明來觀照。故知此「本然之明」不是以物之一端為道，也不是以己智眩耀於人，反而是一極平常的狀態。

〈在宥〉「我為女遂於大明之上矣，至彼至陽之原也；為女入於窈冥之門矣，至彼至陰之原也。」王先謙注云：

遂，徑達也。至人智照如日月，故名大明。有感而動，故曰遂於大明之上；無感之時，深根凝湛，故曰入於窈冥之門。[98]

此謂至人智慧的光就像日月一樣，故稱為「大明」。方其有感而動，即可達於大明之上；方其無感之時，則守住本根，深藏其光明，而入於窈冥之門。

〈天地〉「上神乘光，與形滅亡，此謂照曠。」引：

王注：「上品神人，乘光照物，不見其形迹。」

成云：「智周萬物，明逾三景，無幽不燭，豈非曠遠！」[99]

98 【清】王先謙，《莊子集解》，卷三，〈在宥第十〉，頁九四。
99 【清】王先謙，《莊子集解》，卷三，〈天地第十二〉，頁一〇八。

云上品之神人能乘其光以燭照萬物，而不見其形迹；因其智周萬物，其光遍照幽暗，所照曠遠，故稱「照曠」。

由上述可知，有道者能引發內在的「天光」，此光為人人皆有的「本然之明」，又此「本然之明」並非一端之智的表現，也不是眩耀他人的智巧，而是寄寓在極平常之中，有道者能將此智照之明表現出來，就像日月般的「大明」，且其智慧可周遍一切，如燭火照遍幽暗，是謂「照曠」。

八、渾同自然

有道之人，亦表現為渾同自然之貌，〈應帝王〉「泰氏，其臥徐徐，其覺于于」段，引：

> 司馬云：「徐徐，安穩貌。于于，無所知貌。」
> 成云：「或馬或牛，隨人呼召。」
> 成云：「率其真知，情無虛矯。」
> 郭云：「任其自得，故無偽。」
> 宣云：「渾同自然，毫無物累，未始陷入於物之中。」[100]

[100]【清】王先謙，《莊子集解》，卷二，〈應帝王第七〉，頁七〇。

可見，有道者在情態上是安穩的，好像無知的樣子，率性自得，沒有虛矯、沒有偽裝，隨人召呼，沒有物累，因其能「渾同自然」，故不陷於物之中。

〈刻意〉「故曰：聖人之生也天行」，引：

郭云：「任自然而運動。」

郭云：「蛻然無所係。」

郭云：「動靜無心，而付之陰陽也。」[101]

故聖人能隨任自然而運動，心無所繫，動靜無心，隨順陰陽而變化。

〈列禦寇〉「水流乎无形，發洩乎太清」，引宣云：「出於虛，歸於虛。」王先謙案：「以喻至人之自然流行也。」[102]亦云至人能任運自然流行。

〈外物〉「天之穿之，日夜無降」，引成云：「降，止也。自然之理，穿通萬物，自晝及夜，未嘗

101 【清】王先謙，《莊子集解》，卷四，〈刻意第十五〉，頁一三三。

102 【清】王先謙，《莊子集解》，卷八，〈列禦寇第三十二〉，頁二八二。

止息。」「流俗之人，反于天理，壅塞根竅，滯溺不通。」[103]此言自然之理，足以穿通萬物，日夜不曾止息；反之，流俗之人反於天理，以致於根竅閉塞不通。

〈大宗師〉「芒然仿徨乎塵垢之外，逍遙乎無為之業」句，引成云：「芒然，無知貌。放任於塵累之表，逸豫於清曠之鄉。」[104]亦云有道者恍若無知貌，放任於塵累之表，自得於清曠之鄉。

〈天運〉「聖也者，達於情而遂於命也」，引成云：「通有物之情，順自然之命，故謂之聖。」[105]稱聖人在於能通達萬物之情，順隨自然之命。〈徐无鬼〉「大一通之」，引成云：「大一，天也。能通生萬物，故曰通。」[106]這裏解釋「通」為通生萬物，可見聖人能通達物性，也可稱為「大一」。

由上述可知，有道者能「渾同自然」、「自然而運動」、「自然流行」、「順自然之命」，因其能因任自然，故表現為無慮、無偽、無心、無知，可以穿通萬物，率性自得。

九、混一天人

對有道者來說，天與人並不是截然對立的，〈大宗師〉「其一，與天為徒；其不一，與人為徒」

103 【清】王先謙，《莊子集解》，卷七，〈外物第二十六〉，頁二四二。
104 【清】王先謙，《莊子集解》，卷二，〈大宗師第六〉，頁六五。
105 【清】王先謙，《莊子集解》，卷四，〈天運第十四〉，頁一二三—一二四。
106 【清】王先謙，《莊子集解》，卷六，〈徐　鬼第二十四〉，頁二二三。

句，引成云：「同天人，齊萬致，與天而為類也。彼彼而我我，與人而為徒也。」[107]指出與天為類的人，是能同天人，且齊一萬物；與人為類的人，則將彼、我作嚴明的分判。又，〈大宗師〉「天與人不相勝也，是之謂真人」，引成云：

雖天無彼我，人有是非，確然諭之，咸歸空寂。若使天勝人劣，豈謂齊乎！此又混一天人，冥同勝負，體此趣者，可謂真人。[108]

此說天雖然無彼我之分，然人有是非之別，但這並不意謂天較勝、人較劣。所謂真人乃是能「混一天人」、「冥同勝負」，亦即連天人的對待關係都能混同為一。

〈大宗師〉「善妖善老，善始善終，人猶效之，又況萬物之所係，而一化之所待乎！」引成云：「壽夭老少，都不介懷。雖未能忘生死，但復無所嫌惡，猶足為物師傅，人倣效之。況混同萬物，冥一變化，為物宗匠，不亦宜乎！」[109]此亦說明，能混同萬物，冥一變化的人，方為萬物之宗匠。

〈天道〉「夫明白於天地之德者，此之謂大本大宗，與天和者也」段，引：

107 【清】王先謙，《莊子集解》，卷二，〈大宗師第六〉，頁五八。
108 【清】王先謙，《莊子集解》，卷二，〈大宗師第六〉，頁五八。
109 【清】王先謙，《莊子集解》，卷二，〈大宗師第六〉，頁五九。

郭云：「天地以無為為德，故明其宗本則與天無逆。」

郭云：「順天所以應人，故天和至而人和盡也。」

成云：「俯同塵俗，仰合自然。」[110]

云能了解天地以無為為德，順天以應人，才能掌握天和，而後盡人和，俯與塵俗同一，仰與自然相合。由上述可知，有道者沒有彼、我的嚴格分判，因其能效法天地之德，而「同天人」、「混一天人」，故能「混同萬物」、「齊萬致」，至「天和」而盡「人和」。

有道者能混同天人，進而能參與天地造化，〈列禦寇〉「夫造物者之報人也，不報其人而報其人之天」，引：

成云：「造物者，無物也，能造化萬物，故謂之造物。物之智能，稟乎造化，非由從師而學也。故假於學習，輔道自然，報其天性，不報人功也。翟有墨性，不從緩得，緩言我教，不亦繆乎！」[111]

---

110 【清】王先謙，《莊子集解》，卷四，〈天道第十三〉，頁一一四。

111 【清】王先謙，《莊子集解》，卷八，〈列禦寇第三十二〉，頁二八〇。

此解釋「造物」為無物，其因能造化萬物，故稱為「造物」，故知，造物也就是自然的天性之意。〈達生〉「夫形全精復，與天為一。天地者，萬物之父母也，合則成體，散則成始。形精不虧，是謂能移；精而又精，反以相天。」引：

宣云：「合造化之自然。」

宣云：「散於此者，為成於彼之始。」

王云：「移造化之權。」

宣云：「養精之至，化育賴其參贊。」[112]

解釋「與天為一」乃是合於造化之自然的意思，人由造化而生，又返之於造化，須使形體與精神不虧損，保養精神之極至，則可以反過來參贊化育。〈齊物論〉「參萬歲而一成純。」王注：「參糅萬歲，千殊萬異，渾然汩然，不以介懷，抱一而成精純也。」[113]亦云若能抱一以守精純，則可以參贊萬歲，即使千殊萬異之別，都可渾然為一。

112 【清】王先謙，《莊子集解》，卷五，〈達生第十九〉，頁一五六。

113 【清】王先謙，《莊子集解》，卷一，〈齊物論第二〉，頁二四。

第四節　《莊子》的處世及治國之道

王先謙〈序〉云莊子：「意猶存乎捄世」[114]，且「遭惠施三日大索，其心迹不能見諒於同聲之友，況餘子乎！吾以是知莊生非果能迴避以全其道者也。」[115]認為莊子仍有救世之心，然欲入世又為現實所阻，因此無法迴避入世以全其道這件事。故知，莊子既無法迴避入世，就必須面臨「處世」的問題，因此，在《莊子》書中對於處世之道，也多有發揮；又治國也是入世的一部分，故以下就《莊子集解》所述處世與治國之道分論之。

一、處世之道

（一）安時、順時

〈繕性〉「道無以興乎世，世無以興乎道，雖聖人不在山林之中，其德隱矣」，引成云：「使聖人降跡塵俗，混同群生，韜藏聖德，莫能見用，雖居朝市，無異山林。」引宣云：「遭道隱之世，不必

114 【清】王先謙，〈莊子集解序〉，《莊子集解》，頁一。

115 【清】王先謙，〈莊子集解序〉，《莊子集解》，頁一。

自隱而已隱也。」[116]這一則言及：在無道之時，聖人降跡塵俗，隱藏聖德，與眾人混同生活，因不被見用，所以雖居於朝市，亦無異山林中；也就是說，聖人遭逢道隱之世，不必自隱而其實已隱，這是現實的不得已與無奈，既然處於這樣的時代，就必須有相應的處世之道。

〈繕性〉「古之所謂隱士者，非伏其身而弗見也，非閉其言而不出也，非藏其知而不發也，時命大謬也。」稱古代的隱士，並非故意伏其身、閉其言與藏其知，實因時命不濟，然「當時命而大行乎天下，則反一無跡」，「不當時命而大窮乎天下，則深根寧極而待」，王注前句：「復於至一之世而不見其跡」，後句：「深固自然之根，保寧至善之極，以待時也」[117]，也就是：當時命大行天下時，能夠反於至一之世而不顯露其跡；不當時命而大窮於天下時，則深固自然之本根，保住至善之極，以等待時機，此方為「存身之道」。故知，人生的際遇有時命的限制，所謂的隱士，乃因時命不濟所造成。故當時命大行，可以行其道時，也不可過度顯露；當時命不濟時，也應深固本根，等待時機。

處於無道之世，如無法隱居，也應有相應的避禍之道，〈山木〉「故曰：鳥莫知於鷾鴯」段，王先謙云：

116 【清】王先謙，《莊子集解》，卷四，〈繕性第十六〉，頁一三六。
117 【清】王先謙，《莊子集解》，卷四，〈繕性第十六〉，頁一三六。

徒以所況在此，無異國之有社稷，人不能離爾。君子居人國，亦當知社稷存焉，盡心所事。至爵祿之益，我性不加，當思危邦不入，亂邦不居，而知之者鮮，故曰難。[118]

這一段是以鷾鴯為喻，說人不可離開社稷，君子居於人國，也當知社稷之所存，盡心做事，但不要想著爵祿的好處，而當思考危邦不入、亂邦不居之事。

〈繕性〉「古之行身者」段，引：

成云：「古人之行任其身者，不以浮辯飾小智。」

成云：「不縱知以困蒼生。」

成云：「知止其分，不以無涯而累其自得。」

成云：「小識小知，虧損深玄之德。」[119]

這一則說行身於世間，浮華的辯論、放縱知識，都會帶來危險，因此必須知道有所分止，不輕易表現自己的才華，也不隨意展現小識小知。

118 【清】王先謙，《莊子集解》，卷五，〈山木第二十〉，頁一七三－一七四。

119 【清】王先謙，《莊子集解》，卷四，〈繕性第十六〉，頁一三六－一三七。

〈山木〉「今處昏上亂相之間，而欲無憊，奚可得邪？此比干之見剖心，征也夫！」王注云：「處亂世不安於憊，必遭戮辱，比干之見剖心，其明征也。」[120]此以比干被剖心為例，說明處亂世必須能安於「憊」，否則必遭刑戮。

〈漁父〉「子審仁義之間，察同異之際，觀動靜之變，適受與之度，理好惡之情，和喜怒之節，而幾於不免矣。」王注云：「子審度於接物者如此，而猶幾於不免。」[121]此段藉漁父之言，云處世接物，雖已謹慎審度仁義、同異、動靜，對於受與之度、好惡之情、喜怒之情也能調和節制，但只能「幾於不免」，可見處世之難。又，「謹修而身，慎守其真，還以物與人，則無所累矣」句，王注云：「外物不與人爭，自無患累也。」[122]說明謹慎修養其身、保住本真，當外物不與人爭時，則可避開患累。

〈盜跖〉「故曰：无為小人，反殉而天」段，引：

王注：「反己而求汝自然之道。」

王注：「無問枉直，視汝自然以為極。」

成云：「觀照四方，隨四時而消息。」

---

120 【清】王先謙，《莊子集解》，卷五，〈山木第二十〉，頁一七二。

121 【清】王先謙，《莊子集解》，卷八，〈漁父第三十一〉，頁二七五。

122 【清】王先謙，《莊子集解》，卷八，〈漁父第三十一〉，頁二七五。

成云：「圓機，猶環中也。執環中之道以應是非。」

成云：「徘徊，猶轉變。意用於獨化之心以成其意，故能冥其虛通之理，轉變無窮者也。」

王念孫云：「轉讀為專。〈山木篇〉『一龍一蛇，與時俱化，而無肯專為』，即此所謂『無專而行』也。承上文言當隨時順道，而不可專行仁義；若專而行，成而義，則將失其所為矣。〈秋水篇〉『無一而行，與道參差』，一亦專也。無專而行，猶言『無一而行』也。」[123]

此段言君子之道，說的其實是處世之理，強調要「反求自然之道」，以此觀照四方，隨四時之消息，就如執持環中之道以因應無窮，「隨時順道」，不可專行仁義，以免招來禍患，說的即是「隨時」、「順時」的道理。

由上述可知，有道者處於無道之世，知道隱藏聖德，混跡人世，其實已經是隱者。又古代的隱士並非故意隱藏自己，實因時命不濟，故只能深固自己的本根，以等待時機。處於無道之世，如不得已必須入世，仍必須心存社稷，但不能心中念著爵祿，對於仁義、同異、動靜等須謹慎審度，也必須調和好惡與喜怒等情緒，以「反求自然之道」為要，隨時、順時，以因應無窮的變化。

123 【清】王先謙，《莊子集解》，卷八，〈盜跖第二十九〉，頁二六六。

（二）因任

《莊子》書中多有「因」字之使用，如〈齊物論〉「彼出於是，是亦因彼。彼是，方生之說也。……因是因非，因非因是。是以聖人不由，而照之于天，亦因是也。」〈養生主〉「因其固然」、〈德充符〉「常因自然而不益生也」等，「因」有任之意，〈齊物論〉「因是已」，王注：「因，任也。任天之謂也。」[124]故知，「因」為任，有隨順之意。

因任，主要有兩義，一是因任自然，一是因任變化。上文所言「任天」，即隨順自然之意。如〈齊物論〉「狙公賦芧」段，王案：「漆園引之，言名實兩無虧損，而喜怒為其所用，順其天性而已，亦因任之義也。」[125]王先謙認為此段也是「因任」之義，也就是隨順天性。〈齊物論〉「无適焉，因是已。」王注：「若其無適，惟有因任而已。此舉物之大小、人之壽夭並齊之，得因任之妙。」[126]進而說只有「因任」，才能「無適」，亦即沒有特定的堅持，也唯有如此，才能齊一物之大小、人之壽夭。

《莊子》之所以強調因任，乃因為有變化，〈天運〉「唯循大變无所湮者，為能用之。故曰：正者，正也」，引宣云：「惟與變化相循，無所湮滯者，乃合時宜也。」又，宣云：「因其所當正而正

124 【清】王先謙，《莊子集解》，卷一，〈齊物論第二〉，頁一六。
125 【清】王先謙，《莊子集解》，卷一，〈齊物論第二〉，頁一七。
126 【清】王先謙，《莊子集解》，卷一，〈齊物論第二〉，頁二〇。

之。」[127]言必須與變化相循，沒有阻滯，才能合時宜，此方為因任所正而正之。所以因任，乃必須順隨變化，合於時宜。

因任的內容主要有以下數項：

1. 因任物性

對於物性，應因而任之，〈在宥〉「賤而不可不任者，物也；卑而不可不因者，民也」，王注：「民、物雖卑賤，惟當因而任之，反其性則亂。」[128]〈在宥〉「薄於義而不積，應於禮而不諱，接於事而不辭，齊於法而不亂」句，引成云：「因於物性，以法齊之，故不亂。」又，「因於物而不去」句，引郭云：「因而任之，不去其本。」[129]皆強調因任物性，不去其本性。又〈列禦寇〉「聖人安其所安，不安其所不安」，引成云：「安，任也。任群生之性，不引物從己，性之無者，不強安之，此所以為聖人也。」[130]這裏解釋「安」為任，言聖人能因任群生之物性，不勉強引外物以順從己意。

2. 因任各種際遇

除了因任物性外，對於人事的各種際遇也應該隨順之。〈山木〉仲尼曰：「饑溺寒暑，窮桎不行，

127 【清】王先謙，《莊子集解》，卷四，〈天運第十四〉，頁一二八。
128 【清】王先謙，《莊子集解》，卷三，〈在宥第十〉，頁九七。
129 【清】王先謙，《莊子集解》，卷三，〈在宥第十〉，頁九七。
130 【清】王先謙，《莊子集解》，卷八，〈列禦寇第三十二〉，頁二八〇。

天地之行也，運物之泄也」段，引：

王注云：「饑渴也，寒暑也，窮因桎梏而不行也，皆天地之行，而運動萬物之所發見也。司馬云：「泄，發也。」

宣云：「惟順化，與之偕往而已矣。」

宣云：「臣受君命，理不敢逃。」

王注：「順受以待天，則損不能損矣，故曰易。」[131]

對於屬「天地之行」的饑渴、寒暑、窮困、桎梏等，只能順而化之，與之俱行；包括臣受君命之事，也是無可逃脫之理，只能順受以待天。

〈則陽〉「安危相易，禍福相生，緩急相摩，聚散以成」段，引宣云：「知其無端，任其自然。隨，猶追尋也。」[132]亦說安危、禍福、壽夭、生死[133]等，因無法追尋其發生之由，故只能一任自然而已。

131 【清】王先謙，《莊子集解》，卷五，〈山木第二十〉，頁一七三。

132 【清】王先謙，《莊子集解》，卷七，〈則陽第二十五〉，頁二三四。

133 王注云：「緩急，謂壽夭。聚散，謂生死」（【清】王先謙，《莊子集解》，卷七，〈則陽第二十五〉，頁二三四）。

〈知北遊〉「狶韋氏之囿，黃帝之圃，有虞氏之宮，湯、武之室。」段，引：

王注：「世愈降則所處愈隘，聖人順時而安之。」

案：言君子于今世之人，皆能隨而化之。

郭云：「儒、墨之師，天下之難和者，而無心者猶故和之，而況其凡乎！」

宣云：「無心是非。」[134]

這一段亦在說明聖人對環境的改變能「順時而安之」，君子對於今世之人，也都能隨而化之，所以即使像儒、墨之難以調和者，君子也都能調和。此外，這一則又提出「無心」的重要，因為無心，才能因應變化，調和各種對待關係。

〈則陽〉「冉相氏得其環中以隨成」段，引：

郭云：「居空以隨物，而物自成。」案〈齊物論篇〉：「樞始得其環中，以應無窮。」

郭云：「與物化，故常無我；常無我，故常不化也。」

134 【清】王先謙，《莊子集解》，卷六，〈知北遊第二十二〉，頁一九四。

案：與物偕行而無所替廢，所行皆備而無所敗壞，所謂「無為而無不為」也。[135]

此段也在說明能夠順隨物化，在於「居空」，居空才能無我，能無我的人才能真正順隨物性，這就是所謂的「無為而無不為」。

3. 任命

人生有命，命為命定，人為不可掌握的各種狀況。〈德充符〉云：「游於羿之彀中，中央者，中地也，然而不中者，命也。」王注云：「以羿彀喻刑網。言同居刑網之中，孰能自信無過？其不為刑罰所加，亦命之偶值耳。」[136]此云人居於刑網之中，誰能自信沒有過錯，而能不觸犯刑罰，為「命之偶值」，一切只是偶然的命運罷了！

〈大宗師〉「若然者，過而弗悔，當而不自得也」，引成云：「天時已過，曾無悔吝之心；分命偶當，不以自得為美。」[137]這裏解釋之所以能夠「過而弗悔」，也是偶然的命運，故不可引以為自得。

又，〈山木〉「吾命有在外者也」句，引宣云：「此吾氣數之命偶有通於外者也。」[138]〈寓言〉

135 【清】王先謙，《莊子集解》，卷七，〈則陽第二十五〉，頁二二七。
136 【清】王先謙，《莊子集解》，卷二，〈德充符第五〉，頁四九。
137 【清】王先謙，《莊子集解》，卷二，〈大宗師第六〉，頁五五。
138 【清】王先謙，《莊子集解》，卷五，〈山木第二十〉，頁一七三。

「天有歷數」句，王注：「氣數有定。」「莫知其所終，若之何其無命也」句，引成云：「時來運去，非命如何！言有命也。」[139]皆言有命定的氣數。

既然承認有命定的氣數，那麼該如何對待？〈列禦寇〉「達大命者隨，達小命者遭」句，王注云：「大命，謂天命之精微，達之則委隨于自然而已。」「小命，謂人各有命，達之則安於所遭，亦無怨懟。」[140]這裏說遇到天命之精微的「大命」，則委隨於自然；遇到個人境遇之「小命」，亦須安於所遭之事，自然不會有怨懟之心。

綜以上所說，人在世間須因任於物性、各種際遇，乃至因任於命，然而此因任之順隨並非毫無原則，否則便是任性妄為了，故以下論因任的原則。

1.各止其分

因任順隨，並不是將己意強加於外物之意。〈徐无鬼〉「頡滑有實」句，引向云：「頡滑，謂錯亂也。」王案：「物物各有實理」；「古今不代」句，引郭云：「各自有故，不可相代」；「而不可以虧」句，引郭云：「宜各盡其分。」[141]由此段可知，因物物各有實理，所以不可使其相錯亂，而宜使其各自盡分宜。

139 【清】王先謙，《莊子集解》，卷七，〈寓言第二十七〉，頁二四八。

140 【清】王先謙，《莊子集解》，卷八，〈列禦寇第三十二〉，頁二八四。

141 【清】王先謙，《莊子集解》，卷六，〈徐　鬼第二十四〉，頁二二四。

〈知北遊〉「仲尼曰：古之人，外化而內不化；今之人，內化而外不化。與物化者，一不化者也，安化安不化，安與之相靡，必與之莫多。」引：

宣云：「與物偕逝，天君不動。」

王注：「心神搖徙，凝滯於物。」

郭云：「常無心，故一不化；惟一不化，乃能與物化耳。」

成云：「安，任也。聖人無心，隨物流轉，化與不化，皆安任之。」

成云：「靡，順也。」案：任與之相靡順。

成云：「雖與物相順，而亦各止其分，彼我無損。」[142]

此段先以古今作對比，今之人因心神搖動，常凝滯於物，故「內化而外不化」；古之人則能與物同化，因其常處「無心」，故能隨物流轉，無論化與不化，都能安心順任。這裏又提到，雖與物相順，但又能「各止其分」，也就在隨順變化的同時，不強制改變外物，而是有所分止，如此才能「彼我無損」，彼我都能保全各自的自我。〈達生〉「以通乎物之所造」，引成云：「物之所造，自然也。既一性合德，

142 【清】王先謙，《莊子集解》，卷六，〈知北遊第二十二〉，頁一九四。

與物相應，故能達至道之原，通自然之本。」[143]也是說物是由自然所造，如能「止於所受之分」[144]，不使物離開本性，則能合於自然之性，而人與物相應，如此可以達於至道之原，通於自然之本。

2. 不失真宰

因任外物，也不是毫無限制，以致失去本我。〈山木〉「與時俱化，而無肯專為」句，引成云：「何肯偏滯而專為一物！」言與時俱化，則不會偏滯於某一物；又「物物而不物於物」，王注：「視外物為世之一物，而我不為外物之所物。」[145]明白所有的外物都只是萬物之一而已，故能不為外物所拘限。〈田子方〉「草食之獸不疾易藪，水生之蟲不疾易水，行小變而不失其大常也」，引：

成云：「疾，患。易，移也。夫食草之獸，不患移易藪澤，水生之蟲，不患移易池沼，但有草有水，則不失大常，從東從西，特小變耳。亦猶人處大道之中，隨變任化，未始非我，此則不失大常，生死之變，蓋亦小耳。」[146]

143 【清】王先謙，《莊子集解》，卷五，〈達生第十九〉，頁一五七。

144 〈達生〉「彼將處乎不淫之度」，引郭云：「止於所受之分。」「合其德」，引郭云：「不以物離性。」（【清】王先謙，《莊子集解》，卷五，〈達生第十九〉，頁一五七。）

145 【清】王先謙，《莊子集解》，卷五，〈山木第二十〉，頁一六七。

146 【清】王先謙，《莊子集解》，卷五，〈田子方第二十一〉，頁一七九。

此段藉草食之獸及水生之蟲說明移易之理，只要不失大常，小小的變異是可以接受的。同理，人處大道中，也應隨變任化，不因變化而失去真宰[147]，把握此原則，那麼即使生死，也只是小變而已。又同段「貴在於我而不失於變」句，王注：「不以變而失我之貴」；「且萬化而未始有極也」句，王注：「萬化無極，我亦與之為無極。」「夫孰足以患心」句，引宣云：「則逍遙遊之矣。」[148]故知，只要不因變化而失去「我」之貴，那麼可以隨萬化而與之無極的變化，此即為「逍遙遊」。

〈則陽〉「其於物也，與之為娛矣；其于人也，樂物之通而保己焉」，引成云：「混跡人間而無滯塞，雖復通物而不喪我。」[149]也是說明有道者能通於物又不喪我。

由上述可知，「因」即是「任」，也就是順隨之意，因任之義主要為因任自然及因任變化。在處世上，又可表現為因任物性，以及因任各種人事的變化。個己之所以能因任，乃在於「無心」及「居空」，因為心無所執，所以能順隨外在的各種變化。此外，因任之義並非強以己意加諸外物上，而須「各止其分」，各止於物之分宜；又因任外物也不是毫無原則或無所限制，在順變任化時，能「天君不

147 〈田子方〉「夫天下也者，萬物之所一也」引宣云：「萬化不逾真宰。」「得其所一而同焉」，引宣云：「與真一合德。」（【清】王先謙，《莊子集解》，卷五，〈田子方第二十一〉，頁一七九），故知此「我」當指真宰、真一。

148 【清】王先謙，《莊子集解》，卷五，〈田子方第二十一〉，頁一七九。

149 【清】王先謙，《莊子集解》，卷七，〈則陽第二十五〉，頁二二五。

動」，故能「各止其分」，那麼就能「不以變而失我之貴」，因此因任的目的乃在於保全自我的同時，又能隨萬化而變化，「彼我無損」，以至於「無為而無所不為」。

二、治國之道

（一）以無為治天下

治理天下，若有過度標榜的「為」，常易成為暴君的資藉，〈胠篋〉「故四子之賢而身不免乎戮」，引郭云：「言暴亂之君亦得據君人之威，以戮賢人，而莫之敢亢者，皆聖法之由也。向無聖法，則桀、紂焉得守斯位而放其毒，使天下側目哉！」蘇輿云：「聖法寄于刑賞，而桀、紂用法以戮賢。」[150]皆言在位者若標榜「聖法」，則暴亂之君得藉之以殺戮賢人。

因此帝王之治天下，主要的原則為「無為」。〈馬蹄〉引蘇輿云：「老子云：『無為自化，清靜自正。』通篇皆申此旨，而終始以馬作喻，亦《莊子・內篇》所未有也。」[151]認為〈馬蹄〉通篇以馬為喻，實都在說明老子「無為自化，清靜自正」的道理。〈天地〉「故曰：玄古之君天下，无為也，天德

150 【清】王先謙，《莊子集解》，卷三，〈胠篋第十〉，頁八五。
151 【清】王先謙，《莊子集解》，卷三，〈馬蹄第九〉，頁八二。

而已矣」，引成云：「玄，遠也。玄古聖君，無為而治天下，自然之德而已矣。」[152]亦稱誦遠古以前的聖君能以無為治天下，實為自然之德的表現。

「無為」當在「有為」中求，〈庚桑楚〉：「有為也。欲當則緣於不得已」句，引郭云：「緣於不得已，則所為皆當。」引成云：「不得止者，感而後應，分內之事也。」又「不得已之類，聖人之道」句，引郭云：「聖人以斯為道，豈求無為於恍惚之外哉！」[153]言凡有所為，皆緣於不得已，雖是不得已，因能有感而後應，故皆為分內之事，聖人正是在此「有為」中表現「無為」，而不是求無為於恍惚之外。〈庚桑楚〉：「出為無為，則為出於無為矣」，王注：

> 出於人所為之地，而我不為，則有時而為，仍自無為出。《中庸》所謂「無為而成」，孔子所謂「無為而治」也。[154]

這一段反過來說「為」自「無為」出，即對於人之所「為」，而我能「不為」，但不得已須有所為時，也應該以「無為」的態度而為之，此並認為《中庸》「無為而成」，孔子的「無為而治」即是此意。

152 【清】王先謙，《莊子集解》，卷三，〈天地第十二〉，頁九九。

153 【清】王先謙，《莊子集解》，卷六，〈庚桑楚第二十三〉，頁二〇七－二〇八。

154 【清】王先謙，《莊子集解》，卷六，〈庚桑楚第二十三〉，頁二〇七。

所謂「無為」即是效法天地之然、順其自然之意。〈天運〉「天下戴之，此謂上皇」，引郭嵩燾云：「言天之運，自然而已，帝王順其自然，以道應之。」[155]言帝王應效法天運自然，順其自然，以道應之。

又，「無為」在操作上，須以「虛」為原則，〈應帝王〉「一以是終」，引：

> 宣云：「道無復加也。引季咸、壺子事，明帝王當虛己無為，立於不測，不可使天下得相其端，以開機智。其取意微渺無倫。」以上引五事為證。[156]

這裏說明帝王應當「虛己無為」，如能「虛己」，則可將自己立於不可測之地，則天下不能相其端倪。因此「虛己」正是無為的操作原則。

「無為」的目的又在於使天下得治，即所謂「無為而無不為」。〈天地〉「以道觀言而天下之君正，以道觀分而君臣之義明，以道觀能而天下之官治」段，引：

155 【清】王先謙，《莊子集解》，卷四，〈天運第十四〉，頁一二二。
156 【清】王先謙，《莊子集解》，卷二，〈應帝王第七〉，頁七五。

郭云：「無為者自然為君。」郭嵩燾云：「言者，名也。正其君之名，而天下聽命焉。故曰名之必可言也，衷諸道而已矣。」

郭云：「各當其分，無為位上，有為位下也。」

郭云：「官各當其所能則治。」[157]

這裏說無為是「以自然為君」，如此，以自然之道觀其名，只要正其君之名，天下自然聽命；以道觀其分別，則君臣各當其分位，無為者位於上，有為者位於下；又以道觀其能力，則百官各當其能，天下得治。

〈天地〉「上治人者，事也。能有所藝者，技也。技兼於事，事兼於義，義兼於德，德兼於道，道兼於天。」引成云：「事事有宜而天下治。」郭云：「技者，萬物之末用也。」郭云：「天道順則本末俱暢。」[158]故知，治人之上者，是使事事各得其宜而天下得治；至於技藝只是末用，如能使事兼於義，義兼於德，德兼於道，道兼於天，則天道順，本末之事亦皆暢達。

〈至樂〉「故先聖不一其能，不同其事，名止於實，義設於適，是之謂條達而福持。」段，引：

157 【清】王先謙，《莊子集解》，卷三，〈天地第十二〉，頁九九。

158 【清】王先謙，《莊子集解》，卷三，〈天地第十二〉，頁九九。

> 成云：「聖人因循物性，使人如器，不一其能，各稱其情，不同其事。」
> 成云：「因實立名，名以召實，故名止於實，不用實外求名。」
> 成云：「隨宜施設，適性而已。」
> 王注：如是之道，可謂條理通達而福德扶持者。[159]

言聖人能隨順物性以使人，因應其各自之情實，使從事於不同之事，因實以立名，亦依名而召實，使名實相符，凡所隨宜施設，皆順適物之本性，如此，可謂條理通達而福德扶持。

聖主以無為治天下，而至忘天下，為其最高境界。〈天運〉「夫德遺堯、舜而不為也」，王注：「有堯、舜之德，而不刻意效法堯、舜，此我忘天下。」[160]言有堯舜之德，又不刻意效法堯舜，此為「忘天下」。〈天道〉「以此進為而撫世，則功大名顯而天下一也」，引：

> 郭云：「無為之體大矣，天下何所不無為哉！故主上不為冢宰之任，則伊、呂靜而司尹矣；冢宰不為百官之所執，則百官靜而御事矣；百官不為萬民之所務，則萬民靜而安其業矣；萬民不易彼我之所能，則天下之彼我靜而自得矣。故自天子以下至於庶人，孰能有為而成哉！是以彌無為而

159 【清】王先謙，《莊子集解》，卷五，〈至樂第十八〉，頁一五二—一五三。

160 【清】王先謙，《莊子集解》，卷四，〈天運第十四〉，頁一二三。

> 彌尊也。」成云：「進為，謂顯跡出仕也，伊、望之倫。」[161]

藉此段講「無為」，在於使主上、冢宰、百官、萬民等各司其職，不踰越本分，則天子以至庶人，不須刻意「有為」，故治國時，愈「無」而愈尊。

由上述可知，聖人治天下的主要原則在於「無為」，然「無為」必須出於「有為」，「無為」的表現在於順應天地自然，「虛己」以應物，其目的仍在於使「官各當其所能」、「事事有宜而天下治」，名實得以相符，一切得以「條理通達而福德扶持」，實為無為之治的最終目的。故聖主治國的最高境界則在於能「忘天下」，故曰：「彌無為而彌尊」。

（二）以仁義聖智治國

1. 對仁義、聖智的看法

《莊子》是反對仁義、聖智的，王先謙《集解》也認同此義，如〈德充符〉「而知為孽」段，王注：

> 智慧運動，而生支孽。

161 【清】王先謙，《莊子集解》，卷四，〈天道第十三〉，頁一一四。

禮信約束，而相膠固。
廣樹德意，以相交接。
工巧化居，以通商賈。[162]

此段認為智慧運動、禮信約束、廣樹道德、工巧化居等，反而容易滋生各種問題。《莊子》後文「聖人不謀，惡用知」句，王注云：「心無圖謀，故不用智。」「德之言得也。本無喪失，何用以德相招引？」「不貴貨物，無須通商。」[163]可見莊子本就反對過度的智巧、禮信、道德等，王先謙的注亦認同此意。

關於用「知」，〈庚桑楚〉云「知者，接也；知者，謨也。知者之所不知，猶睨也」，王注云：

接物而知之，謂之知。
謨，謀也。見事而慮之，故因謨見智。
雖智者有所不知，如目斜視一方，故不能遍，是以用智而偏，不如寂照。」[164]

162【清】王先謙，《莊子集解》，卷二，〈德充符第五〉，頁五三。
163【清】王先謙，《莊子集解》，卷二，〈德充符第五〉，頁五三。
164【清】王先謙，《莊子集解》，卷六，〈庚桑楚第二十三〉，頁二〇六。

這裏解釋何謂「知」？「知」乃是與外界接觸所得到的知識，又知識經過思考、謀慮，則稱為「智」。在此認為凡是用智者皆僅偏於一方，不能遍及一切，因此主張以寧寂之心來觀照。

〈徐无鬼〉「人之於知也少，雖少，恃其所不知而後知天之所謂也」，王注曰：「人之於知，每苦其少，然知雖少，恃有不知者在，而後知天道之自然。不知，即真知也。」[165]這裏說在所知之外，還有一個「不知」者在，能了解此「不知」，才能明白天道之自然，而此「不知」即是「真知」。

〈徐无鬼〉「其知之也似不知之也」句，引成云：「能忘其知，故似不知也。」「不知而後知之」句，王注曰：「不知而後為真知」[166]，這裏進一步說「不知」不是完全無所知，而是能忘其所知，必須經過「忘知」後，才能得到「真知」。〈在宥〉「若彼知之，乃是離之」，引成云：「用知，乃離自然之性。」[167]也是認為一旦用知，即遠離了自然之性，故必須「忘知」。

〈知北遊〉「老聃曰：汝齊戒，疏瀹而心，澡雪而精神」，引成云：「澡雪，猶精潔。」成云：「打破聖智。」[168]亦認為，如欲使精神益為精潔，就必須打破聖智。

165 【清】王先謙，《莊子集解》，卷六，〈徐　鬼第二十四〉，頁二二三。
166 【清】王先謙，《莊子集解》，卷六，〈徐　鬼第二十四〉，頁二二四。
167 【清】王先謙，《莊子集解》，卷三，〈在宥第十〉，頁九六。
168 【清】王先謙，《莊子集解》，卷六，〈知北遊第二十二〉，頁一八八。

由上可知，凡是經過思考、謀慮，所得到的智識，都是有偏頗的、不完整的，故必須了解在所知之外，還有一個「不知」，此「不知」即是「真知」；又此「不知」並不是完全無所知，而是能忘其所知，能夠「忘知」，才能獲得「真知」。過度使用智識，將使人遠離自然之性，必須了解「不知」之知，才能明白天道之自然，因此，一個修道者也必須打破聖知，才能使其精神更為淨潔。

關於仁義，〈駢拇〉「枝於仁者，擢德塞性以收名聲，使天下簧鼓以奉不及之法非乎？而曾、史是已」，王注曰：

> 枝於仁者，謂標舉仁義，如枝生一指。……《淮南・俶真篇》：『俗世之學，擢德攓性，內愁五藏，外勞耳目，乃始招蟯振繾物之毫芒，搖消掉捎仁義禮樂，暴行越智於天下，以招號名聲於世。』又曰：『今萬物之來，擢拔吾性，攓取吾情。』皆其證。」[169]

此段言刻意標舉仁義，就好像枝贅而生的小指。又舉《淮南・俶真篇》所說，俗世之人多推崇仁義禮樂，然不過徒以擾亂情性、號召名聲，實不可取。

〈徐无鬼〉「夫仁義之行，唯且無誠」，引郭云：「仁義既行，將偽以為之。」[170] 此稱只要行仁

169　【清】王先謙，《莊子集解》，卷三，〈駢拇第八〉，頁七八。
170　【清】王先謙，《莊子集解》，卷六，〈徐无鬼第二十四〉，頁二二〇。

義，即生有為之心，故稱以「偽」為之。〈馬蹄〉「毀道德以為仁義，聖人之過也」，引成云：「以仁義之迹，毀無為之道。」[171]亦認為仁義之跡將毀壞無為之道。

以上說標舉仁義反而導致擾亂情性，因為爭名而擾攘不休；且一行仁義，即生有為之心，同時也毀壞了無為之道。

關於禮，〈大宗師〉「彼又惡能憒憒然為世俗之禮，以觀眾人之耳目哉」段，引成云：「憒憒，煩亂。」又，成云：「聖迹禮儀，乃桎梏形性。夫子既依方內，是自然之理，刑戮之人也。故〈德充篇〉云『天刑之，安可解乎』！」[172]此以世俗之禮為煩亂，並以為這些聖迹禮儀，實足以桎梏人之形性，孔子既依於此，故被稱為刑戮之人。

〈外物〉「儒以金椎控其頤，徐別其頰，無傷口中珠！」引成云：「田恒資仁義以竊齊，儒生誦詩禮以發塚，由是觀之，聖跡不足賴。」[173]這裏以為田恒假借仁義取代齊國，儒生誦讀詩禮以掘墳，可見聖跡不足依賴。

以上也說明聖迹禮儀不僅桎梏人的形性，且反為有心者所利用，或致禍害，實不足取。故知，《莊子》之所以反對智識、仁義、禮義等，除因其對人性產生的桎梏，且易滋生各種膠固與巧偽，〈列禦

171 【清】王先謙，《莊子集解》，卷三，〈馬蹄第九〉，頁八三。
172 【清】王先謙，《莊子集解》，卷二，〈大宗師第六〉，頁六五。
173 【清】王先謙，《莊子集解》，卷七，〈外物第二十六〉，頁二三九。

寇〉「忍性以視民而不知不信，受乎心，宰乎神，夫何足以上民」，王云：「視、示同。梏其聰明，是不知也；習於矯偽，是不信也。忍飾性以示民，而此不知不信之道，使民受之於其心，主之於其神，此豈足以上民乎！」[174]說明治國者桎梏人民的聰明是為不知，使人民習於矯偽則為不信，使人民的心神受到宰制，則不得稱為上民，凡此皆非治國者所應取。

2. 以仁義聖智治國

上文雖對於知識、仁義、禮義的反對，實因其過度「有為」，然並不代表這些沒有存在的必要，在《莊子》外篇，也有多處肯定仁義、聖智的。

〈在宥〉「遠而不可不居者，義也；親而不可不廣者，仁也；節而不可不積者，禮也；中而不可不高者，德也；一而不可不易者，道也；神而不可不為者，天也。故聖人觀于天而不助」，引：

成云：「義雖去道疏遠，苟其合理，應須取斷。」

成云：「親偏愛狹，周廣乃大仁也。」

成云：「積，厚也。節，文也。」

王云：「修德之人，與世中和，自然高遠」。

---

174 【清】王先謙，《莊子集解》，卷八，〈列禦寇第三十二〉，頁二八二。

成云：「妙本一氣，通生萬物，甚自簡易，其唯道乎！」

成云：「聖人觀自然妙理，大順群物，而不助其性分。」[175]

這一段肯定義、仁、禮、德的價值，說其義雖去道疏遠，然若合理，仍須取斷；仁不是偏愛所親，而是周廣一切所愛；禮雖為節文，仍不可不積厚之；修德之人，以中和處世，方能接近自然中和；道則為妙本一氣，可以通生萬物，以至神妙不可為。也就是說，義、仁、禮、德如果在「道」的觀照下，合於「自然妙理」，也可以群物順遂，各安其分。

〈庚桑楚〉「故曰：至禮有不人，至義不物，至知不謀，至仁無親，至信辟金」，引：

郭云：「視人若己。」

郭云：「若得其宜，則物皆我也。」

成云：「率性而照。」

郭云：「辟之五藏，未曾相親而仁已至矣。」

宣云：「不須以金為質。」[176]

175 【清】王先謙，《莊子集解》，卷三，〈在宥第十〉，頁九七－九八。

176 【清】王先謙，《莊子集解》，卷六，〈庚桑楚第二十三〉，頁二〇五。

這裏說禮的極致是視人若己，義的極致是物與我皆同一，知的極致是率性而照，仁的極致是未嘗相親而為仁，信的極致是不以金為質。

〈繕性〉「信行容體而順乎文，禮也」，王注曰：「實行於容體而順乎自然之節文，即是禮也。」[177]云禮的施行應合於自然之節文。

由上述可知，仁義聖知如能在自然之道的觀照下，行禮的能合於自然之節文、視人若己，行義的能視物我皆同一，用知的能率性而照，行仁的能相親而為仁，取信的不以利益為目的，如此應可去除過度有為所滋生的種種困弊，發揮其妙用，順助群生。

〈天道〉「是故古之明大道者，先明天而道德次之，道德已明而仁義次之，仁義已明而分守次之，分守已明而形名次之，形名已明而因任次之，因任已明而原省次之，原省已明而是非次之，是非已明而賞罰次之，賞罰已明而愚知處宜。」引：

成云：「自然是道德之本，故道德次之。」

宣云：「仁義是道德之緒。」

177【清】王先謙，《莊子集解》，卷四，〈繕性第十六〉，頁一三五。

王云：上下有分，庶職有守。
宣云：「物象名稱。」
王云：因材授任。
王云：原恕省察。
王云：原省已明，是非乃定。
郭云：「至治之道，本在於天，而末極於斯。」
王云：各有所處之宜。178

此段陳述了治物、修身的次序為：天、道德、仁義、分守、刑名、因任、原省、賞罰的次序。天為自然，以自然為道德之本；仁義又是道德之緒；仁義明之後，則上下有分，庶職有守；分守已定則物象有名；刑名已定則可以因材授任；因任分受則可以加以考察情實；原省已明則可以定是非；是非已明則可以定賞罰；賞罰已定則物各處其宜。此段也是強調以自然之「天」為本，下遂道德、仁義、分守、刑名、因任、原省、賞罰等，有次第地為治國者提供治道的指導原則，後文「以此事上，以此畜下，以此

178 【清】王先謙，《莊子集解》，卷四，〈天道第十三〉，頁一一六。

治物，以此修身，知謀不用，必歸其天」，引宣云：「復於虛靜無為。」[179]故知，只要依此指導原則治物、修身，則可以不用知謀，而後歸於虛靜無為，可見復歸於「天」正是治道的最終及最極致表現。

179【清】王先謙，《莊子集解》，卷四，〈天道第十三〉，頁一一六。

第九章 《南華雪心編》與《莊子集解》的注解特色與二書之比較

第一節 《南華雪心編》的注解特色

劉鳳苞《南華雪心編》的注解特色，可歸納如下：

一、以文解《莊》，體例完整

劉鳳苞《南華雪心編》從散文角度來評析《莊子》，該書體例完備豐富，每一段對旨義、結構安排、語言表現及意境等，大都能加以詳細分析。此書可謂總結前人以文解《莊》之優點，析理清楚、層次分明，講解細膩、形象生動，又富於文采。

此種以文解《莊》的詮釋進路，其特出處在於站在「述者」的位置，進入作者創作的情境，領會作者的主觀情感、理念或意趣。並且從語言文字入手，對書中之立意、結構布局、語言表達等藝術技巧加以把握。

劉鳳苞對《莊》文多有評論之語，故此書不僅形成一「批評場域」，且已在鑑賞的層面上，對作品加以理解、體味、判斷，能多角度、多方面、運用各種經驗和知識去理解、闡釋作品及把握作品，再經由自己的想像和聯想，經過一番再造的工夫，以得到完整的藝術形象，並把握其中的精神內涵。此種詮釋方法，本由評點脫化而來，如黃肇基對於評點家功能的闡述，認為其功能在於：「開通作者、文本和讀者心靈交流的作用，它是作者、文本與讀者的橋樑，評點除了點出作品精采處，激發作品藝術感染力，使讀者易於了然外，亦可抒發評點家之情懷、表現其卓越文學之觀點，藉以提昇作品之藝術境界。」[1]故可以說，以文解《莊》已是一種再創造的歷程。

故知，《雪心編》不僅是桐城派義法理論的實踐者，更在評點的基礎上，吸收且總結前人的成果，以一再創造的述者身分，析論《莊子》散文的藝術成就，更架構了一宏大的框架，把《莊子》文學的成就都納入其中，相較於考證訓詁之學，更提供了文字脈絡與內容呼應的方法學。以《莊》學詮釋史的角度來看，有其重要意義。

1 黃肇基，〈古文評點的意涵及其演進〉，《建中學報》第一一期（二〇〇五年十二月），頁九〇。

二、文筆優美

劉鳳苞以文才見長，註《雪心編》時，文筆亦極優美，如善用譬喻來評述《莊子》，其例如：

〈逍遙游〉：「末句重言以結之，詘然而止，如龍門之桐，高百尺而無枝。」[2]

〈天地〉「後幅更勘入深微，正如性月空明，心源活潑，一片靈機，非復尋常意境也。」[3]

〈天運〉「末節即從上節推論而出，如山外芙蓉疊疊相生，雲氣往來自成靈境。」[4]

〈人間世〉「『故其殺者』句，一筆兜轉，如怒猊抉石，奇鬼搏人。」[5]

〈山木〉「振裘挈領，分外精神，而筆意縹緲，正如泰山之雲，膚寸而合，已有彌漫山谷、籠罩宇宙之奇。」[6]

以上劉鳳苞以各種譬喻表達文章的意境與精神；此外，他亦擅長以形象化的語言來評述各種高妙的意

2 【清】劉鳳苞撰、方勇點校，《南華雪心編》，卷一，內篇〈逍遙游〉第一，頁一四。

3 【清】劉鳳苞撰、方勇點校，《南華雪心編》，卷三，外篇〈天地〉第五，頁二七七。

4 【清】劉鳳苞撰、方勇點校，《南華雪心編》，卷四，外篇〈天運〉第七，頁三二一－三二三。

5 【清】劉鳳苞撰、方勇點校，《南華雪心編》，卷二，內篇〈人間世〉第四，頁一〇三。

6 【清】劉鳳苞撰、方勇點校，《南華雪心編》，卷五，外篇〈山木〉第十三，頁四六六。

境，其例如：

〈逍遙游〉：「在虛無縹緲之間漾出絕妙文情，便有手揮五絃、目送飛鴻之致。」[7]

〈逍遙游〉：「末句語盡而意不盡，蟬曳殘聲，言外領取神韻，無限蒼涼。」[8]

〈駢拇〉：「接上『至正』二字說來，輕輕捩舵，帆隨湘轉，水送山迎，爽性疏照。」[9]

〈胠篋〉：「隨將聰明巧詐各種人一齊抹煞，萬頃煙濤，倏起倏滅，衹覺水天一色，倒影空明。」[10]

〈天地〉：「此段文情宕逸，精神全在後一段，閒閒寫出無心無為之妙，天半朱霞，雲中白鶴，姿態縹緲欲仙，叙事亦極磊落嶔崎之致。」[11]

〈山木〉「映合起處，有返照入江翻石壁、大海迴風生紫瀾之概。」[12]

〈庚桑楚〉「從虛無縹緲之中透出天門，所謂五雲樓閣彈指即現也。」[13]

---

7 【清】劉鳳苞撰、方勇點校，《南華雪心編》，卷一，內篇〈逍遙游〉第一，頁三。

8 【清】劉鳳苞撰、方勇點校，《南華雪心編》，卷一，內篇〈逍遙游〉第一，頁一六。

9 【清】劉鳳苞撰、方勇點校，《南華雪心編》，卷三，外篇〈駢拇〉第一，頁二一三。

10 【清】劉鳳苞撰、方勇點校，《南華雪心編》，卷三，外篇〈胠篋〉第三，頁二二七－二二八。

11 【清】劉鳳苞撰、方勇點校，《南華雪心編》，卷三，外篇〈天地〉第五，頁二八二。

12 【清】劉鳳苞撰、方勇點校，《南華雪心編》，卷五，外篇〈山木〉第十三，頁四四五。

13 【清】劉鳳苞撰、方勇點校，《南華雪心編》，卷六，雜篇〈庚桑楚〉第一，頁五七一。

由上例可知，劉鳳苞評註《莊子》，能深入體會作者文意，並以優美文筆敘述，故此書之文筆表現，亦可視為文采燦然之創作品。

三、評論《莊子》與儒、佛之關係

後世注解《莊子》常有以佛解《莊》或以儒解《莊》者。劉鳳苞《雪心編》亦有提及佛書及儒書者，他曾將《南華》與佛書、儒書作比較，〈大宗師〉「顏回曰：回益矣」段，云：

> 坐忘者萬象俱忘，渾然無我，……。否則坐禪入定，皆屬人己兩忘，於此等處有何關涉？墮枝體，黜聰明，外忘其形骸，內屏其神知，即視聽言動，而守之以歸於一，化之以復其天，非別有所謂坐忘，空洞無物也。同於大通，……。雖有形而與無形者俱化，雖無形而與有形者相通，方是坐忘本領。[14]

此段區分《莊子》的坐忘與佛家坐禪入定，認為二者雖然都達到人己兩忘之境界，但以為佛家的坐禪入

[14] 【清】劉鳳苞撰、方勇點校，《南華雪心編》，卷二，內篇〈大宗師〉第六，頁一八四－一八五。

定為空洞無物，而坐忘則是由外忘形骸到內摒神知，使視聽言動守之而歸於一，而後渾化於自然，有形與無形俱化於其中，雖無形又可與有形相通。

由上述故知，劉鳳苞認為《南華》藉坐忘等工夫，所達到的境界為「復其天」，也就是無聲無臭、迹象兩忘的「化」的境界，此無形境界又可與有形相通，並非如佛書之「空洞無物」。

劉鳳苞又比較《莊子》與儒書，說：

> 《南華》一書全在無聲無臭、迹象兩忘處見其神化，頗異於聖門宗旨專從實處致力，馴至窮神達化之功。不善領會者易墮於空虛，然卻與聖賢義理無悖。但聖賢立言多屬人事一邊說，南華立言多屬天事一邊說，究竟階於人而至於天，旨趣固兩相符合也。[15]

此段認為《南華》一書皆在無聲無臭、迹象兩忘之處見其神化，聖門宗旨則專從實處致力，而後達至窮神達化之功。因此不善於領會《南華》者常易墮於空虛。又《南華》與儒家聖賢義理不相悖，二者的究竟都在於由人而達於天，然聖賢立言多偏於人事，強調從實處致力；《南華》立言偏於天事。〈應帝王〉總論亦云：

15　【清】劉鳳苞撰、方勇點校，《南華雪心編》，卷二，內篇〈大宗師〉第六，頁一八四。

〈大宗師〉多就性功說，〈應帝王〉多就治功說。在聖賢成己成物，自有一番作用，一番事功。南華則以不用為用，無功為功，其旨趣同於聖賢，卻另有境界與聖賢不同處，乃所以獨成其天也。[16]

此以〈大宗師〉多就「性功」說，〈應帝王〉多就「治功」說。《莊子》書乃以不用為用，無功為功，其旨趣與聖賢成己成物相同，境界卻與聖賢不同，「獨成其天」為其特異處。因「天事」不容易說，故易墮於空虛。

又，他在〈田子方〉「虛緣而葆真」，云：

「真」字便是孔門「誠」字。誠者一也，如神也，物之終始也，無息也，無倚也，無聲無臭也。了此數句，便盡此篇之義。可惜學者先不識「誠」字，無怪其以《南華》為彼家言矣。[17]

此以為「真」字即孔門所言「誠」字。誠者能專一，貫徹物之始終，故無息；無聲無臭，無須倚賴任何

16 【清】劉鳳苞撰、方勇點校，《南華雪心編》，卷二，內篇〈應帝王〉第七，頁一八七。

17 【清】劉鳳苞撰、方勇點校，《南華雪心編》，卷五，外篇〈田子方〉第十四，頁四七二。

憑藉。在此感慨學者不了解「誠」字，故以《南華》為他家之言。又，〈庚桑楚〉「宇泰定者」段，《雪心編》云：「幽顯無愧於心，然後能獨行而不懼。蓋靈臺有持，則存誠於己，而外物不得而搖之。細讀此段，純是《中庸》慎獨之功。」[18]認為此段所表達的幽顯無愧於心，意同於《中庸》的慎獨之功。又云：

> 獨行者，行於空虛無物之中，翛然而往，侗然而來，有絕迹飛行之概。「誠」字從反面勘出，「獨」字從正文結出，與《大學》誠意、《中庸》慎獨之功互相發明，真可以輔翼聖經賢傳。[19]

以為「獨」是從正面來說，「誠」是從反面來說，此「獨」字可與《大學》誠意、《中庸》慎獨之功互相發明，可以輔翼聖經賢傳。

以上僅認為《南華》與儒書最終的旨趣相符合，可以互相發明，然二者各自的偏重仍不同。《雪心編》中並沒有明顯的以儒解《莊》之傾向，「儒學化」傾向亦未必明顯。[20]

18　【清】劉鳳苞撰、方勇點校，《南華雪心編》，卷六，雜篇〈庚桑楚〉第一，頁五六四。

19　【清】劉鳳苞撰、方勇點校，《南華雪心編》，卷六，雜篇〈庚桑楚〉第一，頁五六四—五六五。

20　方勇《南華雪心編・前言》以為劉鳳苞評註《莊子》，雖徵引繁富，又有自己的評析和註語，但由於受林雲銘、穎、陸樹芝等人以儒解《莊》的影響，因而明顯帶有儒學化傾向。他舉《雪心編》評註〈德充符〉篇時說：「陸註：莊子

四、考證外、雜篇之內容

劉鳳苞對於《莊子》外、雜篇甚為關注，關於外、雜篇之命名，他引褚伯秀《管見》曰：「內篇命題本於漆園，各有深意，外、雜篇則郭象摘篇首字名之，而大義亦存焉。」[21]以外、雜篇雖為郭象摘篇首之字命名，然其大義仍在。此外，他對外篇內容的真偽，也有提出看法，如〈天道〉篇云：

> 此篇前後機杼渾成，惟中幅「五末九變」數段，隨手鋪敘，意盡於言，雖有精奧語，亦不過如韓非〈說難〉、劉向〈新論〉而止，頗不類漆園筆意，識者當能辨之。[22]

認為中間「五末九變」數段，不像莊子筆意。又〈天運〉：

要闢辯者之徒簧鼓天下，每竊先聖之糟粕以為口實，因並將孔門講學亦視為桎梏，則若輩之為天刑更不問可知。讀者須得言外之意，乃知莊子不是詆訾孔子，正訕笑惠施輩耳。」為例，說明《雪心編》「儒學化」的傾向。然此段僅認為莊子並非詆訾孔子，若依此來說明其「儒學化傾向」（方勇，《南華雪心編・前言》，頁一一－一二），實為不妥。

21 【清】劉鳳苞撰、方勇點校，《南華雪心編》，卷三，外篇〈駢拇〉第一，篇名下注，頁二〇六。

22 【清】劉鳳苞撰、方勇點校，《南華雪心編》，卷四，外篇〈天道〉第六，頁三〇四。

六段言仁義之亂心，不如抱其本然之質而與物相忘。七段言帝王治天下不能安其性命之情而為世大患。此二段筆涉平庸，恐係後人竄入。[23]

認為六、七兩段用筆過於平庸，恐為後人竄入。又〈天運〉「孔子見老聃而語仁義」段，云：

此段言仁義之亂人性，不如相忘於本然之質。惟「鵠不日浴」二語天然入妙，餘皆膚淺平庸，斷非南華手筆。[24]

以此段膚淺平庸，斷非莊周手筆。同篇「孔子見老聃歸，三日不談。」段，云：「莊子〈在宥〉等篇何等精實，何等超脫，以此頡頏，真相去天淵矣！」[25]此段欲以〈在宥〉等篇相頡頏，卻未若數篇之精實、超脫，亦令人懷疑其文字。

〈秋水〉「孔子遊於匡，宋人圍之數匝」段，云：「此段並無精意，非南華妙境。胡評以為似《家

23 【清】劉鳳苞撰、方勇點校，《南華雪心編》，卷四，外篇〈天運〉第七，頁三二三。
24 【清】劉鳳苞撰、方勇點校，《南華雪心編》，卷四，外篇〈天運〉第七，頁三四〇。
25 【清】劉鳳苞撰、方勇點校，《南華雪心編》，卷四，外篇〈天運〉第七，頁三四二。

語》、《孔叢》，信然！」[26]以此段無精義，應為《家語》、《孔叢》之類。

〈在宥〉「賤而不可不任者，物也」段，云：

上段已不類南華筆意。而清矯拔俗，自是妙文。若以「睹有」、「睹無」二句作結，屹然而止，真可存為後勁。至此段則意淺詞膚，絕無真氣貫注其間，幾於畫蛇添足矣。因各本俱未刪去，姑存之。[27]

以此段意淺詞膚，幾於畫蛇添足之作。

〈天地〉「百年之木，破為犧樽」段，云：「此段與上文絕不相聯屬，來勢鶻突，與外篇首二段意境相近，在此間則真為駢拇支指矣，決非南華筆意。」[28]以此段與上文無關係，絕非南華筆意。

〈田子方〉「文王觀於臧，見一丈夫釣」段，云：

此段借釣引入授政，以見忘於釣者乃有不釣之釣，忘於政者乃有不為之為，皆自率其真而以真感

26 【清】劉鳳苞撰、方勇點校，《南華雪心編》，卷四，外篇〈秋水〉第十，頁三八六。

27 【清】劉鳳苞撰、方勇點校，《南華雪心編》，卷三，外篇〈在宥〉第四，頁二七〇。

28 【清】劉鳳苞撰、方勇點校，《南華雪心編》，卷三，外篇〈天地〉第五，頁三〇〇—三〇一。

物者也。太公無夜遁之事，此段究係寓言，不必拘泥。惟通幅筆意平庸，恐屬贗鼎耳。[29]

云此段筆意平庸，大概亦為偽作。

雜篇最具爭議的〈讓王〉、〈盜跖〉、〈說劍〉、〈漁父〉四篇，劉鳳苞採蘇軾之說：「蘇東坡曰：〈讓王〉以下四篇，非莊子所作，蓋其枝葉太靡，恐為人所竄易。」[30]〈讓王〉「堯以天下讓許由」段，《雪心編》云：「〈逍遙〉篇內『堯讓天下於許由』一段，文情何等超曠流利，以此較之，相去天淵矣。以下皆一幅筆墨，雜湊成文，宜為東坡所斥。」[31]〈盜跖〉標題下云：「苞案：此篇立意誠有如陸註所云者，但語多麤俗惡劣，決非南華正意，魚目正難以混珠也。」[32]〈說劍〉標題下云：「韓昌黎曰：此篇類戰國策士之雄談，趣薄而理道疏，識者謂非莊子所作。」[33]〈漁父〉標題下云：「韓昌黎曰：論亦醇正，但筆力差弱於莊子。然非熟讀《莊子》者不能辨。」[34]

故知，《雪心編》認為此四篇，就其立意麤俗惡劣、文情不足或筆力差弱等，言其皆不及《莊

29 【清】劉鳳苞撰、方勇點校，《南華雪心編》，卷五，外篇〈田子方〉第十四，頁四九一。
30 【清】劉鳳苞撰、方勇點校，《南華雪心編》，卷八，雜篇〈讓王〉第八，頁八二五。
31 【清】劉鳳苞撰、方勇點校，《南華雪心編》，卷八，雜篇〈讓王〉第八，頁八二六。
32 【清】劉鳳苞撰、方勇點校，《南華雪心編》，卷八，雜篇〈盜跖〉第九，頁八四一。
33 【清】劉鳳苞撰、方勇點校，《南華雪心編》，卷八，雜篇〈說劍〉第十，頁八五九。
34 【清】劉鳳苞撰、方勇點校，《南華雪心編》，卷八，雜篇〈漁父〉第十一，頁八六四。

子》，故當為偽作。

第二節 《莊子集解》的注解特色

王先謙《莊子集解》的注解特色，可歸納如下：

一、考證文字，擇善而從

王先謙《莊子集解》在注解上參照眾說，又能比較各家長短，有其斷定，表現其考據精神。如：〈駢拇篇〉總論說：「王氏夫之、姚氏鼐皆疑〈外篇〉不出莊子，最為有見。」[35]此從王夫之、姚鼐說，以為〈外篇〉非莊子作。

〈在宥篇〉末「不明於道者，悲夫！何謂道？有天道，有人道。」段，引宣穎云：「此段意膚文雜，與本篇義不甚切，不似莊子之筆，或後人續貂耳。」王案：「宣疑是也。然郭象有注，則晉世傳本已然。」[36]此則王先謙贊成宣穎注所懷疑，認為這段話不像莊子之筆，應是後人續貂之作，然因郭象有注，故推測從晉代以來的傳本即已如此。

35 【清】王先謙，《莊子集解》，卷三，〈駢拇第八〉，頁七七。
36 【清】王先謙，《莊子集解》，卷三，〈在宥第十一〉，頁八〇。

〈天道篇〉「玄聖素王之道也」，引姚鼐云：「素王十二經，是後人語。」[37]同篇，「孔子西藏書于周室」，引姚云：「此亦漢人語。藏書者，謂聖人知有秦火而預藏之，所謂藏之名山。」[38]此以素王十二經為後人之語；孔子西藏書亦為漢人之語。

〈讓王篇〉下云：「以下四篇古今學者多以為偽。」[39]此以〈讓王〉以下四篇為偽。以上在判別《莊子》篇章及文字真偽，有其識見。[40]又對《莊子》文字之增竄亦有考證，如：

〈則陽〉「文武大人不賜，故德備」，引：

郭云：「文者自文，武者自武，非大人所賜也。若由賜而能，則有時而闕矣。豈唯文武，凡性皆然。」案：宣本「武」下有「殊材」二字。文似有闕，而郭本已無，《釋文》、成疏皆然，自系後人增竄。[41]

這一則王先謙認為宣本「武」下有「殊材」二字，疑有闕文，而自郭本已無，《釋文》、成疏也是，應

37 【清】王先謙，《莊子集解》，卷四，〈天道第十三〉，頁一一四。

38 【清】王先謙，《莊子集解》，卷四，〈天道第十三〉，頁一一七。

39 【清】王先謙，《莊子集解》，卷八，〈讓王第二十八〉，頁二五一。

40 葉國慶稱：「其識見似是矣。」（《莊子研究》，臺北：臺灣商務印書館，一九六九年），頁一二四－一二五。

41 【清】王先謙，《莊子集解》，卷七，〈則陽第二十五〉，頁二三三。

是後人所增竄。

〈齊物論〉「无物不然，无物不可」，王曰：

論物之初，固有然有可，如指為指，馬為馬是也。論物之後起，則不正之名多矣，若變易名稱，無不然，無不可，如指非指，何不可聽人謂之？「惡乎然」以下，又見〈寓言篇〉。此是非可否並舉，以〈寓言篇〉證之，「不然於不然」下，似應更有「惡乎可？可於可。惡乎不可？不可於不可」四句，而今本奪之。[42]

這一段，王先謙認為若從物之初來說，本來就有然有可，如說指是指，馬是馬。然論物之後，則多有不正之名，如果改變名稱，也是無不然、無不可，如說指非指。「惡乎然」以下，又見於〈寓言篇〉，把是非可否並舉來說，依此證之，〈齊物論〉「不然於不然」下，應該有「惡乎可？可於可。惡乎不可？不可於不可」四句，然今本奪之。

〈刻意〉「故曰：聖人休，休焉則平易矣」，引：

42 【清】王先謙，《莊子集解》，卷一，〈齊物論第二〉，頁一五－一六。

《釋文》：「休，息也。」俞云：「此本作『故曰聖人休焉，休則平易矣』，『休焉』二字，傳寫誤倒。〈天道篇〉『故帝王聖人休焉，休則虛』，與此文法相似，可據以訂正。」案：郭注、成疏、陸釋，皆止一「休」字，俞說是也。此後來刊本之誤。[43]

這一段王先謙引俞樾的考證，認為「聖人休」應作「聖人休焉」，然郭注、成疏、陸釋，皆止一「休」字，應是後來刊本之誤。此引用乾嘉考據的成果作斷定。

又王先謙對注解之意，亦能比較各家長短，有其斷定，如：〈駢拇〉「彼仁人何其多憂也」，引：

蘇輿云：「『仁人』，宣本作『仁義』，是。郭注云：『恐仁義非人情而憂之者，真可謂多憂也。』似所見本亦作『仁義』。此言仁義束縛，使人失其常性而多憂患。〈在宥篇〉『愁其五藏以為仁義』，即此旨。此緣下『仁人』而誤。」[44]

此則王先謙引諸解，認為「仁人」當為仁義，〈在宥篇〉亦有「愁其五藏以為仁義」句，故「仁人」應

43 【清】王先謙，《莊子集解》，卷四，〈刻意第十五〉，頁一三二－一三三。

44 【清】王先謙，《莊子集解》，卷三，〈駢拇第八〉，頁七九。

緣下文「仁人」而誤，當為「仁義」。

〈庚桑楚〉「夫復謵不饋而忘人」，引：

> 《釋文》：「饋，元嘉本作愧。」郭嵩燾云：「《說文》：『讋，失氣言也。』『謵，言謵讋也。』復謵，謂人語言慴伏以下我。以物與人曰饋，以言語餉人亦曰饋。不饋，謂不報謝。外非譽，遺死生，忘己者也；復謵不饋，忘人者也。」案：復謵不饋，諸解皆非，郭說為近，下文所謂「敬之而不喜」也。此處疑有奪文，不敢強說。[45]

這一則王先謙認為「復謵不饋」四字，諸人所解皆非，以郭嵩燾所說最為接近，亦即下文所謂「敬之而不喜」的意思。又懷疑此處可能有奪文，故不敢強說。

〈徐无鬼〉「匠石運斤成風，聽而斫之」，引：

> 《釋文》：「慢，本亦作漫。『郢人』，《漢書音義》作『獿人』，服虔曰：『獿人，古之善塗塈者，施廣領大袖以仰塗，而領袖不汙，有小飛泥誤著其鼻，因令匠石揮斤而斫之。』獿音饒，

45 【清】王先謙，《莊子集解》，卷六，〈庚桑楚第二十三〉，頁二〇七。

韋昭乃回反。」成云：「堊，白善土也。漫，汙也。」案：聽而斫之，祇是放手為之之義。當局本極審諦，旁人見若不甚經心，故云聽耳。而郭象以為「瞑目恣手」，失之遠矣。石，匠人名。[46]

這一則王先謙比較諸說，認為「聽而斫之」應是放手為之之義，因為當局者本應非常審慎地聆聽，然旁觀者較為漫不經心，所以說「聽之」，並批評郭象解為「瞑目恣手」，實「失之遠矣」。

〈大宗師〉「彼方且與造物者為人」，引：

王引之云：「為人，猶言為偶。《中庸》『仁者人也』，鄭《注》：『讀如「相人偶」之人，以人意相存偶之言。』《公食大夫禮》注：『每曲揖，及當碑揖，相人偶。』是人與偶同義。《淮南・原道篇》：『與造化者為人。』義同。〈齊俗篇〉『上與神明為友，下與造化為人』，尤其明證。」[47]

這一則引用乾嘉考據的成果，藉王引之的考證，解釋「人」為「偶」，因此，「造物者為人」應解釋為

46 【清】王先謙，《莊子集解》，卷六，〈徐 鬼第二十四〉，頁二一五。

47 【清】王先謙，《莊子集解》，卷二，〈大宗師第六〉，頁六五。

與造物者相並列之意。

由上述可見，王先謙《莊子集解》采摭諸書，較其短長，且能提出自己的識見與判斷。

二、補充前人注釋、提出己見

王先謙在《莊子集解》中對前人注釋會加以補充，如：〈逍遙遊〉「生物之以息相吹也」，引成云：「天地之間，生物氣息，更相吹動。」此解不足以理解《莊子》意旨，故又引《漢書・揚雄傳》注：「息，出入氣也。」解釋為：「言物之微者，亦任天而遊。入此義，見物無大小，皆任天而動。」[48]經此解釋，更生動點出生物之息為出入氣息，且無論物之大小，皆「任天而動」，此深層解釋為前人注釋所無；其後解釋「而後乃今將圖南」，又說：「借水喻風，唯力厚，故能負而行，明物非以息相吹不能遊也。」[49]將前面所說「生物之以息相吹」與〈逍遙遊〉的「遊」聯繫起來，加深了對人或物之「遊」的理解，且使對「任天而動」的理解更為深刻。

又〈逍遙遊〉「湯之問棘也是已，……翼若垂天之雲」段，指出此段出於〈湯問篇〉：「終髮北之北，有溟海者，天池也。有魚焉，其廣數千里，其長稱焉，其名為鯤。有鳥焉，其名為鵬，翼若垂天之

48 【清】王先謙，《莊子集解》，卷一，〈逍遙遊第一〉，頁一。

49 【清】王先謙，《莊子集解》，卷一，〈逍遙遊第一〉，頁二。

雲，其體稱焉。」又下按語曰：

> 《列子》不言鯤化為鵬。又此下至「而彼且奚適也」，皆《列子》所無，而其文若相屬為義。漆園引古，在有意無意之間，所謂「洸洋自恣以適己」者，此類是也。[50]

王先謙以為《莊子》此段引用《列子》，但《列子》中並未言及鯤化為鵬之事，「而彼且奚適也」以下，也是《列子》所無，故認為《莊子》引用古書，多在有意無意之間，證明《莊子》為文「汪洋自恣以適己」之風格。[51]

此外，王先謙在《莊子集解》中對《莊子》書也會提出自己的看法，如：〈應帝王〉「余愧乎道德，是以上不敢為仁義之操，而下不敢為淫僻之行也」，引：

> 宣云：「莊子將仁義、淫僻例視，何有上下之目！此上、下二字，就俗見言之。」案：三代以來，視道德甚尊，而論仁義不分析。韓非子混義於仁，此文亦以仁義併入仁人內言之。自孔、孟書外，罕能推見仁義之分者，漆園固別有微恉，世儒亦無復深求。昌黎〈原道〉一篇，開宗明

---

50 【清】王先謙，《莊子集解》，卷一，〈逍遙遊第一〉，頁三。

51 以上數例參見劉韶軍、錢奕華、湯君著，《中國莊學史》（下），頁三三〇。

義，獨舉「仁」「義」「道」「德」四字，開示學人，所以能拔出唐賢而上契古聖也。[52]

這一段王先謙認為三代以來即甚尊崇道德，但對仁義卻不加以分析，先秦的韓非子將義混於仁，《莊子》此文也是將仁義併入仁人內來說。一直到唐代韓愈〈原道〉一篇，才獨舉仁、義、道、德四字來開示學人，因此能超拔於唐賢之上，並稱讚韓愈能與古聖相契合。

〈駢拇〉「夫適人之適而不自適其適，雖盜跖與伯夷，是同為淫僻也」，引：

郭云：「苟以失性為淫僻，雖所失之塗異，其於失之一也。」案：〈大宗師篇〉：「狐不偕、務光、伯夷、叔齊、箕子胥余、紀他、申屠狄，是役人之役，適人之適，而不自適其適者也。」莊子以全生為大，故於伯夷一流人深致不滿，但務光、申徒狄諸人，情事未詳，當時或有可以不死之道。至夷、齊、箕子，所係至重，不可一概而論。此所見與聖人異也。[53]

〈駢拇〉這一段提及盜蹠與伯夷，二人同為喪失全性的淫僻之人。然王先謙舉〈大宗師〉文：「狐不偕、務光、伯夷、叔齊、箕子胥余、紀他、申屠狄」，也說這些人是「役人之役，適人之適，而不自適

52 【清】王先謙，《莊子集解》，卷二，〈應帝王第七〉，頁八一。
53 【清】王先謙，《莊子集解》，卷三，〈駢拇第八〉，頁八一。

其適者也」，王先謙以為莊子最重視的是「全生」，因此對伯夷之輩深感不滿；但務光、申徒狄等人，因不詳其事蹟，可能在當時已有可以不死的方法，所以被提到。至於伯夷、叔齊、箕子等人，因關係至大，應不可一概而論，王先謙在此對聖人之見提出疑義。

〈應帝王〉「壺子曰：鄉吾示之以天壤」，引：

《列子》注引向云：「天壤之中，覆載之功見矣。比地之文，不猶外乎！」案：郭注「地之」作「之地」，「外」作「卯」，是誤字。昔人謂郭竊向注，殆不然，此類得毋近是乎？[54]

此段引用《列子》注引向秀之言，比照郭象注將「地之」作「之地」，以「外」作「卯」是誤字，說明過去人以為郭象注剽竊向秀之說，其實不然。王先謙在此有為郭象平反之意。

〈養生主〉「古者謂之遁天之刑」，王注云：「〈德充符〉以孔子為天刑之，則知『遁天刑』是讚語。舊解並誤。」[55]此段引〈德充符〉篇以孔子為天刑之，說明這裏的「遁天刑」應是稱讚之語，認為舊解解釋有誤。

54　【清】王先謙，《莊子集解》，卷二，〈應帝王第七〉，頁七一。
55　【清】王先謙，《莊子集解》，卷一，〈養生主第三〉，頁三〇。

由上述可知，王先謙能補充前人注釋，並且提出自己的看法，非只是資料的排比羅列而已。

三、批評惠施

王先謙在《莊子集解》中對惠施特別關注，認為〈逍遙遊〉多處都表現對惠施的影射與批評，如「惠子謂莊子曰：魏王貽我大瓠之種」段，王案云：「言惠施以有用為無用，不得其用之道也。」[56]指惠施將有用當成無用，乃不了解其用之道。又「惠子謂莊子曰」段，王案曰：「言惠施以有用為無用，不得用之道也。」[57]明言惠施把有用當成無用，實是不得用之道，相同意思又見於「惠子曰吾有大樹」段，王注曰：

> 又言狸狌之不得其死，斄牛之大而無用，不如樗樹之善全，以曉惠施。蓋惠施用世，莊子逃世，惠以莊言為無用，不知莊之遊於無窮，所謂「大知」「小知」之異也。[58]

認為這一則乃是莊生藉狸牲不得其死及斄牛大而無用，二者都不如樗樹能夠保全自己，以曉喻惠施。並

56 【清】王先謙，《莊子集解》，卷一，〈逍遙遊第一〉，頁七。
57 【清】王先謙，《莊子集解》，卷一，〈逍遙遊第一〉，頁七。
58 【清】王先謙，《莊子集解》，卷一，〈逍遙遊第一〉，頁八。

言惠施意在用世，莊子意在逃世，二者觀點不同，惠施批評莊子之言無用，卻不知莊子遊於無窮之境，這就是「大知」和「小知」的差別了。這裏王先謙認為莊子是「大知」，惠施是「小知」，因此以為前引之譬喻乃是批評惠施的淺薄、無知。

以上兩則在《莊子》文中本就藉惠施之言行來說理，明顯表現對惠施見識之批評。然王先謙在「奚以之九萬里而南為」句，王注云：「借蜩、鳩之笑，為惠施寫照。」[59]「而彼且奚適也」句，王注云：「又借斥鴳之笑，為惠施寫照。」[60]「其自視也亦若此矣」句，王注云：「此謂斥鴳。方說到人，暗指惠施一輩人。」[61]皆認為〈逍遙遊〉所用蜩、鳩之笑，以及斥鴳之笑，指的都是惠施或惠施一輩的人。由此可見，王先謙對惠施及惠施一輩的批評尤為激烈。

四、以佛解《莊》

《莊子集解》因多處引用成玄英的注，成注本就多引佛教思想來注《莊》，且多以「空」、「空幻」等詞來解釋《莊子》。佛教思想的核心宗旨乃在於「空」字，認為萬法都是因緣的和合，而因緣又是不斷變化的過程，因此沒有一永恆、固定不變的自性或實體，故常稱一切為空幻，《莊子集解》亦表

59 【清】王先謙，《莊子集解》，卷一，〈逍遙遊第一〉，頁二。
60 【清】王先謙，《莊子集解》，卷一，〈逍遙遊第一〉，頁三。
61 【清】王先謙，《莊子集解》，卷一，〈逍遙遊第一〉，頁三。

現出以佛解《莊》的一面，如：

〈達生〉「事奚足棄而生奚足遺？」引成云：「人世虛無，何足捐棄？生涯空幻，何足遺忘？」[62]即以「虛無」、「空幻」來解釋人世。

〈齊物論〉「大廉不嗛」，引成云：「知萬境虛幻，無一可貪，物我俱空，何所遜讓？」[63]也是以萬境虛幻，來說明「物我俱空」。

〈齊物論〉「終身役役而不見其成功」句，王注曰：「所有皆幻妄，故無成功，疲於所役，而不知如何歸宿。」[64]這裏王先謙注「終身役役而不見其成功」的原因在於「所有皆幻妄」。

〈齊物論〉「彼是莫得其偶，謂之道樞」，引成云：「偶，對。樞，要也。體夫彼此俱空，是非兩幻，凝神獨見，而無對於天下者，可得會其玄機，得道樞要。」[65]這裏以佛法「空」的觀念來解釋，因為「彼」與「此」的本質都是空性，因此「莫得其偶」即為「是非兩幻」，並認為只要「凝神獨見」，就可以體會此玄機。

〈養生主〉「始臣之解牛之時，所見無非牛者。三年之後，未嘗見全牛也。」引成云：「操刀既

---

62 【清】王先謙，《莊子集解》，卷五，〈達生第十九〉，頁一五六。
63 【清】王先謙，《莊子集解》，卷一，〈齊物論第二〉，頁二一。
64 【清】王先謙，《莊子集解》，卷一，〈齊物論第二〉，頁一二。
65 【清】王先謙，《莊子集解》，卷一，〈齊物論第二〉，頁一四—一五。

久，頓見理間，纔睹有牛，已知空郤。亦猶服道日久，智照漸明，所見塵境，無非虛幻。」[66]這一段藉庖丁解牛的寓言，認為庖丁因修道已久，以清明的智慧觀照所見塵境「無非虛幻」，因此在解牛時，可以清楚看到牛身上的空隙。

〈大宗師〉「夫知有所待而後當，其所待者特未定也」，引成云：「知必對境，非境不當。境既生滅不定，知亦待奪無常。唯當境、知兩忘，然後無患。」[67]這一段解釋因所對之「境」生滅不定，因此所依持之「知」的對象也是無常變化的，能夠了解此道理，才能「境」、「知」兩忘。

〈大宗師〉「假於異物，託於同體」，引宣云：「即《圓覺經》地、風、水、火四大合而成體之說。蓋視生偶然耳。」[68]這裏藉《圓覺經》所說，萬法皆由地、風、水、火四大合成，以此觀點來解釋「假於異物」，又因於四大和合，說明視生為偶然的道理。

〈庚桑楚〉「將以生為喪也，以死為反也」，引：

> 成云：「俗人以生為得，以死為喪。今欲反於迷精，故以生為喪，以其無也，以死為反，反於空

66 【清】王先謙，《莊子集解》，卷一，〈養生主第三〉，頁二九。
67 【清】王先謙，《莊子集解》，卷二，〈大宗師第六〉，頁五五。
68 【清】王先謙，《莊子集解》，卷二，〈大宗師第六〉，頁六五。

寂。雖未盡於眾妙，猶可齊於死生。」[69]

這一則進而以「空」來解釋生死之理。俗人常以生為得，以死為失，但如果了解生死本是虛無的道理，死其實是反於空寂，如此，死反為得，生反為失，能了解此道理，則能「反於迷情」、「齊於死生」。

由上述可見，《莊子集解》多處以萬境虛幻、「物我俱空」等空理來解釋人世間的事理，依此而能了悟「是非兩幻」，而知「道樞」之所在，明「境」、「知」兩忘，以及生死齊一的道理。

五、以儒解《莊》

《莊子集解》有以儒說解《莊》者，如：

〈齊物論〉「而其子又以文之綸終，終身無成。」王案：「終文之緒，猶《禮・中庸》云：『纘大王、王季、文王之緒』也。所謂無成者，不過成其一技，而去道遠，仍是無成。」[70]

〈庚桑楚〉「出怒不怒，則怒出於不怒矣。」王注：「出於人所怒之事，而我不怒，則有時而怒，

69 【清】王先謙，《莊子集解》，卷六，〈庚桑楚第二十三〉，頁二〇三。

70 【清】王先謙，《莊子集解》，卷一，〈齊物論第二〉，頁一八。

仍自不怒出。此《孟子》所謂：『文王一怒』、『武王一怒』也。」[71]〈庚桑楚〉「出為无為，則為出於无為矣。」王注：「出於人為之地，而我不為，則有時而為，仍自無為出。《中庸》所謂：『無為而成』，孔子所謂『無為而治』也。」[72]

以上三則引用《中庸》及《孟子》作為釋義的補充說明，並非真正以儒說來解釋《莊子》。又，〈大宗師〉「利澤施於萬物，不為愛人」句，王注：「由仁義行，非行仁義。」[73]這一則，以《孟子》「由仁義行，非行仁義。」來解釋「利澤施於萬物，不為愛人」，為以儒釋《莊》之論點。

《莊子集解》以儒釋《莊》較多表現在以理學家太極、陰陽、五行等觀念來解釋，如：〈天地〉「泰初有无无，有無名，一之所起，有一而未形；物得以生，謂之德；未形者有分，且然無間，謂之命」，引：

宣云：「太極尚未著。」

宣云：「物得此未形之一以生，則性中各有一太極，故謂之德。」

71　【清】王先謙，《莊子集解》，卷六，〈庚桑楚第二十三〉，頁二〇七。
72　【清】王先謙，《莊子集解》，卷六，〈庚桑楚第二十三〉，頁二〇七。
73　【清】王先謙，《莊子集解》，卷二，〈大宗師第二〉，頁五七。

宣云：「雖分陰陽，猶且陽變陰合，流行無間，乃天之所以為命也。」[74]

此解釋「一」為「太極」，「一而未形」乃是太極尚未顯著的狀態；又解釋「德」為物得此未形之一以生，每一性中各有一太極。又太極雖是未顯著的狀態，然實已分陰分陽，待陰陽變合，流行無間之時，即為天命之流行。

〈駢拇〉「多方乎仁義而用之者，列于五藏哉！而非道德之正也」句，王先謙案曰：

多術以施用仁義者，以五性為人所同有，而列於五藏，以配五行，然非道德之本然。[75]

這裏以五性列於五藏，以配五行之說，應也是受到周敦頤《太極圖說》之影響。

又，以理學家「理」之觀念解釋的，如〈天地〉「留動而生物，物成生理，謂之形；形體保神，各有儀則，謂之性」，引：

74 【清】王先謙，《莊子集解》，卷三，〈天地第十二〉，頁一〇三。

75 【清】王先謙，《莊子集解》，卷三，〈駢拇第八〉，頁七七。

宣云：「動即造化之流行，少留於此，即生一物。」

宣云：「物受之而成生理，謂之形。」

成云：「體，質。」宣云：「形載神而保，合之視聽言動，各有當然之則，乃所謂性也。上所謂『得以生，謂之德』者，此也。言性在形之後者，性須形載之，故曰形體保神。」[76]

這裏解釋「性」，凡視聽言動，各有一定的規則，稱此為「性」，所謂「當然之則」，即是理學家所說的「理」。

〈徐无鬼〉「頡滑有實」句，王案曰：「物物各有實理」[77]，也是以「理」來解釋萬物的儀則。〈天地〉「致命盡情」句，引宣云：「致天命，盡實理。」[78]解釋「實情」為實理。又，〈天道〉「聖道運而无所積，故海內服」，引宣云：「至誠無息。」[79]以至誠無息來解釋聖道運行。

以上，王先謙治《莊》，雖有以儒家觀點申評《莊子》之懷抱者，但此部分所佔分量並不多。

---

76 【清】王先謙，《莊子集解》，卷三，〈天地第十二〉，頁一〇三－一〇四。

77 【清】王先謙，《莊子集解》，卷六，〈徐　鬼第二十四〉，頁二二四。

78 【清】王先謙，《莊子集解》，卷三，〈天地第十二〉，頁一〇八。

79 【清】王先謙，《莊子集解》，卷四，〈天道第十三〉，頁一一三。

《莊子集解》在考釋上亦不免有疏漏者，賴仁宇歸納四點：

其一、說有可取，未曾選錄者。如〈胠篋篇〉：「十二世有齊國。」下僅引《釋文》，姚鼐作十二世之辨。俞樾《莊子平議》則稱古書遇重字，止於字下作「二」以識之，後傳寫誤倒，其文不可通，遂臆加十字於其上，原文當為世世有齊國，說甚可取。然王氏未錄。又〈天運篇〉「九洛之事，治成德備。」下但取楊慎九疇洛書之說。此說采自《尚書‧洪範》，王先謙氏不知〈洪範〉乃晚出之作。成玄英《莊子疏》解為九州聚落之事，說較恰適。

其二，更易文句，違反原意。如〈逍遙篇〉「覆杯水於坳堂之上。」更易支遁說為「謂堂拗垤形也」。又〈庚桑楚〉篇「奔蜂不能化藿蠋」，改為成玄英說「細腰土蜂，能化桑蟲為己子，而藿蠋不能化也。」添加文字，變易句次，而本意失矣。

其三，雖非解莊，並加采錄。如〈則陽篇〉「君為政焉勿鹵莽，治民焉勿滅裂。」下引盧文弨說作麤粗之釋。〈庚桑楚篇〉「又適其偃焉。」下引桂馥說作屏字之解。

其四，徵引眾注，他說誤羼。如〈逍遙遊篇〉「斥鴳笑之曰」，下郭慶藩說誤作司馬彪語。〈列禦寇篇〉「歸精神乎无始，而甘冥乎无何有之鄉」，誤以郭象注為成玄英疏。[80]

《莊子集解》雖有所疏漏，然此書之價值仍不可忽視，綜上所述，其優點可歸納如下：

---

[80] 賴仁宇，《王先謙莊子集解義例》，《國文研究所集刊》，第二一號，頁一六四（總六二二）。

一、對於《莊子》的重要篇章，能簡潔說明篇章要旨，對《莊子》的寫作手法及修辭亦有介紹，詳細內容見本書第七章。不過此部分不如劉鳳苞《南華雪心編》詳細。

二、綜合眾說，擇善而從，間下己意。歷來治《莊》的著作甚多，王先謙注能搜羅舊注，互較短長，芟蕪存精。所采摭諸書，除了發揮淘洗之功，以發明要點外，且能「間下己意」，對前人之解，不全然照錄原文，而是經過己意，加以揀擇、節取。

三、要言不煩，頗得要領。王先謙熟習桐城義法，《莊子集解》與《莊子集釋》都是集釋之作，但王先謙不像郭慶藩羅列眾多資料，排比堆砌，而力主峻潔簡要，全書字數不到《莊子集釋》的一半，足見其要言不煩，便於讀者理解。

四、取材嚴謹，不拘體例。《莊子集解》於附會之言，皆棄而不取，如有異文，均錄以參校，是取材嚴謹也。至其注語，案語，並隨行文之所適，不以體例而自限也。[81]

五、訓詁義理，書內並施。錢穆《莊子纂箋》云：「清儒治古書，所長在訓詁、校勘，所短在義理、文章。王俞兩家，在清儒治先秦諸子書中最具成經，其得失亦莫能自外。」[82]肯定王先謙在訓詁、校勘上的成就。然錢穆又說：

81　以上四點，參見賴仁宇，《王先謙莊子集解義例》，《國文研究所集刊》，第二一號，頁一六四（總六二二）。

82　錢穆，《莊子纂箋》（臺北：東大圖書公司，一九九三年一月四版），頁五。

> 治莊書而不深探其義理之精微，不熟玩其文法之奇變，專從訓詁、校勘求之，則所得皆其粗跡，故清儒於莊書殊少創獲，較之魏、晉、宋、明，轉為不逮。[83]

錢穆對於《莊》書義理之精微未能探究，以為所得皆為「粗跡」，故深有慨嘆。黃聖旻也說：「王氏在治學方法上不得不沿用乾嘉考據，而少見義理的發揮，此一偈限對其治學成就，便不免成為一種缺憾。」[84]亦認為長於考據者，往往疏於對義理的發揮，為其缺憾所在。

然以訓詁注釋的方法，乃在由聲音以通訓詁，因章句而求大義，其大義即在訓詁中呈現。《莊子集解》雖匯集前人注釋成果，亦經過個人的判斷、揀擇，觀本書第八章王先謙《莊子集解》之義理思想，可見王先謙對於《莊子》天、道、修養工夫、處世治國等觀念，多能闡發《莊》書之意，使得《莊子》艱深、隱微之旨義，得以闡明。《莊子集解》雖有部分以佛、儒觀點解《莊》，但那也只是少部分，並不影響全書以考據實事求是的方法闡釋《莊子》的原意。

---

83 錢穆，《莊子纂箋》，頁五。
84 黃聖旻，《王先謙《荀子集解》研究》（臺北：花木蘭文化出版公司，二〇〇六年），頁二七。

第三節　劉鳳苞與王先謙治《莊》之比較

劉鳳苞與王先謙治《莊》有同有異，如二人皆認為《莊子》書足以濟世、救世。

劉鳳苞一生歷經人世的困頓與波折，認為《莊子》一書「必索解於人世炎熱之外，而心境始為之雪亮也」[85]，以《莊》書中的「天人性命之微」，通透渾成的「道」，都能洗雪人心，世人可藉此書之理凝定心神，明白世理，故《莊子》其實是濟世之書，而非忘世者。

王先謙亦認為莊子的著作目的「意猶存乎捄世」[86]，認為莊子仍有救世之心，然既欲入世，又為現實所阻，故文中多以諷刺、激憤之詞批判輕用民死的暴君，以及喜歡諂媚的世俗風氣，表達他對現實的不滿及身處於亂世的無奈，這些都是莊子藉各種文字表現其「救世」的用心。王先謙又認為「喜怒哀樂，不入於胸次」二句，為他治《莊》多年的體會，可作為「衛生之經」，甚有益處。[87]足見王先謙亦肯定莊子書對於心性修養有極大幫助。足見二人皆認為《莊子》書可以濟世、救世，且皆肯定此書對個

85　【清】劉鳳苞撰、方勇點校，《南華雪心編．自序》，頁九。

86　【清】王先謙，〈莊子集解序〉，《莊子集解》，頁一。

87　【清】王先謙，〈莊子集解序〉：「余治此有年，領其要，得二語焉，曰：『喜怒哀樂，不入於胸次。』竊嘗持此以為衛生之經，而果有益也。噫！是則吾師也夫！」（《莊子集解》，頁一）。

人心性修養的助益。故二人在解釋《莊子》修養工夫時，皆強調虛靜等工夫的重要性，並多有疏解。

然而，劉鳳苞因為仕途不順遂，故將一生精力放在《莊子》的注解上，並欲藉此書洗雪炎熱之心。他在解《莊》時，多有個人的評論之語，充滿對《莊子》文章的推崇讚歎之情，時時表露個人的主觀之情，註解時多能結合自己的體會與文學素養。反觀王先謙亦欲藉著處於亂世的莊子所具的「不得已」之情來抒發救世之心及處於末世的情懷，但作為清代的漢學大師，他除了在〈自序〉中表明這種情感外，在注解《莊子》的過程中，並沒有將這些個人情感攙雜進去，而能保持注解的客觀及純淨性。

在義理闡釋上，《南華雪心編》因偏重散文章法、文法的評析，欲藉「法」以見「義」，故義理闡釋上相較薄弱，但如本書第六章所述，《雪心編》對於《莊子》思想之要點，如修道工夫與次第、養生論、修道境界、治國之道等，亦有平實發揮。[88]又此書能區別《莊子》坐忘所達之境界與佛書之不同，且不涉及以儒解《莊》之問題，相較於清人注《莊》喜以儒書解《莊》[89]，實屬難得。《莊子集解》因

88 方勇認為「此書在義理闡示方面，並沒有特別值得重視的地方。」（《南華雪心編・前言》，頁一二－一三）筆者認為未必如此。

89 方勇《莊子學史》說：「自康熙中後期直至乾隆時期，莊子學得到了進一步發展，尤其在《莊子》藝術闡釋方面取得了前所未有的巨大成就，但在義理闡釋方面卻普遍存在著比較嚴重的儒學化或理學化傾向，不過並不像宋明莊子學那樣較多地攙雜著佛教思想。」（第六編第一章〈清代莊學概說〉，頁一三）。此期以儒解《莊》的著作有：吳世尚《莊子解》、宣穎《南華經解》、林仲懿《南華本義》、陸樹芝《莊子雪》、梅沖《莊子本義》、方潛《南華經解》、劉鴻典《莊子約解》等。

匯集前人注疏的重要成果，且經王先謙淘選、汰擇，故此書在義理闡釋上，雖無太多義理之發揮，但亦能平實地解釋《莊子》思想與精神。然此書因引用成玄英注，故若干解釋有援佛入《莊》的情形；又引宣穎等人之注，亦有援儒入《莊》的，然此僅屬少部分，並不影響《莊子》之正解。

又，劉鳳苞與王先謙皆受桐城文派的影響，然《雪心編》主要藉由文章的章法、文法等評析以見《莊子》思想之所寄，將桐城派「法」與「義」統貫聯繫。可以說，《雪心編》對於《莊子》散文之「法」的評析與《莊子》之「義」的要求，實為桐城以來文論之實踐，將其文論理念實踐於作品的鑑賞與評析。此書總結前人評點、文評、經注，建構一文學文論美學詮釋之系統，在《莊》學史上，具重要意義。

而王先謙的《莊子集解》是以集釋、集解、考據的方法著書，為治古籍之正法。書中匯集前人的注解與研究成果，匯於一編，利於觀覽，又可對照各家不同的注解與解釋，以利綜合研究。且將前人注解的精義消化後，加以融會貫通，用簡潔的方式加上自己的補充和歸納，更便於把握及理解《莊子》書的思想意旨。王先謙因受到桐城派影響，其注崇尚簡要，相較於郭慶藩的《莊子集釋》，其書峻潔明白，更便於觀覽，其注雖有若干瑕疵，然不掩其價值，亦為清代《莊子》注疏的重要成果。

主要參考書目

一、古籍專書（依朝代先後排序）

【宋】林希逸著、陳紅映點校，《南華真經口義》（雲南：人民出版社，二〇〇二年十月）
【宋】劉辰翁批點本，《莊子南華真經》（臺北：藝文印書館，一九七四年十二月，《無求備齋莊子集成續編》本）
【明】陸西星，《南華真經副墨》（臺北：藝文印書館，一九七四年十二月，《無求備齋莊子叢書集成續編》本）
【清】戴名世，《南山集》（上海：上海古籍出版社，一九九五年，《續修四庫全書》本）
【清】方苞，《方望溪全集》（臺北：河洛出版社，一九七六年）
【清】方苞，《欽定四書文》（臺北：臺灣商務印書館，一九七九年，影印《文淵閣四庫全書》本）
【清】宣穎，《南華經解》（臺北：藝文印書館，一九七四年十二月，《無求備齋莊子叢書集成續

編》本）
【清】王先謙，《虛受堂文集》（臺北：文華出版公司，一九六六年）
【清】王先謙，《清王葵園先生自定年譜》（臺北：臺灣商務印書館，一九七八年）
【清】王先謙，：《莊子集解》（臺北：漢京出版社，二〇〇四年）
【清】吳世尚，《莊子解》（臺南：莊嚴文化出版公司，一九九六年，《四庫全書存目叢書》本）
【清】吳世尚，《莊子解》（臺北：藝文印書館，一九七四年，《無求備齋莊子集成初編》本）
【清】劉鳳苞，《南華雪心編》（臺北：藝文印書館，一九七四年，《無求備齋莊子初編》本）
【清】劉鳳苞撰、方勇點校，《南華雪心編》（北京：中華書局，二〇一三年一月）
【清】劉鳳苞，《晚香堂賦鈔》（臺中：文听閣圖書公司，一八九九年）
【清】章學誠著、葉瑛校注，《文史通義校注》（臺北：里仁書局，一九八四年）
【清】郭慶藩，《莊子集釋》（臺北：華正書局，一九八七年八月）
【清】林雲銘評述、【日】秦鼎補義、東條保標註，《標註補義莊子因》（臺北：蘭臺書局據日本明治乙酉（一八八五）刊本影印，一九七五年初版）
【清】曾國藩，《曾國藩全集》（長沙：岳麓書社，一九八六年）
【清】林雲銘，《莊子因》（上海：華東師範大學出版社，二〇一一年八月）

二、現代專書（依年代先後排序）

郎擎霄，《莊子學案》（臺北：河洛圖書出版社，一九七四年十二月）

蔡宗陽，《莊子之文學》（臺北：文史哲出版公司，一九八三年九月）

李正西，《中國散文藝術論》（臺北：貫雅文化事業公司，一九九一年一月）

張少康，《中國古代文學創作論》（臺北：文史哲出版社，一九九一年六月）

錢穆，《莊子纂箋》（臺北：聯經出版社，一九九四年）

葉朗，《中國小說美學》（臺北：里仁書局，一九九四年）

李光連，《散文技巧》（臺北：洪葉文化，一九九六年五月）

林乾編，《金聖歎評點才子全集》（北京：光明日報出版，一九九七年）

馮永敏，《散文藝術鑑賞探微》（臺北：文史哲出版社，一九九八年二月）

葉龍，《桐城派文學藝術欣賞》，香港：繁華出版社，一九九八年十二月

孫中峰，《莊學之美學義蘊新詮》（臺北：文津出版社，二〇〇五年十二月）

黃聖旻，《王先謙《荀子集解》研究》（臺北：花木蘭文化出版公司，二〇〇六年）

方勇著，《莊子學史》（北京：人民出版社，二〇〇八年十月）

孫玉敏，《王先謙學術思想研究》（哈爾濱：黑龍江人民出版社），二〇〇八年。

錢奕華，《林雲銘《莊子因》「以文解莊」研究》（臺北：花木蘭文化出版社，二〇〇九年三月）
劉韶軍、錢奕華、湯君著，《中國莊學史》（下）（福州：福建人民出版社，二〇〇九年十二月），
陳曉芬，《中國古典散文理論史》（上海：華東師範大學出版社，二〇一一年一月。）
羅賢淑，《《莊子》寓言故事研究》（臺北：花木蘭文化出版社，二〇一一年三月）
錢奕華，《宣穎南華經解之研究》（臺北：花木蘭文化出版公司，二〇一一年）
楊文娟，《宋代福建莊學研究》（太原：三晉出版社，二〇一二年）
陳桂雲，《清代桐城派古文之研究》（臺北：花木蘭文化出公司，二〇一三年九月）
李波，《清代《莊子》散文評點研究》（北京：學苑出版社，二〇一三年一月）
陳德福，《莊子散文「三言」研究》（臺北：花木蘭文化出公司，二〇一五年）

三、學位論文（依年代先後排序）

賴仁宇，《王先謙莊子集解義例》（臺北：國立臺灣師範大學中國文學研究所碩士，一九七四年）
呂善成，《桐城古文義法研究》（中壢：國立中央大學中國文學系碩士論文，一九九七年）
簡光明，《宋代莊學研究》（臺北：國立臺灣師範大學國文研究所碩士論文，一九九七年四月）
錢奕華，《林雲銘《莊子因》「以文解莊」研究》（高雄：國立高雄師範大學國文學系博士論文，二〇〇四年）

張晏菁，《劉辰翁《莊子南華真經點校》研究》（臺北：東吳大學中國文學系碩士論文，二〇〇七年）
周雅清，《莊子哲學詮釋的轉折—從先秦到隋唐階段》（臺北：國立臺灣師範大學國文學系博士論文，二〇一〇年）
邢青會，《吳世尚《莊子解》評點研究》（鄭州：河南大學碩士論文，二〇一三年九月）
張陶印，《南華雪心編研究》（安慶：安慶師範學院碩士論文，二〇一三年）

四、單篇論文（依年代先後排序）

賴仁宇，〈王先謙莊子集解義例〉，《國立臺灣師範大學國文研究所集刊》二一，一九七七年六月，頁四五九－六二五。
何天杰，〈經世之學的蛻變與桐城文派的崛起〉，《華南師範大學學報》（社會科學版），二〇〇一年第一期，二〇〇一年二月，頁五八－六六。
林俞佑，〈科舉與時文—論清代科舉評點的社會意義〉，《史學彙刊》，第二八期，二〇〇一年十二月，頁一五五－一七四。
蔣秋華，〈簡述臺灣的王先謙研究〉，《中國文哲通訊》一四卷一期，二〇〇四年三月，頁九九－一一一。
關愛和，〈義法說：桐城派古文藝術論的起點和基石〉，《文藝研究》，二〇〇四年第六期，頁六六－

七三。

侯美珍，〈明清士人對「評點」的批評〉，《中國文哲研究通訊》一四卷三期，二〇〇四年九月，頁二二三－二四八。

李波，〈評點視野下的林希逸《莊子》散文研究〉，《重慶社會科學》，二〇〇六年第一期（總第一四三期），頁五九－六二。

李程，〈論嚴復《老子評點》的發展變化觀〉，《殷都學刊》，二〇〇六年第三期，頁一〇八－一一〇。

鄒旻，〈《莊子》的救世嫉時與無可奈何—清人王先謙眼中的《莊子》〉，《北京教育學院學報》，二〇卷四期，二〇〇六年十二月，頁二二三－二二六。

劉毓慶：〈林雲銘的文學生命意識及其散文評點研究〉，《中國文學研究》，二〇〇七年三期，頁九二－一一二。

陳煒舜，〈林雲銘《莊子因》初探－以「歸莊入儒」及「文理相通」為論述中心〉，《東吳中文學報》一五期（二〇〇八年五），頁四一－七二。

蒲彥光，〈談八股文如何詮釋經典〉，臺北大學中文學報，第六期，二〇〇九年三月，頁一三九－一七〇。

曾名沁，〈「無己」與「逍遙」—析宣穎《南華經解》對《莊子》主旨的理解〉，《南方論刊》，二〇〇九年六期，頁九〇－九二。

李波，〈明代桐城《莊子》研究〉，《安慶師範學院學報》（社會科學版），二九卷五期，二〇一〇年五月，頁一一一－一一五。
李波，〈清人劉鳳苞莊子散文藝術研究論略〉，《名作欣賞》，二〇〇九年八期，頁一八－二一。
梁克隆，〈《莊子》散文章法略論〉，《中華女子學院學報》，二〇〇九年十二月第六期，頁一一二－一一六。
李衛軍，〈略論桐城三祖之文道觀〉，《船山學刊》，二〇一〇年第四期（復總第七八期），頁一六七－一六九。
曾煥鵬，〈論散文意境美的創設筆法〉，《武夷學院學報》，第二九卷第四期，二〇一〇年八月，頁四七－五〇。
潘貞清，〈劉辰翁評點《莊子》的幾個概念〉，《大眾文藝》，二〇一〇年一二期，頁一七三－一七四。
錢奕華，〈明清莊學中解構、建構與詮釋〉，《寧夏師範學院學報》，第三二卷第一期，二〇一一年二月，頁三五－四三。
李波，〈劉辰翁《莊子》散文評點略論〉，《內江師範學院學報》，第二六卷第一期，二〇一一年，頁六一－六三。
李波，〈清代莊子散文研究家劉鳳苞行年考〉，《安慶師範學院學報》（社會科學版），二〇一一年七月第三〇卷第七期，頁四〇－四四。

錢奕華，〈明清莊學中解構、建構與詮釋——以林雲銘《莊子因》為例〉，《寧夏師範學院學報》，三二卷一期，二〇一一年二月，頁三五－四三。
董孟，〈桐城派的「義理」研究〉，《劍南文學》（經典教苑）二〇一二年，頁二六四－二六五。
張京華，〈林雲銘與《莊子因》〉，《湖南第一師范學院學報》，二〇一二年十二月，第一二卷第六期，頁六八－七一。
李波，〈清代《莊子》評點的理論特質及其藝術價值〉，《文藝理論研究》，二〇一三年第六期，頁一三〇－一三七。
李波，〈評點視閾下的清代《莊子》文體研究〉，《廣西社會科學》，二〇一三年第七期（總第二一七期），頁一四〇－一四四。
李波，〈「《莊》之妙，得於《詩》」：明清《莊子》散文評點的詩性審美〉，《聊城大學學報》（社會科學版），二〇一三年第二期，頁一七－二三。
孟偉，〈王先謙所編文章選本與其學術思想和文章學理論〉，收於《中國文學傳播與接受研究：二〇一〇年中國文學傳播與接受國際學術研討會論文集》（長沙市：岳麓書社，二〇一三年十二月），頁四二六－四三六。

劉鳳苞與王先謙治《莊》研究

作　　者／楊　菁
責任編輯／杜國維
圖文排版／周政緯
封面設計／葉力安

出版策劃／秀威經典
發 行 人／宋政坤
法律顧問／毛國樑　律師
印製發行／秀威資訊科技股份有限公司
114台北市內湖區瑞光路76巷65號1樓
電話：+886-2-2796-3638　傳真：+886-2-2796-1377
http://www.showwe.com.tw
劃撥帳號／19563868　戶名：秀威資訊科技股份有限公司
讀者服務信箱：service@showwe.com.tw
展售門市／國家書店（松江門市）
104台北市中山區松江路209號1樓
電話：+886-2-2518-0207　傳真：+886-2-2518-0778
網路訂購／秀威網路書店：http://www.bodbooks.com.tw
國家網路書店：http://www.govbooks.com.tw

2017年3月　BOD一版
定價：490元

國家圖書館出版品預行編目

劉鳳苞與王先謙治<<莊>>研究 / 楊菁著. -- 一版.
-- 臺北市 : 秀威經典, 2017.03
面； 公分. -- (新視野；30)(語言文學類；PC0646)
BOD版
ISBN 978-986-94071-7-5(平裝)

1. (清)劉鳳苞 2.(清)王先謙 3. 莊子 4. 研究考訂

121.337 106001909

讀者回函卡

感謝您購買本書，為提升服務品質，請填妥以下資料，將讀者回函卡直接寄回或傳真本公司，收到您的寶貴意見後，我們會收藏記錄及檢討，謝謝！

如您需要了解本公司最新出版書目、購書優惠或企劃活動，歡迎您上網查詢或下載相關資料：http:// www.showwe.com.tw

您購買的書名：________________________________

出生日期：________年________月________日

學歷：□高中（含）以下　□大專　□研究所（含）以上

職業：□製造業　□金融業　□資訊業　□軍警　□傳播業　□自由業

□服務業　□公務員　□教職　□學生　□家管　□其它_____

購書地點：□網路書店　□實體書店　□書展　□郵購　□贈閱　□其他

您從何得知本書的消息？

□網路書店　□實體書店　□網路搜尋　□電子報　□書訊　□雜誌

□傳播媒體　□親友推薦　□網站推薦　□部落格　□其他__________

您對本書的評價：（請填代號　1.非常滿意　2.滿意　3.尚可　4.再改進）

封面設計____　版面編排____　內容____　文／譯筆____　價格____

讀完書後您覺得：

□很有收穫　□有收穫　□收穫不多　□沒收穫

對我們的建議：________________________________

____

____

____

請貼
郵票

11466
台北市內湖區瑞光路 76 巷 65 號 1 樓
秀威資訊科技股份有限公司 收
BOD 數位出版事業部

....

（請沿線對折寄回，謝謝！）

姓　　名：________________　年齡：________　性別：□女　□男

郵遞區號：□□□□□

地　　址：________________________________

聯絡電話：(日)________________　(夜)________________

E-mail：________________________________